河北省社会科学基金项目（HB18FX019）

QINGMO MINGUO
SHIQI
RENGEQUAN
ZHIDU
YANJIU

清末民国时期人格权制度研究

苗春刚 —— 著

陕西新华出版
陕西人民出版社

图书在版编目（CIP）数据

清末民国时期人格权制度研究／苗春刚著. —西安：陕西人民出版社，2025.2

ISBN 978-7-224-14901-2

Ⅰ.①清… Ⅱ.①苗… Ⅲ.①人格—权利—研究—中国—近代 Ⅳ.①D923.14

中国国家版本馆 CIP 数据核字（2023）第 066984 号

责任编辑：杨舒雯
封面设计：赵文君

清末民国时期人格权制度研究

作　　者	苗春刚
出版发行	陕西人民出版社
	（西安市北大街 147 号　邮编：710003）
印　　刷	西安市建明工贸有限责任公司
开　　本	787mm×1092mm　16 开
印　　张	18.25 印张
字　　数	245 千字
版　　次	2025 年 2 月第 1 版
印　　次	2025 年 2 月第 1 次印刷
书　　号	ISBN 978-7-224-14901-2
定　　价	69.00 元

前 言

　　人格权制度是近代民法制度本土化的一个缩影，本书以近代人格权制度为视角，从文本、司法实践两个角度对其进行考察，并辅之以学说上演绎的考察，以梳理其在近代中国的嬗变，力图解释近代人格权制度实践的效果及嬗变过程中展现的法律意义。

　　中国古代社会以宗法伦理为基础，人格观是以"忠孝"为基础的人伦，以身份差等为特点，无近代意义上的人格观与人格权制度。近代意义上的人格观与人格权制度是通过清末的法律继受传入中国，在某种意义上是"无中生有"的制度，其与本土的固有法律文化产生了激烈的碰撞。从立法文本看，清末变法修律伊始，人格权制度正式引入中国。人格权制度在《大清民律草案》中首次规定，至民国时期，历经《民国民律草案》《中华民国民法》，该制度在立法上既有所传承，又有所变迁。《大清民律草案》中的人格权规范在立法文本上，主要受大陆法系国家德国法、日本法、瑞士法影响，通过总则编和债编对侵权损害赔偿之债进行规范。《民国民律草案》吸收民法社会化的思潮，其人格权规范有所调整。《中华民国民法》则在人格权的具体内涵上有所发展。

　　基于人格权制度内涵的包容性与转型时期人格不平等的社会现实，人格权保护实践在清末民初、南京国民政府时期经历了两个不同阶段，从物质性人格权和精神性人格权两个层次全面展开。虽然清末的《大清民律草案》和民初的《民国民律草案》因各种原因未能颁行而没能得到实施，但民国初年的大理院却通过判决例和解释例的方式，赋予这两部草案中的人格权条款事实上的法律适用。在适用时，创造性地作为"条理"进行援引，从而能动地解决人格权纠纷。而在裁判类型上，主要是对物质性人格权和人格权一般条款的处理。南京国民政府时期，《中华民国民法》正式颁行，从而使得当时人格权纠纷的裁决有了作为法源的民法依据。人格权实践日趋规范化，姓名权、名誉权、自由权等精神性人格权的实践有了很大的突破，但囿于当时社会关系的复杂性及立法文本的抽象性，当时的最高法院充分发挥裁判的能动性，通过创造性的法律解释活动，借助于侵权法规则赋予人格权条款更多的生命力。清末民国时期的人格权制度从纸面上的规范走向生动的实践，使得人格权制度不断的本土化，在很大程度上依赖于近代最高司法机关的创造性地解释法律的活动。

从清末修律开始，中国开启了法律的近代化进程。清末民国时期，在某种意义上，法律职业共同体开始形成。民事立法者、司法者、学者经常实现角色的转换，从而为这一时期的人格权实践赋予了新的内涵。民初《民国民律草案》的起草者后来成为最高司法机关大理院的裁判官。这一时期，人格权学说伴随民法理论的发展，逐步地从单纯的学说引进到有意识的独立发展，其内涵在不断本土化的同时更加丰富。

清末民国时期人格权制度从纸面上的文本走向现实的实践，是多种因素综合作用的结果。其表现出的众多特点本身也受当时社会政治、经济、文化多方面的制约。这一时期的权利供给机制决定了人格权制度的社会实践效果。

目 录

绪 言 　　　　　　　　　　　　　　　　　　　　　　　　　1
  一、研究背景　　　　　　　　　　　　　　　　　　　　1
  二、研究综述　　　　　　　　　　　　　　　　　　　　4
  三、研究材料与研究方法　　　　　　　　　　　　　　　13
  四、研究分析框架　　　　　　　　　　　　　　　　　　16

第一章　人格与人格权之演进　　　　　　　　　　　　　　19

第一节　人格与人格权在西方之演进　　　　　　　　　　19
  一、古希腊、古罗马时期人格权萌芽　　　　　　　　　　19
  二、近代民法人格观形成　　　　　　　　　　　　　　　21
  三、近代西方的人格权立法　　　　　　　　　　　　　　23

第二节　传统中国人格观与身份差等的社会秩序　　　　30
  一、传统中国的人格观　　　　　　　　　　　　　　　　30
  二、身份差等的社会秩序　　　　　　　　　　　　　　　37

第三节　近代人格权在中国的引入　　　　　　　　　　42
  一、近代人格观在中国的传入　　　　　　　　　　　　　42
  二、《大清民律草案》起草与近代人格权　　　　　　　　43
  三、清末人格观文本与实践的脱节　　　　　　　　　　　47

第二章　清末民初人格权制度之确立　　49

第一节　清末民初人格权制度之立法　　49

一、清末修律时的人格保护立法　　49

二、南京临时政府的人格保护立法　　55

三、《大清民律草案》中激进的人格权立法　　59

四、民国《民律草案》中人格权立法　　68

五、清末民初人格权立法特点　　73

第二节　民初大理院裁判的属性、法源与价值导向　　75

一、民初大理院裁判属性　　75

二、民初大理院人格权裁判法源　　76

三、民初大理院裁判的价值导向　　79

第三节　人格平等引导下渐进的大理院裁判　　80

一、物质性人格权实践　　82

二、精神性人格权实践　　96

第四节　清末民初地方审判厅人格权裁判　　129

一、物质性人格权实践　　130

二、精神性人格权实践　　135

第五节　社会思潮与差异化的人格权实践　　142

一、最高法院与地方审判厅保护的差异　　142

二、不同类型人格权保护的差异　　143

三、社会思潮与人格权保护　　145

第三章　南京国民政府时期人格权立法、司法（1927—1949年）　　147

第一节　南京国民政府时期人格权立法　　147

一、民国民法典颁行前的人格保护立法　　148

二、民国民法典中的人格保护立法　　149

三、宪法性文件与人格保护　　162
第二节　民国民法典颁行前的人格保护实践　　163
　　一、物质性人格权实践　　163
　　二、精神性人格权实践　　165
第三节　民国民法典颁行后的人格保护实践　　170
　　一、物质性人格权实践　　171
　　二、精神性人格权实践　　174
　　三、人格权保护的新趋势　　219
第四节　南京国民政府时期地方审判厅裁判　　221
　　一、物质性人格权实践　　221
　　二、精神性人格权实践　　222

第四章　清末民国时期人格权制度的学理阐释　　225

第一节　清末民国时期关于人格权的学说之演进　　225
第二节　清末民国时期人格权学说评析　　231
　　一、以译介西方理论为主　　231
　　二、缺乏本土化意识　　232
　　三、融合两大法系理论　　233
　　四、学说与司法、立法之间的良性互动　　233

第五章　人格权近代化的社会动力与制约因素　　235

　　一、社会经济的发展与人格权近代化　　236
　　二、民主政治的确立与人格权近代化　　241
　　三、收回领事裁判权与人格权近代化　　242
　　四、社会文化与社会本位立法思潮的冲击　　245

结　论　　255

　　一、人格权立法之反思　　255
　　二、人格权近代化的渐进性与多层次性　　258

参考文献 263

后　记 282

绪 言

一、研究背景

在《中华人民共和国民法典》编纂的过程中，人格权的立法模式曾引起了民法学界的热议。《民法典》颁布后，学者们关注的焦点转向人格权的司法实践。从"法律的生命在于实施"的角度，热议人格权实践中与侵权法的衔接命题。从中国近代民法的发展来看，人格与人格权制度是从清末引入中国，并不断本土化的。那么，人格权制度从西方法学理论移植到中国的进路，其在中国立法文本是如何演变的，在司法实践中是如何加以表达的，这些问题均有待深入研究。

有学者指出："人格权是法秩序的基础。人格权之构成法秩序的基础，在于其体现人性尊严与人格自由发展的价值理念。"[1]诚然，在近代以来的文明社会中，人格权构成了近代文明社会法秩序的基础。人格平等作为近代民法的基石，对民事秩序的建立有着重要意义。

古老的中华文明在历史长河中形成了自己的古老的法律秩序，其以身份差等为基础，并在此基础上建立了自己的社会控制秩序。在长期的封建社会中，以皇权为代表的封建贵族、官僚、地主阶层和平民之间存在法律差等，在良民和贱民之间也存在法律保护的差异。诚如日本学者所言：

---

[1] 王泽鉴：《人格权法：法释义学、比较法、案例研究》，北京大学出版社2013年版，第1页。

"君臣关系、良贱关系和官庶关系，都是根据国家制度而设定的公共的、制度性的身份。"[1]君主专制下的封建王朝以此等身份规制为基础建立了符合其统治需要的国家控制秩序。

伴随着封建社会经济的发展，身份差等的社会也在缓慢地发生改变。基于刺激经济发展的需求，清朝逐渐放松了对生产性劳动者的人身束缚。在手工业生产领域，这一趋势表现尤为明显。从某种程度上讲，这意味着长期的身份差等的坚冰在社会环境变革的时代，自身也在改变。

清末统治者面临内外交困的生存危机，基于收回"治外法权"的需要，开启了大规模的修律进程。清末修律开启了中国法律近代化的历史进程，人格权作为西方民法的基石伴随着《大清民律草案》的编纂正式进入民众的视野。传统的身份差等观念受到了强烈的文化冲击，民众开始接触人格、抚慰金等这些舶来概念。在这一进程中，人格平等的价值理念、私权保护意识与传统的身份差等观念发生了激烈的碰撞，人格权制度在文本和实践上都带来了全新的体验。立法文本上，人格权制度历经《大清民律草案》《民国民律草案》以及南京国民政府时期《中华民国民法》的改造。随着法律移植模式的不断调整，人格权制度的近代化逐渐完成。在这一进程中，人格权文本随着民事立法思路的反思与调整，在人格权学说日趋成型的基础上逐渐确立。司法实践上，人格权保护实践虽举步维艰但依然得以全面展开。清末沈家本删定旧律，对人口买卖的法律禁止开启了人格保护的先河；南京临时政府时期以"民主共和"为理念，颁行多项举措推进人格保护；北洋时期大理院法官秉持司法独立理念，在裁判中通过创制规则和司法解释活动使得人格权保护规则得以正式实行，充分体现了人格保护的判例色彩；同一时期，大理院法官巧妙运用法律规则在裁判中确立了人口买卖的无效条款，使得人口买卖在司法实践中成为不可能，维护了妇女、儿童的人格平等；南京国民政府时期的人格权实践伴随着民法典的出

---

[1] ［日］高桥芳郎：《宋至清代身份法研究》，李冰逆译，上海古籍出版社2015年版，第2页。

绪 言

台,进一步深入;而《中华民国宪法》的出台和司法院的解释,在文本形式上扩充了人格权的权利内涵,但囿于近代社会民事权利供给机制的不足,人格权保护条款在近代社会中更多的是"权利宣示"意义。

传统中国以身份差等为法律基础,其与人格平等的价值理念发生激烈的冲突。本书聚焦"清末民国"这一中国社会剧烈变革时期,选取人格权制度这一与传统文化背离的制度来反思人格权近代化得失,以期对当今的人格权保护立法与实践提供历史的借鉴。

人格权制度的近代化从某种意义上是民法近代化的缩影,反映了传统法律文化在面对近代民法理论冲击时的回应。而人格权制度的发展正是建立在对各种侵害人格权不法行为的法律回应之上,这一点在近代对人口买卖的法律禁止上表现最为突出。以往对清末民国时期人格权制度的研究主要集中在对静态的法律文本的演绎上,属于立法中心主义的视角;但人格权保护的生命力更多地体现在司法实践中。故本文的研究从静态、动态两个方面,围绕人格权立法文本、法律实践、人格权学说三个维度,全方位考察这一时期的人格权制度。静态上,本书从这一时期法律文本在民事立法中的演绎、学说与立法的互动入手,辅之以宪法中相关的人格保护三方面进行分析;动态上,本书以清末民初、南京国民政府时期为时间分野,把人格权保护分为物质性人格权和精神性人格权两类进行研究。在案例选择上,除了选取大理院、最高法院的裁判档案作为依据外,对江苏高等审判厅、各省审判厅判牍材料也进行必要的借鉴,以实现对档案材料代表性的补缺。

人格权制度作为近代民法的产物,其建立在西方市民社会和理性人格的基础之上,其发展与欧洲文艺复兴对人性解放息息相关。反观近代中国,接受西方近代人格权制度完全是被动的法律移植的产物。清末的立法者在法律大变革的浪潮中,毅然地接受了这项制度。但中国数千年来的固有的法律文化、观念传统与之产生了矛盾冲突,近代的立法者、司法裁判官如何解决矛盾冲突,值得我们深思。

二、研究综述

人格权制度作为民法近代化的产物，其所倡导的人格尊严、人格平等、人格自主与传统的固有法存在巨大的背离，因而从清末变法修律开始就一直受到学术界、实务界的广泛热议。伴随着《大清民律草案》的出台，法学家们从文本角度、比较法角度对人格权进行了多种解读，涌现了一批代表性的成果。当代，伴随着民法典编纂的提速，人格权更是引发了广泛的热议。民法学者、法律史学者从法律文本沿革、私权保护等多角度对人格权进行阐释、解读，这些成果对厘清清末民国人格权制度的原貌有着重要的参考价值。而关于传统人格权立法体例的讨论，对于当今的民法典编纂更有着重要的参考借鉴意义。本文对人格权领域的研究成果的梳理，将从时间上划分为民国和当代两个时间节点，从内容上按照法律文本和司法实践两个角度进行梳理。

（一）民国时期关于人格权的研究

清末修订民律时，曾聘请日本法学家松冈义正负责民法总则编的编纂，松冈义正从法律移植的角度对人格权的性质、内容进行了最早的阐释，其代表性观点在其所著的《民法总则》中有较好的阐释。民初学者余棨昌起草了北洋时期的《民律草案》，他抛弃了"人格关系"的提法，第一次直接使用了人格权概念，其成果集中体现在其所著的《民法总则》中，认为人格权内容包括生命、身体、名誉、自由、姓名、身份及能力，将身份和能力作为人格权内容的论述，表明其观点与《大清民律草案》立法理由一脉相承。伴随着《中华民国民法》的正式颁布，民国时期对人格权的研究形成了高潮。这一时期对人格权的解读基本上围绕着法典体例展开，在著述中对其进行专门讨论，在体例编排上大都置于"自然人"一节的"人格之保护"款项中，其解读基本上围绕着立法文本、结合域外立法进行诠释。在学术描述中，独树一帜的是学者李宜琛，其在《民法总论》中把人格权一节置于民法总则"权利行使与保护"一章中，着眼点可能更在于强调人格权的动态保护。

民国时期对人格权系统的研究成果当推龙显铭先生的《私法上人格权之保护》。他在书中从比较法的角度详细阐明了人格权法条的渊源，同时对同一时期国外人格权案例和最新的研究成果进行了较好的诠释。由于人格权和侵权的密切关联，民法学者从侵权救济角度对人格权进行了热烈的讨论。黄公觉在《损害赔偿法概论》一书中专章讨论"关于诽谤之损害赔偿"，从英美法与大陆法的比较中讨论侵害名誉权的法律救济。

民国时期学者对人格权的研究成果除了展现在民法教科书外，更多地体现在民国时期的法律期刊上，其对人格权的关注伴随着人格权的保护实践，越来越具体化。对人格权的讨论，民国时期的学者则多从具体人格权和人格权保护方面论证，其对具体人格权的关注集中在姓名权方面。代表性成果有李景禧《论近代法之姓名权》与《论姓名权》，陈忠诚《姓名权论》，胡长清《名誉权之本质》，瑞云《由"十五个吴国桢"说到姓名权的保护问题》等。系统谈论人格权的文章有曾志时《人格权之保护论》、彭时《人格权之研究》等。

总体上来说，民国时期，鉴于人格权在国外立法也处于初步确立阶段，加之我国人格权法律实践的相对匮乏，民法学者对于人格权的研究基本上以法条注释为主，围绕着不同时期的民律进行法律解读。在解读过程中，国内的民法学者显示了较高的学术素养，从域外法角度对人格权文本比较的同时，对人格权发展也做出了一定的预判。

（二）当代学者关于人格权的研究

伴随着二战结束后人权保护意识的觉醒，人格权迎来了发展高潮。当代学者对人格权的研究在研究主体、研究对象、研究方法上都有了很大的突破。

1. 研究主体

从研究主体来看，基于近代人格权制度的法律史、民法双重属性，近代人格权制度的研究主体大体可以分为两类：一类是从事法律史研究的学者的研究。主要以华中科技大学俞江教授等为代表，国内学者还有陈景良、柴荣、周云涛等。一类是从事民法实体法的研究，基于学术史视角对中外人格权立法史有一定的研究，主要以学者王泽鉴等为代表，其他代表性学者还有易继明、张红、徐国栋等。

法律史学界对人格权的研究，以黄源盛、周伯峰为代表。黄源盛在《中国传统法制与思想》一书中的《论传统身分差等到近代平权立法》一文，从法史角度讨论法律人格观的改变，从根本上指出了近代人格权制度建立的基础与历史困境、转型意义。周伯峰的论文《"买卖"从可能变成不可能——大理院如何运用〈大清现行刑律〉处理"人口买卖"问题》主旨上是讨论大理院在司法实践中运用《大清现行刑律》实现了对人口买卖的法律禁止问题，但从自由权的保护角度看，对人口买卖法律实践的讨论拓宽了民初人格权制度实践的研究视野。

王泽鉴教授的代表作《人格权法：法释义学、比较法、案例研究》是系统研究人格权的代表性成果，在研究视角上其实现了注释法学、比较法、案例分析法的有机统一。在研究中，其运用比较法，把我国台湾地区现行民法与大陆法系、英美法系关于人格权制度进行比较，研讨得失；考虑到人格权法案例法属性，人格权在动态的司法实践中不断演进，其在研究中运用司法实务的案例讨论人格权的变迁。规范分析法是法律分析的基础，王泽鉴教授在研究中提出建立"人格权法"的法释义学，以便对现行有效的法律文本进行全面的解读。其在《民法学说与判例研究》中运用案例分析法，对慰抚金制度进行了详细的探讨。其在研究中体现的法释义学、比较法、案例研究三者统一讨论人格权制度，开辟了人格权制度的新思路，但其主要关注点在于1929年后《中华民国民法》的演进。

2.研究对象上：法律文本中心主义

国内法史学界对清末民国时期人格权较为系统研究的代表是俞江教授，代表性成果是其2003年出版的《近代中国民法学中的私权理论》。其对近代人格权的研究侧重点是近代民法学中的人格理论与人格权理论，主要围绕人格、人格权理论在近代中国的传播与演绎展开，并结合当时"私法社会化"的思潮进行评析。其对人格、人格权的学说梳理主要运用了当时的民法教科书，缺乏对民国时期报纸、杂志史料的运用，对民国时期司法院公报反映的问题也较少关注。俞江教授论文《近代中国的人格权立法与学术研究》进一步梳理了近代中国人格权立法沿革和学术研究。[①]从研究内容看，其主要关注人格、人格权概念的源流演变，对人格权立法的研究侧重《大清民律草案》法律文本的梳理上。其对人格权保护动态司法实践关注主要围绕民初大理院判决展开，未从微观的具体个案分析人格权实践演变。

对人格权立法文本的演变，学者们从不同角度进行了解读。俞江认为《大清新刑律》对废奴措施的规定是现代人格观念在中国立法上的第一次体现。[②]易继明在《人格权立法之历史评价》中对《大清民律草案》《中华民国民律草案》和《中华民国民法》中的人格权立法条款从比较法角度进行了评析，从法规范分析法逐一解读立法特点。易继明指出，《大清民律草案》通过总则和债权相结合的方式确立了人格权权利体系，《民国民律草案》总则编不再设立人格权一节，设权性规范的重点转入债编，民国民法人格权立法重心在债编，并增加了健康权。[③]高可在《传统中国人格权制度内生要素与现代立法选择——比较法律文化视角》一文中从比较法律文化视角分析了西方人格权制度的内生因素、传统中国法律文化中人格权制度的内生因素，并讨论了我国人格权制度的发展脉络。[④]

3. 中西比较人格权发展史的解读

陈涛、高在敏在《中国古代侵权行为法例论要》一文中梳理了中国古

---

① 张生：《中国法律近代化论集》（总第二卷），中国政法大学出版社2009年版，第35页。
② 俞江：《近代中国民法学中的人格理论》，载于《私法》2002年第二辑第二卷。
③ 易继明：《人格权立法之历史评析》，载于《法学研究》2013年第1期。
④ 高可：《传统中国人格权制度内生要素与现代立法选择——比较法律文化视角》，载于《理论与改革》2016年第1期。

代的侵权行为法例，讨论了给付医药费、养赡费及征收烧埋银等承担侵权责任的方式。同时指出，对以人身为对象的侵权行为的处理，只能选择刑法制裁方法。[1]对传统法中人格保护的不平等，以瞿同祖、张晋藩为代表的学者从不同角度进行诠释，指出传统法具有典型的等级制色彩。瞿同祖先生在《中国法律与中国社会》中分析了传统法律中的良贱不平等，指出良民和贱民在法律保护中的差异。[2]张晋藩先生在《中国法制文明的演进》指出，有清一代对雇工人法进行了多次修订，使得生产性劳动者逐渐列于雇工人之外，从而摆脱了人身隶属关系。[3]其在《中国法律的传统与近代转型》中阐述传统法律权利差等、义务本位特点时，分析了唐朝法律良人和贱民制度[4]、清朝的良贱之分[5]。

对人格权在西方法学中的发展，学者从民法史角度研究较多。汪洋在《罗马法上的人格保护及其现代传承——以"侵辱之诉"为研究中心》一文中梳理了罗马法中的人格保护制度，指出人的保护是罗马法的价值基础。[6]肖俊在《人格权保护的罗马法传统：侵辱之诉研究》一文中从侵辱之诉入手讨论古罗马的人格保护制度，指出侵辱之诉的基础是善良风俗。[7]徐国栋在《人格权制度历史沿革考》中评价了1928年《民国民法典》的立法模式，认为其采取了瑞士法的模式。同时对人格权在西方的发展进行了较多的阐述，从罗马法中的人格权规定谈起，指出在罗马法中有以刑法手段保护自然人的名誉权的规定，进而梳理了现代人格权理论的形成与发展，在此基础上分析人格权制度在西方国家立法中的确立，指出瑞

---

[1] 陈涛、高在敏：《中国古代侵权行为法例论要》，载于《法学研究》1995年第2期。
[2] 瞿同祖：《中国法律与中国社会》，商务印书馆2010年版，第253页。
[3] 张晋藩：《中华法制文明的演进》，法律出版社2010年版，第811页。
[4] 张晋藩：《中国法律的传统与近代转型》，法律出版社2009年版，第54页。
[5] 张晋藩：《中国法律的传统与近代转型》，法律出版社2009年版，第56页。
[6] 汪洋：《罗马法上的人格保护及其现代传承——以"侵辱之诉"为研究中心》，载于《法商研究》2014年第3期。
[7] 肖俊：《人格权保护的罗马法传统：侵辱之诉研究》，载于《比较法研究》2013年第1期。

士民法开创了人格与人格权混杂的体系。①国内较系统地研究西方人格权的代表性著作是张民安的《法国人格权法》，其较全面地分析了法国和德国的人格权理论发展以及立法模式，侧重分析了德国民法对人格权轻视的原因和表现，并讨论了19世纪末20世纪初德国人格权的具体内容。②张红梳理了19世纪德国人格权立法的发展路径。周云涛分阶段梳理了德国人格权的历史发展。③

对人格权制度基础——人格平等，学者也从多角度进行了解读。陈景良教授在《法与人——中西法文化人格差异的解读》一文中，从人之属性、人与人关系的解读、法赋予人怎样的社会地位三个层面研讨了中西法文化观照下人格差异的表现及原因。④柴荣在《近代中西人格平等思想之比较》一文中指出，人格平等思想无论是在西方还是在中国，都是伴随着近代商品经济的发展和身份等级制度的废除逐渐形成的。从比较的视野考察，中西人格平等思想有很大的关联性，中国近代是在引进西方平等思想的基础上构建了中国的人格平等法律文本。但是，在废除等级制度的过程中，中西又存在着一定的差异性，西方构建了个体人格平等法律关系，而中国的平等观更关注以国家群体为本位。⑤杜钢建在《论沈家本"人格主义"的人权法思想》中指出，沈家本从事法律改革实践尊重人格主义，对人身自由、社会生活自由、男女平等权给予较多的关注。⑥朱勇的《私法原则与中国民法近代化》一文论述过近代中国民法中的人格平等原则及近代民法的社会化思潮。

在对特殊主体的人格权研究方面：近代人格权制度的实践与私法上的

---

① 徐国栋：《人格权制度历史沿革考》，载于《法制与社会发展》2008年第1期。
② 张民安：《法国人格权法》，清华大学出版社2016年版，第245页。
③ 周云涛：《德国人格权发展阶段的历史考察》，载于《社会科学》2010年第11期。
④ 陈景良：《法与人—中西法文化人格差异的解读》，载于《河南政法管理干部学院学报》2003年第6期。
⑤ 柴荣：《近代中西人格平等思想之比较》，载于《历史教学》2013年第24期。
⑥ 杜钢建：《论沈家本"人格主义"的人权法思想》，载于《中国法学》1991年第1期。

男女平等、结婚自由、离婚自由等存在众多关联。男女不平等、良贱有别是典型的身份差等，清末民国时期人格权制度的演进与其男女平等紧密关联。妾是传统法中人格卑贱的主体，其人格在民国时期如何演进，学者们从不同角度进行阐述，涌现了众多代表性成果。但学者们普遍从妾的财产权角度进行分析，虽有学者从人身权角度进行分析，但其对妾的人身权的研究主要从宏观上分析，没有从人格权内涵例如自由权上的演进分析问题。许莉的《〈中华民国民法·亲属〉研究》一书，以《中华民国民法·亲属》立法文本、司法实践为研究对象，探讨近代亲属法转型中的内在规律。在研究中对婚约、夫妻关系、离婚的解读，开始从男女人格平等角度分析问题，但对结婚自由的阐述并未上升至人格权中"自由权"的视角。

综上，关于清末民国这一特殊历史时期的人格权制度研究，前人已经积累了大量的学术成果，对于本文研究有很大的启示。其研究主要有以下几个特点：从研究时期来看，学者对人格权制度的关注分为清末修律、南京临时政府、北洋政府、中华民国时期几个阶段；其关注点主要侧重于某一时期；从作为研究对象的人格权制度的内涵来看，学者们关注点不一，有的学者侧重从宪法意义上论及人格权，有的学者从单纯的民事权利角度研究人格权。

从现有的研究成果来看，清末民国人格权制度的研究内容在以下几个方面可以有所突破：

其一，当前的研究主要还是以立法文本为中心，相对忽视司法实践方面的研究；人格权作为西方法律移植的产物，其在中国本土的状态应更多地从司法实践中探寻，要考虑近代最高司法机关对人格权规则本土化实践的推动。当前对人格权实践的研究主要围绕北洋时期大理院的司法判例展开，对南京国民政府时期的人格权实践缺乏较为全面的解析。因此，本文在写作中重点关注清末民国人格权的动态司法实践。在实践的时间段上，清末变法修律、南京临时政府、南京国民政府时期都须予以必要的关注；从司法实践的内涵上深入研究，在讨论具体人格权实践的同时，结合人口买卖法律规制讨论自由权的实践。

其二,人格权研究中的立法文本中心主义是研究的重点之一,但反思法律文本移植得失是过去研究的缺失,学术界很少关注法律移植过程中人格权制度体系的内在矛盾冲突。因此,本文在写作过程中运用比较法的研究方法,关注人格权制度移植母国法律体系,考虑不同体系下制度内容移植到近代民法中的内在冲突。在对人格权制度研究中,过去的研究重点是关注民法中法律文本的转化,但人格权制度实际上与宪法文本有很大的关联,特别是南京国民政府时期的宪法扩大了公民基本权利的内涵,司法院大法官会议对宪法的解释从理论上扩充了人格权的内涵。[①]对立法文本的解读,要考虑社会变迁对法律规则的影响,要关注法律规则的本土化。例如对姓名权的变迁研究,从清末民律草案中的登记对抗到北洋民律草案中登记条款的取消,民国时期对姓名权的专项修正案都在表明法律的本土化实践。北洋时期大理院对名誉与名节的区别,更是体现了司法机关对法律的关切。

最后,人格权制度作为西方民事法律移植的产物,其近代化进程从侧面反映了民法的近代化。传统文化中以人格不平等为基础,其与人格权制度基础——人格平等的价值理念发生了激烈的碰撞,在中西文化的冲突中人格权如何对变革的社会进行回应,以及回应中面临的困境等问题都值得深入的反思。本书力图以清末民国人格权制度在本土的演绎为视角反思民法的近代化历程。

在研究方法上,通过梳理可以看出法律史学者和民法学者有不同的解读路径。法律史学者多采用历史思维分析变迁规律、变迁背后的法文化影响。民法学者更多采用文本分析、比较分析法研究近代人格权立法,进而评价近代人格权制度法律移植的得失。但人格权是在动态的司法实践中不断发展的,其研究应考虑多种手段的统一,实现文本分析法、比较法、案

---

① 王泽鉴:《人格权法:法释义学、比较法、案例研究》,北京大学出版社2013年版,第2页。

例分析法的有机统一。

（三）研究意义

1. 对近代人格权制度史的解释

清末民国人格权制度作为西方法律移植的产物，与传统法有哪些差异，传统思想中"仁"是否孕育了人格平等的因子？近代人格权制度在司法实践中如何被确认、发展，如何从立法文本演变、学说发展、司法实践角度全面认识近代人格权制度，是本书选题的理论意义。

传统的近代人格权研究从立法文本，抑或学说角度谈近代人格权，缺乏对立法文本演变内在冲突的分析，更缺乏从实践角度对人格权制度的全面解读。在近代人格权制度不成熟的大背景下，全面地展现近代人格权制度的全貌，需要从立法与司法的互动上进行诠释。近代人格权制度的研究，不是单纯的法律史命题，而是和实体法制度紧密关联的命题。其研究不能局限于单纯的法律史视野，抑或法教义学视角下的民法视野。近代的人格权立法，主要是对欧陆国家的法律移植。从最初的继受日本法，到最后综合移植瑞士法、法国法、德国法的规定。立法文本从某种属性上讲，是对西方法律的复制。对近代的人格权立法文本的研究，也多是从法律条款的源流演变展开，没有从民法体系的角度对人格权制度进行解构。但实质上人格权和侵权制度在体系解释上存在抑制性。近代的人格权司法大部分也是从侵权法角度展开的。对近代人格权文本从整体立法论的角度进行解构也是本书选题的一个出发点。

民法是应用法学，它的生命力在于法律实施。但法律实施要受到众多社会因素的制约。人格权制度不是孤立的民法制度，与其余近代社会的转型、近代司法官的能动裁判有着密不可分的联系。因而该时期人格权的发展，需要从法与社会的互动角度全面探讨，进行体系化的解释。

2. 对当下人格权实践的现实意义

中共十八届四中全会审议通过了《中共中央关于全面推进依法治国若干重大问题的决定》，其中明确提出编纂民法典。在编纂的过程中，学者对于人格权法应独立成编还是置于民法总则的自然人一章单独规定，存在巨大分歧。伴随着《民法总则》的出台，立法模式之争告一段落。新中国第一部民法典颁布后，如何有效地实施成为最为迫切的命题。实施过程中如何协调人格权编和侵权编的关系，如何正确地适用法条，考验着法官的司法智慧。

近代人格权从立法的文本走向现实的实践，经历了漫长的过程。在这段时间，人格权司法体现了审级差异性、地域差异性等诸多特点。特点背后展示了人格权保护水平与人格权类型、法官业务水平的多元耦合性，也受到时代权利供给的巨大制约。近代人格权实践，对于新时代的人格权实践也有值得考量的有益的经验和启示。

三、研究材料与研究方法

（一）研究材料

1. 清末民国民事立法资料整理的最新成果

对清末民国时期民事立法资料的整理，较早的代表性成果有民国时期编纂的《法律草案汇编》《中国历次民律草案校释》等资料。最新的代表性成果是黄源盛先生纂辑的《晚清民国民法史料辑注》（一、二、三、四），该书详细梳理了从1902年到2014年民律的制定、修改，其特色在于对民律的立法理由及相关的立法文献进行了周延的整理，对相关民律的版本进行了恰当的取舍和说明。从这一角度来说，这一史料是作者梳理清末民国人格权法律文本变化的主要材料。同时，已经出版的《高点精编六法全书·民法·总则》对南京国民政府建立至今关于人格权的司法院解释、最高法院判例要旨进行了系统的梳理，这也是笔者研究南京国民政府时期人格权制度的重要资料来源。《中华民国民法制定史料汇编》《中华民国六法理由判解汇编》《中华民国立法史》等作为补充史料对这一时期的研究也大有裨益。值得一提的是，最新点校的《大清新法令》对于研究清末时期的法律变革也有重要的参考价值。

2.清末民国司法档案整理的最新成果

（1）《大理院民事判例辑存（1912—1928）》。该书按民律条文、体例编排，在《总则编》中收录因人格权纠纷作为上告人或被上告人的案件共有 8 例，其中全文缺失的一例；《大理院民事判例辑存·债权编》中，涉及人格权制度的案例有 2 个。

（2）《大理院刑事判例辑存（1912—1928）》（2013 年）。

（3）《民国时期江苏高等法院（审判厅）裁判文书实录》与《直隶高等审判厅判牍辑要》。

（4）《大理院解释例全文》。

（5）《辛亥前后南京司法档案实录》。

（6）《司法公报》。

3.本文引用的其他补充材料

其一，笔者对清末民国时期的民法教科书、人格权专著及当时的报纸期刊进行了详细的整理，以了解当时人格权制度的研究状况。代表性成果有龙显铭的《私法上人格权之保护》、胡长清的《中国民法总论》、史尚宽的《民法总则释义》、余棨昌的《民法要论总则》、松冈义正的《民法总则》等。当时的期刊对人格权制度有着极大的关注，相关的成果主要发表在《时令周刊》《法学评论（北京）》等刊物上。

其二，对人格权司法实践的研究，笔者还运用其他司法档案进行研究，包括《最高法院民事判例会刊》《司法院公报》《各省审判厅判牍》等材料。

（二）研究方法

1.规范分析和比较分析相结合的方法

本书讨论人格权在两次民律草案、中华民国民法、大理院判解、最高法院判例的诠释方面均采用规范分析法，全面解读制度蕴含的价值和其适用理念。规范分析解读法条背后的法理，是我国传统与近代立法的一大优势。从立法传统看，无论是《唐律疏议》还是《大清民律草案》，每个法条下面都有官方的立法理由说明，从法理上讲这属于官方的立法解释。再看司法实践，民初的大理院在进行断案时，对没有生效的《大清民律草案》法条从"条理"上进行解读。解读时法官运用规范分析法，从法律规范的前提、行为模式、法律后果进行解读。这也是本书在解读这一时期立法文本时必须予以考量的方法。

比较分析是法学研究的基本方法，包括中西比较、古今比较。本书以清末民国时期人格权制度研究为题，本身便考虑到法的继承性，涉及与传统法律人格观的比较。传统人格制度与近代人格权制度的比较，从法律移植的角度看也是中西比较。近代人格权制度从立法文本看主要是西方法律的移植，但绝不是照搬照抄。因而在对人格权制度进行规范分析的同时，还需运用比较的研究方法，分析人格权制度中各条款的来源、流变，在比较中分析不同立法模式差异，从而分析我国近代人格权制度立法得失。

2. 历史考证和社会分析相结合的方法

法史研究建立在对史料的分析基础之上，需要运用历史学方法鉴别资料真伪，把握历史的演变沿革。研究清末民国人格权制度问题，首先是求真，要对该制度的历史源流以及制度的形成过程进行论述。本书在进行人格权制度的探讨时，不拘泥于当代民法人格权的内涵，在探讨民初人格权保护时结合沈家本修律内容进行研讨，把人口买卖的问题归入身体自由权的讨论等便是运用了历史分析法。人格权的内涵在民法的发展中是不断演进的，讨论清末民国时期的人格权时结合当时背景下的人格权内涵去讨论才是真正的历史考证。

同时要运用法社会学分析法，研究历史事件发生背后的社会背景。本书对清末民国时期人格权制度进行历史的考察，运用社会分析法分析人格权制度演变的背后动因，以揭示人格权制度的社会变迁过程和变迁规律。近代人格权制度的价值基础是人格平等，其与传统社会的身份差等，在价值理念上有着天壤之别。这种制度需要的社会基础转型、权利供给是否充分直接影响了制度的实施效果。讨论近代人格权制度需要运用法社会学的方法，分析人格权实施背后社会政治、经济、文化等因素的制约。

3. 案例分析方法

对案例进行实证分析是法学研究的基本方法，法律史研究中重视案例分析是我们的优秀传统。中国传统律学家在法学研究中早有对案例汇编进行分析的传统，最早的案例汇编是由董仲舒完成的《春秋决狱》。到了近代法学家也在不同层次整理案例，从而为清末民国时期案例研讨提供了基础的前提。

由于近代特殊国情，《大清民律草案》与民国《民律草案》均未能实施，但却以条理的形式成为民初大理院裁判的依据。考察民初与南京国民政府时期人格权实践状况，唯有通过案例解读背后蕴含的法理。本书在写作时采取民初大理院的解释、判决例、南京国民政府时期的最高院裁判以及地方审判厅的裁判，按照时间、类型进行分析评判，以检验不同时期人格权的立法文本和社会实践之间的差距，从而客观全面了解近代人格权制度。近代司法机构的裁判从审级范围看，既包括高等司法机构，又包括地方司法机构。从地域范围看，沿海和内地的司法机构也有很大差别。案例裁决的差异性为全面描述近代人格权制度实施效果提供了较好的文本基础。

四、研究分析框架

就时间范围而言，本文以清末至民国时期（1907—1949）为时间段，从立法文本、学说与司法实践三个维度，从静态和动态两个角度，全面构建清末民国人格权制度全貌，进而探求人格权制度近代化的得失。

（一）研究时间及人格权内涵的界定

就时间范围而言，本文论述清末至民国时期人格权制度变迁，时间范围限定为1907—1949年，即从《大清民律草案》着手制定到1949年南京国民政府完结。

近代意义上的人格权是广义的人格权范畴。从法律内涵看，近代人格权不仅包含自由权、生存权、人格平等权、人格尊严权等现代意义上的一般人格权内容,也包括生命、名誉权等具体人格权内容。本文在对人格权界定时采用历史分析法,用当时法律对人格权的界定讨论这一制度的变迁。

(二)人格权的类型化划分标准

民法学者从不同角度对人格权进行划分。不同的分类有着不同的划分意义。本书把人格权划分为物质性人格权和精神性人格权,二者内涵、意义不同。物质性人格权包括生命权、身体权、健康权等,是人的最基本、最重要的人格权利;而精神性人格权包括姓名权、名誉权、自由权、肖像权等,其与人的精神尊严相关。作为人格权的自由权,在近代民法理论中内涵丰富,本书采用通说,把结婚自由权和人身自由权纳入自由权保护范围。这一分析框架能更多地与近代社会的转型相适应,能更好地探求人格权制度背后的权利供给,能更客观地展现不同类型人格权的实施效果。

(三)研究架构

本书从人格权立法与实践、静态与动态两个维度,辅之以近代的人格权学说,揭示人格权制度近代化的进程,全文共分六个部分。绪言部分主要阐述研究缘起、研究的意义,对研究时间和核心概念做出界定,明确研究中运用的材料与方法,对研究现状做出较为明晰的阐述。除绪言外,正文主体部分包括:

1. 第一章——人格与人格权之演进

该章首先探讨西方理性人格观形成及近代西方主要国家人格权立法模式,进而论述中国传统法中以忠孝为基础的人伦及身份差等的社会秩序,在与西方比较基础上分析其形成原因,最后介绍清末人格观与人格权的传入。该章是全书讨论的基础,正是因为传统社会人格与近代人格的异质性才使得近代人格权制度在本土化的道路上呈现出曲折性。

2. 第二章——清末民初人格权制度之确立

立法上,清末沈家本修律开启了人格保护的先河,历经南京临时政府法律改革，人格保护观念逐渐深入人心。立法文本上，人格权制度历经《大清民律草案》、民国《民律草案》，有所继承又有所变迁；司法上，作为最高审判机关的大理院通过裁判确立了人格权制度。这一时期的人格保护立法是激进的，但大理院的司法实践却是一个渐进的过程。

3. 第三章——南京国民政府时期的人格权之发展

立法、司法上该时期人格保护均以《中华民国民法》的颁布为分界点，前后呈现不同特征。《中华民国民法》生效实施前，《妇女运动决议案》对人格保护发挥了巨大的推动作用。伴随《中华民国民法》的颁布，我国历史上第一次有了正式生效的人格权规范，人格权实践日趋规范化，姓名权、名誉权、自由权等精神性人格权的实践有了很大的突破。这一时期的人格权立法、司法均呈现出渐进性特征。

4. 第四章——清末民国时期人格权学说考察

伴随着人格权立法的发展，学术界关于人格权学说的讨论日趋活跃。以民国民法典的颁布为分水岭，从单纯的译介人格权学说到有意识地构建本土的人格权理论体系。

5. 第五章主要介绍清末民国时期人格权近代化的动力与制约因素

这一时期的经济、政治、文化与社会思潮中既有人格权近代化的推动力，又有制约人格权发展的因素。这些因素的相互作用，使得这一时期的人格权在曲折中发展。

6. 结论部分

该章主要结合清末民国时期人格权立法，反思激进立法之得失、结合司法实践反思人格权近代化的渐进性，以期对当今人格权立法、司法实践提供借鉴。

第一章
人格与人格权之演进

第一节 人格与人格权在西方之演进

一、古希腊、古罗马时期人格权萌芽

与人类文明的演进类似，人类社会早期的法律都以氏族或部落为起点。人是团体中的人，其人格是一种以团体意志表现的团体性人格。古希腊梭伦改革推动了商品经济的发展，为平民提供了与氏族贵族斗争的物质力量。斗争中平民贵族互不相让，最终经克里斯提尼革命平民战胜贵族，氏族最终解体，个人从团体中逐渐解放。罗马社会早期也充斥着平民和贵族的斗争，但最终在国家形成过程中，这两个阶层都摆脱不了退出历史舞台的命运。罗马社会中氏族贵族力量的消失，使得个人回归到家庭这个组织体中，个人是家长权治下的人，要服从家长的权威。

"罗马的人格观念，原是从希腊来的。在希腊哲理上的观念，只有个体观念，从没有总体观念，不过希腊的个体观念，仅是伦理上的观念，罗马人拿了过来，就成为法律上的制度了。"[①]一般认为，人格的概念最早在

---

① 王伯琦：《近代法律思潮与中国固有文化》，清华大学出版社2005年版，第246页。

罗马法创立使用。早期的罗马法中人格并不是平等的,"在当时,人的内在价值、尊严等伦理性因素,还被排斥在认定'人格'的条件之外,所有的人能否取得'人格'以及取得何种'人格内容'完全取决于他们所隶属的社会身份和等级"[1]。在家长权下,家庭以成年男性家长为尊,父权至上,故后有民法中"善良家父"的注意义务一说。家庭中,家长掌握家内财产的支配权、对子女的主婚权与惩戒权等。夫妻关系中,夫权为上,夫妻关系严重不平等。罗马中后期,伴随着罗马帝国军事、商业的扩张,财产交易流转越来越频繁,这就要求个人人格逐步摆脱家长权的束缚。同时,自然法思想的传播,使罗马中后期的法律价值观向平等观转变。这一时期的罗马法家本位逐渐衰落,家长权受到了极大的挑战,家庭关系中妇女地位得到了较大改善,对夫权的人身依附关系有所减轻并获得了较多的财产自由。在家长与子女关系上,家子的地位提高,家长不得对家子肆意惩戒侵害其身体权益,从而使得家子的个人意识觉醒,成为近代个人主义思想的最初萌芽。个体主体意识的增强,使得罗马法中对人格的理解有了更多的权利内涵。

在罗马法中,已有了最初的对人格权益侵害的救济性规定。《法学阶梯》就列举了针对人格权益不法侵害的规定:"不仅在某人被用拳头、棍棒殴打……的情况下,不法侵害实施了,而且在某人被谩骂……或如果某人为了毁坏他人名誉,写作、编辑、出版讽刺文章或诗歌……或被主张侵害他人贞操的情况下,不法侵害也被实施了……"[2]对于罗马法上的人格损害救济,近代民法学者认为"人格权之观念,虽为近世所确定之物,然而所谓人格之保护,则在罗马时已存在,原有所谓人格毁损诉权之制度,对于人格上之肉体的或精神的损害,皆认其足以发生一种赔偿之诉权。虽其时权利观念,尚未发达,无概括此种人格上之利益,以为一权利之称,

---

[1] 马俊驹:《人格和人格权理论讲稿》,法律出版社2008年版,第36页。
[2] 周枏:《罗马法原论》(上),商务印书馆1994年版,第298页。

然其实质上之保护方法，则已略具概要"①。显然，罗马法上的人格毁损诉权已经存在，也已经有了个别的人格利益保护，但从整体上考察罗马法上的人格制度，会发现有以下特点：其一，人格享有者主体范围狭窄，当时享有人格的主体从全社会范围看仅限于自由民，从家庭内部看主要为成年家父；其二，人格权益保护的范围也较为狭窄，局限在生命、健康、名誉与贞操等人格利益；其三，在法律保护的位阶上，罗马法中刑事法的适用优先于民事法律。"就制度功能而言，古代社会保护人格利益的主要目的在于以朴素的自然法思想为指导而维护公的秩序……关于保护某些人格利益制度的目的性不是在于以人为中心，维护人之为人的独立的个体尊严、利益，而是在于以对生命、健康等的保护进而维护社会的基本运作，尤其是经济秩序的运作。"②以上分析可以看出，罗马法上的人格权萌芽，与近代意义上的人格权制度还存在很大区别。

二、近代民法人格观形成

古罗马的"《十二铜表法》以家为基础，直到共和国中期，罗马法一直是一种家本位法。到了共和国晚期，随着经济发展和军事扩张，家本位渐趋瓦解，个人本位的法律观和法律制度在否定了家本位的基础上发达起来"③。但在漫长的中世纪，民众的个人本位法律观重新受到了严格的压制。中世纪，宗教的力量弥漫整个欧洲。罗马法后期的个人人格在摆脱家长权逐步走向独立的历程中，又重新成为上帝的附庸，在某种程度上上帝本位的思想扩张。在俗世中，世俗政权依靠强大的力量维持着现实的等级差别。"国家统治与社会控制方面的庄园本位、教会力量深深地影响着法律的实施，影响着民众的法律意识。"④宗教与世俗王权的双重控制，使得

---

① 曾志时：《人格权之保护论》，载《朝大季刊》1931年第1卷第3期。
② 曹险峰：《人格、人格权与中国民法典》，科学出版社2009年版，第20页。
③ 张中秋：《西方个人本位法变迁述论》，载《江苏警官学院学报》2005年第3期。
④ 朱勇：《私法原则与中国民法近代化》，载《法学研究》2005年第6期。

个人人格很难向独立方向推进。

在经历漫长的中世纪黑暗之后，公元14世纪末欧洲大陆迎来了发源于意大利南部的文艺复兴。"文艺复兴运动兴起的根本原因，在于经济工商业发展带来的城市世俗生活的繁荣，但与此相对的却是当时中世纪宗教的黑暗阴影以及黑死病瘟疫的折磨。"①文艺复兴运动中，以人为本的人文主义思想被提出并逐渐形成。人文主义精神首先要求尊重人，关心人，关注人自身的尊严与价值，而非神的信仰，从而奠定近代民法"人格平等"理念的最初基础；其次，人文主义者追求理性尊严和思维价值，关注尘世享乐。文艺复兴激发出的人文主义精神，为新兴的资产阶级摆脱教会统治，实现个人解放、追求现实幸福提供了有力的思想武器。

继文艺复兴之后的宗教改革，"通过宣传人由神创造、由基督拯救、因而在神面前的人是平等的说教，确立了人类尊严思想，是基督教给西欧乃至给更广阔的世界带来的贡献，它构成了中世纪以后人类观的基本哲学"②。宗教改革使得从法律理念的角度看，人性是平等的，人类是有尊严的，而这二者对于人格意识的觉醒都有着重大的推动作用。

作为法国大革命思想基础的启蒙运动，进一步提升了人的思想解放空间，使个人从团体中解放，团体性人格向个人独立人格过渡。"启蒙运动中的自然法学派将个人的价值推到法学的前台，而此前单个人仅仅作为团体的成员，在法律中隐而不现。基于天赋人权的观念，自然法学派认为身体、生命、自由等利益在人类形成国家之前即已存在，其性质为一种自然权利，因此，生命、自由等人格利益不仅应在刑法上加以保护，而且在民法上也有保护的必要。"③启蒙运动强调人的个性解放，并主张在经济、政治、社会等领域进行符合资产阶级利益的全面改革，为资本主义的发展扫

---

① 余慧阳、郁琳：《文艺复兴与近代民法理念的蕴育》，载《中南大学学报（社会科学版）》2006年第12卷第4期。

② [日]星野英一："私法中的人——以民法财产法为中心"，王闯译，载梁慧星主编：《民商法论丛》（第8卷），法律出版社1997年版，第159页。

③ 王利明：《试论人格权的新发展》，载《法商研究》2006年第5期。

除障碍。1789年法国大革命爆发,《人权宣言》这一宪法性纲领性文件的颁布极大地解放了人的天性,使人格平等、人格尊严、人格利益的维护上升为国家的义务,成为立法与裁判所应遵循的准则。

欧洲大陆14—17世纪兴起的罗马法复兴、文艺复兴、宗教改革,孕育了近代民法的理念,发展了近代民法的理性人格观。近代民法中蕴含的人文主义精神自罗马法就开始萌芽,历经多次思想解放运动最终在近代走向成熟。不同于早期的民法,"近代民法首先提升了人的主体性,在人类历史上第一次把所有人生而平等、享有权利明确写入法典,承认人的独立性与平等性,使人从等级、身份制度的压迫中解放出来,体现出以尊重人、肯定人、解放人为己任的人文主义精神"[1]。

三、近代西方的人格权立法

人格权作为个体非常重要的权利,在古代法律中就已经存在,其概念在欧洲大陆具有古老的渊源。[2]一般认为,人格权作为权利得到认可是近代初期的人文主义法学家多莱乌斯(Donellus)的功绩,在此以后人格权的概念经由近代自然法学家赋予其精神支柱,从而逐渐形成。[3]以历史的视角来观察,人格权的概念并非一开始就很完整,更合适的说法是人格权作为对于生命、健康、名誉等受保护的具体权利的综合称谓。[4]

近代的人格权作为新兴的权利,以普遍遵循对人尊重的价值理念,在欧陆国家得到发展。其原因包括"(A)人的利益之个人的分解。(B)损害赔偿请求权以被害人为中心。(C)个人应保护之法益逐渐增加。昔日人

---

[1] 余慧阳、郁琳:《文艺复兴与近代民法理念的蕴育》,载《中南大学学报(社会科学版)》2006年第12卷第4期。

[2] [日]五十岚清:《人格权法》,铃木贤、葛敏译,北京大学出版社2009年版,第1页。

[3] [日]五十岚清:《人格权法》,铃木贤、葛敏译,北京大学出版社2009年版,前引书,第2页。

[4] 任丹丽、陈道英:《宪法与民法的沟通机制研究——以人格权的法律保护为视角》,法律出版社2013年版,第54页。

的法益，只受刑法及行政法的保护，而不受私法的保护，且被保障之对象只限于生命、身体、自由、名誉之数种，而现在则信用、肖像、姓名、秘密、精神的自由等均在应行保护之列，其对象日益增加早为学者所公认。（D）损害赔偿数额之正确化。昔时仅视有形之财产为利益，如受侵害，事后请求赔偿。现在则精神上之安乐，亦视为利益，凡对之搅乱者，既得请求慰抚金，其计算方法日趋于精确化。（E）保护人格利益—预防手段之发达。损害赔偿与慰抚金之请求，均不过事后一种救济。现在法律思想则请求事前手段之并用，例如以上所述因私力防御手段之自卫与因公力防御手段之不作为之诉是已"[①]。

近代人格权适应欧陆国家经济、政治新变化的同时，受到19世纪法学思潮的影响，在人格保护理念上有重大变化。"十九世纪之初叶，自然法学派以权利乃基于人类之理性而成立之物，谓生命自由，为人类生来即取得之天赋权利，称之曰人类之基本权或人权，于是人格权之观念，始渐萌芽。其后利益法学派排斥此种法律外能生权利之主张，而专从法律保护之对象上，以探求人格权之本质，乃有'私法保护之对象，不能限于有形的财产货物，虽无形的精神货物，亦应包含之'之宣言"[②]。人格保护理念的变化，带来了近代民法法典化过程中立法模式的差异。简单概括，迎合19世纪初自然法思潮，《法国民法典》中对人格权并无具体规定，其通过民法1382条过错一般条款对权利的解读发展人格权；伴随利益法学的兴起，《德国民法典》中明确了具体的人格权；瑞士法则成为近代人格权立法保护的典范。不同于大陆法系的法典化立法，这一时期的英美法通过判例法的形式进行人格权保护。

（一）法国法

兴起于17世纪英国，发达于18世纪法国的启蒙运动，为法国大革命提供了思想基础。1789年的法国大革命推翻了长期以来的封建专制，有力

---

① 彭时：《人格权之研究》，载《法律评论》第六百一十四期。
② 曾志时：《人格权之保护论》，载《朝大季刊》1931年第1卷第3期。

地推动了法国法律的统一化进程。伴随着《公民与人权宣言》的颁布，自由、平等、民主的观念日益深入人心并逐步在后续的法律实施中加以落实。人权宣言对人格权发展的影响在民国时期得到了我国学者的关注，龙显铭认为："一七八九年法国人权宣言谓：凡人自其出生即享有自由与平等，除因自然的能力而发生差别外，不得加以人为的差别。对于人类之身体、生命、名誉、财产等，保护其自由与安全，是一切政治结合之目的。凡此皆为各国人之天赋的权利。故绝不得被任何人剥夺……虽所涉范围甚广，然要不外强调各个人的人格利益应受保护而已。自是厥此，一切人之生命身体及自由不得非法侵害之权利，见于各国之宪章，因其在沿革上系由自由权之伸张而来，故公法学者一概以之为自由权而加以论究。虽刑法及宪法之保护人格的利益，乃属于公法上者，而此利益在私法上究受如何之保护乎？在十九世纪期内，因个人主义精神发达，私法学者主张人格的利益不应受私法保护所遗漏，影响及于立法及裁判，于是私法上亦有生命权、身体权、自由权、名誉权等一类所谓人格权的出现，范围甚广，保护甚周。"[1]《人权宣言》作为宪法性纲领，其蕴含的民事权利平等保护思想在《拿破仑法典》中得以落实。

适应《人权宣言》要求，作为法国大革命成果的《法国民法典》第一次把人格平等作为民法的基本原则。这一时期的人格平等是抽象意义上的人格平等，抛弃了封建法下身份、等级对人的约束，强调每一个民事主体有自己的独立意志，可以平等地参与市场竞争。但在1804年制定《法国民法典》时，民法理论上并无人格权的领地，立法者在当时也无法想象人格权的存在，因而在立法中并没有对人格权做出规定，但这其中有着深厚的社会原因：其一，从法律产生的社会需求看，19世纪初的法国经济、科技尚不发达，导致威胁人的心理或情感的现代技术手段尚未出现、普及；其二，学术理论准备的不充足导致人格权并未被纳入立法者的视野。学术

---

[1] 龙显铭：《私法上人格权之保护》，中华书局1949年版，自序，第1页。

界普遍认为自然人仅享有对物的支配权和对别人的债权，并不享有对自身利益的人格权。

法国民法典中虽没有明确的人格权称谓，但并不缺乏对人格利益的保护。在法典编排体例上，在人法中为人格权益预留较大的发展空间；在侵权条款中，其在民法1382条规定了过错的一般条款，但其"只对侵权行为的静态后果——损害做出了规定，而对损害对象未设明文，从而使其成为容量极大且极富有弹性的高度抽象性条款"[①]。这一立法模式在清末制定《大清民律草案》时被继受，在民国民法典中得以延续，至今仍在我国台湾地区适用。法国民法采用开放性的立法，通过判例在具体案件中确定自然人享有的人格利益范围，不仅生命、身体等物质性人格利益得到了较好的保护，而且名誉、贞操、肖像、姓名、信用等近代法上所推崇的精神人格利益在法国的司法实践中也得到了较好的保护。

通过考察法国民法典制定时的社会思潮，审视民法典颁行后的人格权保护实践，我们对法典中的人格权保护会有较全面的认知。从法典制定的思想基础上看，当时自然法思想占据社会主流，基本人权是先于国家法律而存在的。法国人认为天赋人权，人权并不是由实定法规定的，其高于实定法的保护。人格权首先应作为一种自然权利而存在，故无须把其法定化加以保护，因而在法典中没有明确的人格权之具体规定。但《民法典》第1382条作为过错侵权的一般条款开辟了民事权利保护的新模式。过错侵权强调有损害的发生，有故意或过失的主观心理状态，再加之损害和过错的因果关系就可认定侵权责任的成立，从而构建对民事权利的全面保护体系。对于损害的范围，民法典中实现了高度的弹性概括，既包括权利又包括利益。"法国民法虽非以权利的观念看待人格，但从更高的自然地位看待人格，其虽不在法定权利意义上规定人格权，但比保护法定权利还更高

---

① 曹险峰：《人格、人格权与中国民法典》，科学出版社2009年版，第87页。

地维护人格。"①

法国民法典虽确立了人格平等原则,但人格平等更多的是一种形式意义上的人格平等,在传统的家庭法领域仍难以落实。家庭法有着很强的伦理基础,对社会变革有着天然的排斥。"《法国民法典》的家庭法仍旧反映出家父权下的家庭状况,就像 19 世纪初期典型的市民阶层家庭一样……在封闭的家庭组织内部,任何国家干预似乎都难以接受;现今监护法院和青少年局的职能当时是由'亲属会议'(conseil de famille)执行……这些亲属在当时要比我们现今所能期望的更与家族的核心保持紧密的联系。对家庭组织广泛周密的保护无疑是法国家庭法的特征。"②法国法中家长制的残余表明人格平等在传统的家庭组织中仍有较大的阻力,这也就不难解释在父权制影响深远的近代中国,人格平等在传统家庭中的贯彻为何绝不可能是一帆风顺的。《法国民法典》确立了人格平等为民法的基本原则之一,男女平等本应为人格平等的应有之义,但其第 213 条规定"夫应保护其妻,妻应顺从其夫"③展现出夫妻之间人格的不平等。

(二)德国法

1900 年施行的德国民法典在人格权立法上深受德国康德哲学的影响。康德哲学观念中未给人身客体化提供哲学基础,其主张人格代表着人的尊严利益不能作为民事法律关系的客体。深受康德哲学思想影响的萨维尼否认权利主体拥有对自身的权利,即使拥有也无法做出实体法上的规定。萨维尼对人格权属性及立法模式的阐述深刻影响了德国的人格权立法。

德国民法典的编纂从整体上得益于对罗马法的全面继受,但在人格权问题上,其对从罗马法演绎出的人格权却未给予足够的重视。主持德国民法典编纂工作的法学家温特沙伊德受萨维尼影响较大,其在价值逻辑上

---

① 龙卫球:《论自然人人格权及其当代进路—兼论宪法秩序与民法实证主义》,载《清华法学》2002 年第 2 期。

② [德] k.茨威格特、H.克茨:《比较法总论》,潘汉典等译,法律出版社 2003 年版,第 145 页。

③ 《拿破仑法典》,李浩培等译,商务印书馆 1979 年版。

"放弃了将人格本身上升为一项由侵权行为法保护的法益"①。但在立法形式上,德国民法典又不能忽视对生命、身体、健康、自由的保护。人格权理论的供给和社会对权利保护的现实需要的矛盾,使得德国民法典对人格权的保护体现在第八百二十三条第一项上。关于德国民法第八百二十三条是否是对具体人格权的确认,学者王泽鉴指出:"德国民法第八百二十三条第一项……之规定,仅明定个别人格利益……"②从侵权责任法保护的权益范围看,其未设人格权的一般规定,人格权也未取得与物权相并列的法律地位。在具体保护的人格权类型上,仅规定身体、健康或自由受侵害情况下受害人享有非财产损害的金钱赔偿。

对于与道德评价相关的名誉的保护,德国民法并未明确规定,而是通过1896年民法典第二条进行间接保护。③民法典的这一规定,与德国刑法典第一百八十五条(侵害名誉罪)的规定相互配合。其规定:一旦行为人实施任何诽谤行为或者侮辱行为,则他们实施的诽谤行为或者侮辱行为将构成应当遭受刑事制裁的行为。德国法中对于具体人格权的保护伴随着社会公众权利意识的提高而不断变化。首先在《德国民法典》第十二条中对姓名权单独规定,规定了姓名权人受侵害时排除侵害的诉权;其次,在《艺术和摄影作品著作权法》(1907年)规定肖像权和著作人格权,扩大了人格权保护的类型。

德国民法诞生于19世纪末20世纪初,垄断资本主义发展时期,当时民法的社会化思潮已经产生。对于德国民法而言,德国学者拉德布鲁赫曾对《德国民法典》评述为"与其说是20世纪的序曲,毋宁说其是19世纪的尾声",德国民法典在立法整体价值上仍坚持个人主义的立法思潮,对社会公共利益的追求仍主要停留在财产法领域。与法国民法典类似,德国

---

① [德]马克西米利安·福克斯:《侵权行为法》,齐晓琨译,法律出版社2006年版。
② 王泽鉴:《人格权、慰抚金与法官造法》,载于王泽鉴:《民法学说与判例研究》(第8册),中国政法大学出版社1998年版,第97页。
③ 违反保护法规:违反以保护他人为目的的法律的人,负同样的义务。

民法典在人格平等原则的贯彻上仍不够彻底，其在总则编部分确立了人格平等的法律保护原则，但在家庭法领域仍保留了大量男女人格不平等的规定。

（三）瑞士法

瑞士民法于1907年12月10日完成立法，1912年1月1日正式施行，其是20世纪初期代表性的法典，在继受德国法的同时，形成了自己的鲜明特点。瑞士民法开创了人格保护的新范式，专设人格权规定，明确了人格保护的一般条款。瑞士民法第二十八条规定了人格受到侵害时的诉权，使人格保护得以宣示；同时在瑞士债法中规定了侵害人格利益的慰抚金赔偿，从而构建了较全面的人格保护制度。

（四）日本法

日本民法的制定受德国法影响较大，其在法典总则中未确立人格权保护的一般规则，其保护主要通过日本民法债权编第七百〇九条、第七百一十条规定。第七百一十条明确了侵权保护的对象为身体、自由、名誉。在立法上受《德国民法典》影响巨大的日本法，加之其法律传统，在男女人格不等的规定上残留更多。

梳理大陆法系国家民法典立法，虽然立法模式不同，但人格权制度具体规则却都普遍确立。作为人格权制度基础的人格平等原则虽在近代民法典中普遍认可为民法的基本原则，但并未在民法各编中完全贯彻。在家庭法领域，法国法、德国法、日本法都未能实现真正意义上的人格平等。人格权规则在近代西方家庭法的落实也非一蹴而就的，其与人格平等原则之间存在较长时间的混乱、不协调。

（五）英美法

英美法作为判例法体例，在人格权保护上有着与大陆法系迥然不同的路径选择，其对人格权的保护主要通过侵权法的法律救济实现，通过大量的判例确定保护范围和保护规则，其首先在学者学说中发现了隐私权这一概念，进而在实践中通过立法确认了对隐私权的保护。不同于大陆法系国家，英美国家主要通过侵权判例在司法实践中保护人格权益。

　　西方社会民法中蕴含的人文精神，自罗马法就开始萌芽，历经罗马法复兴、文艺复兴、宗教改革最终发展为近代民法中的理性人格。在古希腊、古罗马早期，人亦为氏族这一团体组织成员，受氏族贵族约束，很难有独立的人格。但伴随着商品经济的发展及平民的抗争，氏族这一团体在社会变革中逐步解体，个人的人格意识觉醒。在罗马时期，氏族解体后家庭取代了团体的地位，家庭成员受制于家长权，但在罗马共和国后期，家长制逐渐解体，从而奠定了近代个人主义思想的基础。中世纪，个人成为宗教的附属，无独立之人格。伴随着近代社会变革，在民法法典化过程中个人独立之理性人格最终形成，并成为近代人格制度的基础。自《法国民法典》开始，人格利益在欧陆国家法律中逐渐得到保护。虽然，由于各国历史传统等多维度的差异，各国在人格权立法模式上有所不同，但其人格权制度的理念却是相通的。伴随着近代资本主义商品经济的发展、身份等级制度的废除，欧陆国家逐渐建立了以个体人格平等为基础的人格权制度，其确立的人格平等原则反过来又推动了西方资本主义经济的发展。

第二节　传统中国人格观与身份差等的社会秩序

一、传统中国的人格观

（一）以忠孝为基础的"人伦"

　　传统中国的人格观是以忠孝为基础的人伦，忠由孝出发。这一人格观直到清末一直是中国社会的主流人格观。在这一人格观下，个人独立与个人尊严始终受到长期的压制。这一人格观下的人，始终被认为是"团体"中的人，作为孤立的"个体"，在与团体的关系中始终是依附关系，长期受到团体的压制。虽然在历史的长河中，团体的表现形式由最早的氏族发展到后来的家族、国家,家国一体,但个人从未能如西方那样取得过独立人格之地位。这一人格观的形成是由古代社会的政治、经济、文化等多重因素决定的。简单地说,"以精耕细作的农业、严密组织的家庭生活和官僚化的行政机构为其特征,中国这一逐渐扩展的文明就赋予整个国家从南到北,自西向东以一种内在的共性"①。这种内在的共性反映到伦理上就是以忠孝为基础的"人伦"。

1. 小农经济为主体的社会经济结构

"这种政治上的统一和文化上的共同性的观念,是中国生活方式从史前新石器时代就不间断地延续下来的那种异乎寻常的连续性造成的。"②农耕文明的生产历史,在中国源远流长,未曾中断。这与中国的地理环境紧密相关,地处东北亚大陆,物产丰富,为农业生产提供了良好的物质基础。相对落后的农业生产方式,要求必须团体协作,客观上要求有生产活动的领导者,从而决定了家庭是农业生产的核心单位。为对抗农业活动中的风险,以血缘为基础的家属间联系越来越紧密,从而"成为把大多数家庭都联系在一起的具有共同血缘关系的集体或宗族。宗族是一种超越阶级界限的拥有自治权的组织,它通常包括两极:一极是贫困无告的人;另一极是那些已经取得了上层身份的人"③。以小农经济为主体的社会经济结构,使得家庭、家族(宗族)成为社会秩序的最小单位。在以生存为目的的家庭小农经济模式下,家长掌握家庭所有的物质财富的分配,子女缺乏经济的独立性,仅能依附于家长。

古代社会长期以来奉行重农抑商的经济政策,商业发展始终未能成为社会的主流。虽然在个别时期,商业活动有不同程度的发展。但其发展与

---

① [美]费正清、刘广京:《剑桥中国晚清史》(1800—1911年)(上卷),中国社会科学出版社1985年版,第9页。

② [美]费正清、刘广京:《剑桥中国晚清史》(1800—1911年)(上卷),中国社会科学出版社1985年版,第10页。

③ [美]费正清、刘广京:《剑桥中国晚清史》(1800—1911年)(上卷),中国社会科学出版社1985年版,第11页。

西方的近代商业不同，仍是"以家庭为单位并且依赖于所建立的私人关系，因此，商业依赖于家庭商号，在这里，亲属关系成了主要的忠诚纽带"①。古代社会围绕亲属展开的商业活动，阻碍了商业的发展。商品经济的发展水平不同导致中西方的社会结构发生重大差异，从而形成了不同的人格观。虽然西方社会最早的社会组织形式也是氏族，但伴随商品经济的发展，从古希腊、古罗马开始，在平民与贵族阶层的斗争中氏族这一团体性组织逐渐解体，个体逐渐获得了较为独立的法律地位。而古代中国由于商品经济的不发达，个人的力量很难突破氏族中贵族的统治，反而从氏族这一团体直接迈入家族、宗族这一力量更为强大的团体性组织。在家族这一宗法伦理结构中，等级身份贯穿始终，个人独立人格几近丧失。人与人的社会关系只能是宗法制下的"人伦"。

从地缘结构看，古代中国是一个内陆性国家，统治策略以开拓陆地为中心，主要的农业生产活动也围绕此展开。政治上官僚统治的中心在于保护农村的社会秩序，农业经济与封建官僚统治的结合，使得与西方的地中海文明相比，中西方在民族性格上有很大差异。古代中国的人，以温文尔雅、恪守成规为典范，反对个人标新立异，"包括运用暴力在内的个人才能和进取心，在中国农业社会中没有被培养出来，但在欧洲人的航海技术、好战精神、探险和海外移民活动中，却已蔚然成风了"②。近代西方的海洋文明，推动了西方的地理大发现，进而为资产阶级的发展提供广阔的空间，作为人格权基础的人格独立进一步得到弘扬。民国学者张瑞泉把西方这一时期的人格描述为"至于西洋人那就不然了，西洋人以诚信友爱为道德。这种原因，就是西洋人的生活是一种重商主义。他们因为重商就不能不把家族看轻一点，所以孝在西洋社会里是不讲的，也是讲不通的。

---

① ［美］费正清、刘广京：《剑桥中国晚清史》（1800—1911年）（上卷），中国社会科学出版社1985年版，第17页。

② ［美］费正清、刘广京：《剑桥中国晚清史》（1800—1911年）（上卷），中国社会科学出版社1985年版，第10页。

第一章　人格与人格权之演进

西洋人以为最重要的道德就是勇,把勇字看得非常重要。所以冒险的事业就非常的多:一个人若是能冒极大的险便受社会所推崇、所敬仰。所以西洋人近代文明的生活都是由这勇的行为创造成功的"①。这一时期的中国仍然保留着以忠孝为基础的人伦,而西方思想中商业思维发达,"十九世纪以来,全世界人类商人化,注重个人之自利,其于法律上加以保护,乃属当然之结果。故利己心者,即人格权法发展之根本动因也"②。

2.宗法家族制社会结构与公法文化

古代中国的自然经济,决定了农业生产的团体性。为提高农业生产效率与对抗自然灾害,家庭与家族的产生成为小农经济的必然要求。进入阶级社会以后,国家基于统治策略把以血缘关系为纽带的社会关系转化成家族宗法制度。家庭内,家长掌握最高的支配权,"父祖是统治的首脑,一切权力都集中在他的手里,家族中所有人口,都在他的权力之下,经济权、法律权、宗教权都在他的手里"③。对外,家长或族长则要对国家承担义务。传统法律维护家长或族长的威信,通过给予社会最小治理单位——家庭结构以支持,实现对国家社会秩序的维护。在这种家国一体的体制下,家庭中的成员在经济上受物质条件制约,在法律上受国家制约,很难有成为独立权利主体资格的可能,代表个人利益的权利观根本无法形成。在这种体制下,个人的生存与人际交往的社会关系主要围绕亲属展开,受身份的约束,在家对父母、尊亲属要尽"孝"。

国家基于维护统治农村社会秩序的需要,把这种建立在亲属关系上的"名分"引入政治生活,使君主成为最大的"家长",把家庭中的孝转化为对君主的"忠"。国家在地方一级的统治则依靠扩大化的宗族支配,"这在相当程度上是因为传统中国是等级名分结构的主要支柱,而这个结构是遵

---

① 张润泉:《人类生活史》,河南人民出版社2016年4月版,第108页。
② 彭时:《人格权之研究》,载《法律评论(北京)》第614期。
③ 瞿同祖:《中国法律与中国社会》,商务印书馆2010年版,第6页。

循着有关宗族关系的经典教义而在起各种作用的"①。当社会的家庭秩序、社会秩序被等级"名分"所定时,个人只有对尊长、对上级的服从,"在这样的法文化的笼罩下,庶民只能以尽义务为天职,以争权利为非分,无从产生如西方社会那样的浓厚的个人主义的权利意识"②。"就中国而言,传统文化中未能孕育出人格权的观念,这有其特殊的原因。自先秦产生和发展起来的人论是以'人伦'为中心的。所谓'人伦',其实也就是人与人之间的关系及其发生关系时必须遵循的准则,实质也就是一种身份要求。"③

家族本位与专制统治有机结合后,皇权作为最大的"父权"有了伦理性依据,法律就变成维护这个联合体的工具。法律的目的是保护以农村为主的社会秩序,为了保护家族与国家的利益,以打击犯罪为目的的刑法几乎可以成为古代中国法律体系的代名词。以刑法为代表的公法文化发达,罪与罚是法律调控的基本手段,对民事关系的调控也依赖于公法的调整方法。由于商品经济的落后,商品交易流转的法律需求较低,规定个人之间财产关系民事法律则非常匮乏。中国"固有民法以规范'身份关系'的规则为中心……人们的身份存在着法律上的不平等,有良贱之别,在处理民商事关系时,首先得界定清楚民事主体的身份"④。个人依附于家庭、家族,其无独立财产,订婚、结婚事务均由家长支配,个人无独立的人格。从这一意义上讲,古代中国的人格依赖于其在家庭中尊卑地位、在社会中的身份,受等级、出身的制约。对身份与伦常的维护,贯穿于古代的法律运转中,"身份法"的色彩明显。与西方相比,身份法的特征相当稳固,一直到清末法律变革才开始改变。

罗马帝国后期发生的家族本位向个人本位的适当转变及西方近代理性

---

① [美]费正清、刘广京:《剑桥中国晚清史》(1800—1911年)(上卷),中国社会科学出版社1985年版,第24页。
② 张晋藩:《中国法律的传统与近代转型》,法律出版社2009年版,第64页。
③ 曹险峰:《人格、人格权与中国民法典》,科学出版社2009年版,第68页。
④ 陈新宇、陈煜、江照信:《中国近代法律史讲义》,九州出版社2016年版,第178页。

人格的形成，在古代中国稳固的君主统治与强大的宗法伦理面前，始终未能出现。但西方国家在19世纪社会思潮中个人主义思想兴起，对家族本位、家长权产生了根本的冲击。"自十九世纪以来。个人主义，导源于欧美，散漫于世界，不但有形财产分属个人，即无形财产——人格权，亦属于各个人。例如昔时家族之一员受人侮辱，家长可以代表起诉，现在必被侮辱之对象为家族，家长始有为原告之资格。又如昔时子女受侮辱，父母可以代表起诉，现在则只有子女自身可以为原告，以人格权归属于各个人故也。"①近代西方国家，个人法律地位日趋独立，脱离家庭、家长权监护，而在同期的中国宗法家长制下根本无从实现。

3. 政治上专制主义集权统治与儒家伦理的结合

古代中国长期以来是大一统的中央集权制国家，君主具有最高的权威。在中国，宗教的力量始终没有能力同王权相抗衡。在古代中国的统治中，没有出现像宗教那样与王室对抗的力量。步入明清社会以后，思想领域的控制进一步加强。自明朝中后期开始的自然人性自满清入关后受到全面的扼杀，有清一代"文字狱"的频繁出现使得思想领域的人性解放受到极大的压制。封建王朝的统治者以法律的手段对作为其统治基础的宗法伦理进一步固化，从而使得自然人性很难在思想领域进一步发展，更不可能在民众中广为传播。

在统治策略上，自汉唐以来儒家思想成为封建社会的正统思想，儒家思想所鼓吹的身份差等迎合了社会集权统治的需要。儒家的伦理观以身份差等作为社会秩序的基础。"儒家认为这种存在于家族中的亲疏、尊卑、长幼的分异和存在于社会中的贵贱上下的分异同样重要，两种差异同为维持社会秩序所不可或缺的部分。儒家心目中的社会秩序，即上述两种差异的综合。"②儒家对良贱有等、贵贱有等的社会秩序的维护，使得人格平等、人格独立思想更难以产生。儒家思想中的"克己复礼"，则进一步压

---

① 彭时：《人格权之研究》，载《法律评论（北京）》第614期。
② 瞿同祖：《中国法律与中国社会》，商务印书馆2010年版，第312页。

制人正当的权利要求。

古代社会的经济结构、社会文化结构等综合性因素决定了古代中国的人格观是以忠孝为基础的人伦。民国时期学者张瑞泉对东西方的人格观曾进行比较,指出"人类的人格的自觉在积极一方面说,就是道德的活动。道德的活动,也是古今中外不同的。中国人最早以来,就以忠孝、仁爱、信义、和平为道德,尤其把忠孝二字看得非常重要,而且认为忠是由孝出发的。这种原因,就是中国人类的生活是以农业为基础的,农业的社会是以家族为单位的,家族的关系是以父子为中心的。所以要维系父子之间的一种关系,就要拿一种孝的行为来维系。父子之间的关系得到维系以后,家族便能够成立。家族能够成立,农业社会便能稳固。所以在中国的社会,为人子的人若能把孝的行为尽到极处便为社会所推崇、所敬仰,若是不孝的儿子简直就不能齿诸人类"[1]。其对中国人人格观的阐述从经济结构、社会结构等方面入手,具有较强的合理性。古代中国的经济是以生存为目的的家庭小农经济。法律为维护社会秩序,把宗法家长制家庭作为社会控制的基本单位,从法律上确认宗族家长权威。在这种经济模式下,孝为百善之先,在家注重家庭伦理,个人很难有独立的地位。

(二)作为个人修养的人格观念

从社会意识形态发展规律讲,一个社会占主流的人格观并不能完全排斥其他的人格观,古代中国也有人格尊严的萌芽。有学者指出:"至迟在纪元前22年秦始皇统治中国以前的春秋战国时期,中国就已经出现了接近于具有'个人性的内在权威'的类似人格概念的人格观念。"[2]张岱年先生指出:"在中国古代,表示人格尊严的词语,是'志不可夺''高尚其事'。"[3]大约成书于西周初年的《周易古经》蛊卦说:"上九,不事王侯,高尚其事。"《象传》云:"不事王侯,志可则也。"这以不事王侯为风尚。

---

[1] 张润泉:《人类生活史》,河南人民出版社2016年版,第108页。
[2] 王兴国:《中国古代人格观念初探》,载《云南社会科学》1996年第3期。
[3] 张岱年:《中国古代关于人格尊严的思想》,载《国际儒学研究》1996年第二辑。

不事王侯即是不屈于王侯，亦即保持人格的独立。这是最古的关于人格尊严的思想。①"可杀而不可辱也……其刚毅有如此者……身可危也，而志不可夺也……"②士可杀而不可辱等思想进一步展示生死面前维护人格尊严的思想。"居天下之广居，立天下之正位，行天下之大道。富贵不能淫，贫贱不能移，威武不能屈。"③儒家思想在发展过程中适应社会的需要，其内涵不断地发展变化，在鼓励保持人格尊严，褒扬伯夷、叔齐"不降其志，不辱其身"的同时，又推崇忠君思想，主张"君臣之义不可废也"。看似矛盾冲突的观念，蕴含着忠君思想下的统一，从而使得古代的人格尊严思想并非近代意义上的人格独立。明朝中后期开始，在城市商业发展的基础上，出现了一次人性摆脱儒家伦理束缚的小高潮。但随后在清文字狱高压下未能进一步发展。

审视中国古代社会的人格观，必须肯定古代社会确实存在维护人格尊严的意识，但这种意识主要作为个人修身养性而存在，不可能成为专制法律制度的基础，因而也很难发展。诚如近代学者王伯琦先生所言："在我们中国思想上，独立人格观念，亦未始找不到一些根源。我国以君子为人格完整的表征，不过这人格的完整，是道德上人格的完整，不是法律上人格的完整。所以只能作为个人修养的张本，不能成为法律制度。"④中国社会的人格解放及自由平等理性人格观的引进是从清末开始的。

二、身份差等的社会秩序

古代中国社会深受宗法制度影响，建构了国法与情理沟通、家国一体的政治体制。该体制所构建的社会秩序是以宗族为本位、以伦理为核心的身份秩序。如同梁治平先生所说，具体到我们中国数千年的历史长河中

---

① 张岱年：《中国古代关于人格尊严的思想》，载《国际儒学研究》1996年第二辑。
② 《礼记·儒行篇》。
③ 《孟子·滕文公》。
④ 王伯琦：《近代法律思潮与中国固有文化》，清华大学出版社2005年版，第77页。

"社会乃是身份社会，法律乃是伦理法律"，"长幼亲疏被认为是永恒的秩序，天不变道亦不变，法律常常只是增加了刑罚的伦常"。[1]亲属有等、贵贱有等是古代社会秩序的基础。这一特点形成历史悠久，春秋战国时期百家争鸣，但众多流派在法律起源和法律功能上都推崇荀子定分止争的论述，"定分"实质指的是确立贵贱有别的名分，从而以此为基础构建行为准则和社会秩序。"个人在社会中，在法律上的权利义务，基本上取决于他在先天或后天所取得的身份。"[2]也有学者指出："中国古代身份社会的特色在于'名分'，即人在社会中所具有的名义和地位，它又首先表现在对家族、家庭伦常的重视，把家的伦常视为社会存在和发展的基础。"[3]

"在中国传统的身份社会里，一个人最基本的身份首先表现为某个家的成员，其次才是其他（如阶级的或地域上的），而在家这样一个伦理实体中，个人主义意义上的个人是根本不存在的。"[4]诚然，家在中国传统法律中作为社会的重要组成单位，在调整家族成员内部关系中发挥着重要作用。家的强势存在也使得家族成员很难发展成法律上的独立人格。中国社会中家的存在，使个体永远是团体的成员，这个团体从小的范围讲是家，大而言之是宗族，最后是国家，家国一体的体制决定了个体只能是团体的一分子，要服从团体的意志。"中国传统文化不外是家的文化，孝的文化，它不承认'个人'的存在。依此原则组织起来的家，既是社会的基本单位，又是在文化上有着头等重要意义的伦理实体，其中，身份的原则支配一切。因此，这里不能有法律上抽象平等的人格。"[5]传统社会中人的关

---

[1] 梁治平：《法辩：中国法的过去、现在与未来》，中国政法大学出版社2002年版，第401页。

[2] 黄源盛：《从传统身份差等到近代平权立法》，载于《中国传统法制与思想》，五南出版社1998年版，第371页。

[3] 陈晓枫：《中国法律文化研究》，河南人民出版社1993年版，第401页。

[4] 梁治平：《寻求自然秩序中的和谐——中国传统法律文化研究》，商务印书馆2013年版，第122页。

[5] 梁治平：《寻求自然秩序中的和谐——中国传统法律文化研究》，商务印书馆2013年版，第132页。

系，局限于君臣之间、父子之间、兄弟之间、夫妇之间、长幼之间，是一种身份关系，体现为一种层级间的服从关系，很难有其他的人的关系的发展。古代中国的农业社会可以称之为熟人社会，人的生产、娱乐、教育活动主要围绕亲属关系展开，要以亲属之间的尊卑决定生活方式。

同时期的西方，从罗马帝国后期开始，家的地位开始弱化，子女逐步摆脱家长权而走向独立。虽然在中世纪其人格受宗教支配，但伴随文艺复兴、宗教改革、启蒙运动等社会思想解放潮流又取得独立。古代中国则不同，当由氏族进入国家后，伴随着儒家伦理的法律化，儒家的纲常伦理转化为法律规则，家长权日益得到封建法律保护，以身份差等为基础的社会秩序进一步强化。

（一）民事法意义上的身份差等

传统法中以身份差等为基础的社会秩序涉及人伦关系的如下几方面：尊长权、皇室官僚的特权、男尊女卑、良贱有等等。[①]身份差等在民事、刑事方面都有体现，下文主要关注民事法意义上的身份差等。

1. 尊长权

中国传统礼教以维护家族为中心，家长权威渗透到社会生活的方方面面。在家族主义统治理念之下，家属为家的构成部分，家长或尊长在家族中具有最高地位，对子女的人身、财产都具有较强的控制权，子女对其在法律上是服从关系。在婚姻领域，子女完全没有自由权，尊长可以为子授室，为女许配，甚至强制子与其妻离异。

以维护"人伦"为特征的宗法制度造就了封建社会父权的绝对权威，尊卑伦常的法律理念通过立法、司法在社会生活中得到落实。"宗族中所有成员，包括家长之妻妾、子孙与子孙之妻妾、未婚女儿、孙女、同居之

[①] 身份差等内涵丰富，既涉及刑事法层面，又涉及民事法层面。本文写作时局限于民事法与人格相关层面，是为了文中描述近代人格权制度演变做铺垫。

旁系卑亲属以及宗族中之奴婢均操控在尊长权下。"①这种人身隶属关系体现了宗族成员与尊长的人格不平等的特质。

2. 皇室及贵族官僚的特权

中国社会是等级社会，贵贱有等是其中最重要的不平等，其意指贵族、官僚和平民之间有不同的法律地位。

基于封建等级特质，维护皇室及贵族官僚的特权是历朝法律规制的重心。法律中对特权阶层的名誉给予了很高的关注，侮辱其要承受严厉的惩罚。对贵族官僚的生命、身体给予与平民不等的法律保护。

3. 男尊女卑

传统礼教中夫为妻纲的思想对传统法律影响深远，夫妻之间夫尊妻卑，夫为尊长，妻为卑幼，二者在地位上有差等之分。夫对妻享有法律上的夫权，有教令、惩戒之权。在婚姻制度中，夫权体现为丈夫可以纳妾，离婚为夫的专属权利，妻子不得因丈夫之恶行而提出离婚，易言之，离婚自由对作为女性的妻子而言完全是奢望。在丈夫的离婚权上，法律为强化礼教对女子的约束，特规定"七出"为离婚的法定事由。

中国传统宗法制下，男尊女卑有着现实的政治基础与伦理考量，男女平等不可能成为社会的政治基础，伦理上、法律上都必须确保夫权。"盖婚姻并非以个人的结合为中心，乃以家族为本位，重视两姓的联姻，侧重在传宗接代，维持家族的永久存续。"②在传宗接代这一观念的指引下，"妾"在中国便成为一特殊的存在，其人格上的卑贱作为传统观念根深蒂固。

4. 良贱有等

良贱有等意味着良民和贱民之间有不平等的社会地位。贱民的社会地

---

① 黄源盛：《从传统身分差等到近代平权立法》，载于《中国传统法制与思想》，五南图书出版有限公司1998年版，第376页。

② 黄源盛：《从传统身分差等到近代平权立法》，载于《中国传统法制与思想》，五南图书出版有限公司1998年版，第380页。

位低下，贱民不能与良民通婚。奴婢处于贱民的最底层，"若良贱而有主奴的关系，则不平等的程度更为剧增……他们没有婚姻的自主权，由主人为之婚配，更重要的是他们所生的子孙也沦为奴籍，永远在主家服役"①。

（二）身份差等基础上的个别人格利益保护

中国传统法律以维护社会秩序为核心，基于中央集权专制传统以国家主义为价值导向。针对杀人、伤害、侮辱诽谤这样的犯罪行为，虽然其侵害的是受害人的生命、健康、名誉等个体权利，但在统治者看来其犯罪是对社会统治秩序的违反，应由国家惩罚，其法律救济的出发点是维护公权基础上的社会秩序。传统法律以公法性质的刑法规范为主，其对侵害民众人身权利的斗、杀、伤行为进行刑罚的制裁，但制裁时规定不同的量刑标准。量刑依据是加害人和受害人之间亲疏关系的远近，其维护的仍是封建的纲常伦理，维护封建的"人伦"，进而巩固社会的统治秩序。其对侵害民众人身权的制裁绝不是救济受害人，而是维护封建的人伦。对于贞操利益而言，这一点更为明显，古代法律中确有强奸、和奸之规定，但其并非维护女性贞操利益。传统伦理中，男尊女卑，女性是男性的附属，保守贞操是女子的最大义务，而非权益。对奸罪的规定，按照亲属关系远近施加不同的量刑尺度，其维护的是人与人之间尊卑有序、男女有别的人际关系，而绝不是对女性贞操权益的尊重。把贞操视为女性的最大义务，从一而终，表明的恰恰是古代伦理法下女性无独立之人格。"关于贞洁烈妇、皇亲国戚之名誉等，也不乏规范。"②对贞节烈妇名誉的规定，恰恰说明妻从属于夫，其并不享有贞操利益，是无独立人格的表现；皇亲国戚享有名誉则更表明法律上的身份差等，名誉仅为特权阶层享有，非近代意义上的人格权益。

简而言之，传统法下对生命、身体、名誉等的法律规范是从刑事法层面通过规制杀人、伤害、侮辱、诽谤等犯罪行为实现的。法律打击犯罪的

---

① 瞿同祖：《中国法律与中国社会》，商务印书馆2013年版，第257—258页。

② 杨立新：《人格权法》，法律出版社2011年版，第40页。

出发点是维护法律秩序，是基于公法层面的社会秩序的保障。其在法律规制时，依据当事人之间关系的亲疏量刑，维护的是封建的人伦关系，是伦理法属性的体现。从法律的价值功能上讲，传统法仍以制裁为价值理念，而非以保护受害人为价值目标。从惩罚犯罪到保护受害人权益的转换，是法律价值体系的一次重大变革，这意味着私权的维护、意味着法律真正把人作为主体维护其基本的人权，而这在传统法以身份差等为基础的社会中是不可能实现的。

相比较而言，罗马法中通过对人格利益的维护，重在维护经济上的公共秩序；而古代中国则强调通过对生命、名誉等利益的保护，维护政治上的公共秩序，维护以身份差等为基础的封建等级制度。传统中国以身份差等为基础的社会秩序下，以个人利益为关注点的人格权无法萌发，传统法中虽然形式上看似有保护人格权益的规定，但其与近代人格权制度的基础和价值有天壤之别，恰恰说明没有独立人格利益的保护。

第三节 近代人格权在中国的引入

一、近代人格观在中国的传入

1840年鸦片战争，结束了中国闭关锁国的封闭状态，中国的有识之士，开始主动接触西方的文化。出于与洋人交涉的现实需要，国际法成为中国最早接触的西方法律。这时期伴随国际公法的翻译，其他相关的政治法律也随之翻译，包括对西方民法的简单介绍。1880年，"于同文馆工作的法国人毕利干翻译的《法国律例：民律》即法国民法典出版，但当时并未受到时人的重视"[①]。但法国民法典的出版，为清末有识之士了解近代

[①] 俞江：《近代中国民法学中的私权理论》，北京大学出版社2003年版，第13页。

私权打开了一扇窗户。西方私文化的传入，使得开明官僚和进步人士的法观念发生变化，不再固守传统法理念中的"重刑轻民"，而是积极要求制定独立的民、商律。这一呼吁在清末的维新变法中形成一个小高潮，康有为在向清帝的上书中明确提出制定民律。甲午战争的惨败，使得国人重新审视近邻日本，开始关注日本的政治、法律制度。这一时期的法律翻译从英美国际公法转向译介以德国法为源的日本民法，从而为中国近代法律变革以大陆法为框架奠定基础。

伴随对日本民法的译介，欧陆国家近代民法的词汇开始传入中国，为国人所认知。人格与人格权便在近代这一中西交流语境下传入中国。"中国传统语境中并没有现代法学意义上的人格概念，人格作为 personality 的音译，是我国近代法学家在宣扬大陆法系法学理论的同时，从日文中引入的。"[①]伴随着"人格"一词的引进，近代语境下的人格观在中国开始传播。

实际上，欧陆国家以人格平等为基础，以尊重生命、自由，关注人的尊严为价值的近代人格观伴随着西方文明的传播，早已与传统的人伦人格发生激烈的碰撞，只不过当时国人尚未认识到那就是近代的人格观。戊戌变法中，维新派代表康有为、谭嗣同等的政治主张中对男女平等的呼吁，对封建纲常礼教的抨击已蕴含着近代意义上的人格平等观。资产阶级革命派更是以西方的天赋人权、自由平等为法律武器向封建的纲常礼教发起斗争，倡导建立新型的符合资产阶级利益的人格观。

二、《大清民律草案》起草与近代人格权

伴随着清末对日本民法的翻译，"人格"一词传入中国。但作为权利的人格权在近代中国产生，与近代民法在中国的生成同源。

1907 年 6 月，民政部奏请速定民律，"查东西各国法律，有公法私法

[①] 曲炜：《人格之谜》，中国人民大学出版社 1991 年版，第 8 页。

之分。……私法者，定人民与人民之关系，即民法之类是也。二者相因，不可偏废……各国民法编制各殊，而要旨闳纲，大略相似。举其荦荦大者，如物权法定财产之主权，债权法坚交际之信义，亲族法明伦类之关系，相续法杜继承之纷争，靡不缕晰条分，著为定律。……中国律例，民刑不分，而民法之称，见于尚书孔传。……窃以为推行民政，澈究本原，尤必速定民律，而后良法美意，乃得以挈领提纲，不至无所措手。拟请饬下修律大臣斟酌中土人情政俗，参照各国政法，厘定民律"①。奏折中，民法制定之必要性彰显；对于民律调整对象，其认为调整人民与人民之间关系。奏折中列举各国民法编制条目物权、债权、亲属法、继承法，颇值得思考，虽然客观上当时西方各国民法无人格权部分，但民政部对此内容无任何提及，也从侧面反映出当时立法主要着眼于现实的功用，无明确的人格权保护意识。1907年6月，大理院正卿张仁黼在《奏修订法律请派大臣会定折》中从民法的私法上提出抓紧制定符合本国民情风俗的独立的民法。1907年9月，张之洞在《遵旨核议新编刑事民事诉讼法折》中从民法的重要性上提出编订独立民法的主张。众大臣呼吁制定独立民律的请求在宪政编查馆大臣奕劻的《奏议覆修订法律办法折》得到落实。在该奏折中，提出编纂完成民法法典以三年为限的目标。

短期内完成民法典的立法需求刺激了修订法律馆的各项工作。1907年沈家本奏请："一面广购各国最新法典及参考各书，多致译材，分任翻译；一面派员调查各国现行法制，并不惜重赀，延聘外国法律专家，随时咨问，调查明澈，再体察中国情形，斟酌编辑，方能融会贯通。"②

（一）翻译、比较各国民事立法

在此背景下，日本法学家松冈义正被邀请负责民律总则、债权、物权前三编的起草。同时，为了配合民律草案起草，修订法律馆的翻译工作重心由刑法向民法转移，为民律草案起草提供尽可能多的可借鉴的外国立法

---

① 《光绪朝东华录》，第5682—5683页。
② 《光绪朝东华录》，第5682—5683页。

文本。至1909年，修订法律馆又统计了一次修律成果，其中就译书部分，有以下数端：

> 译德国民法总则条文
> 译德国亲属法条文
> 译德国商法总则条文
> 译奥国民法总则条文
> 译奥国亲属法条文
> 译瑞士民法总则条文
> 译瑞士亲属法条文
> 译法国民法总则条文
> 译法国民法身份证书条文
> 译法国民法亲属条文
> 译日本冈松参太郎所著民法理由总则
> 译日本物权债权（未完）……①

对于通过外国法移植制定法律的国家来说，翻译是起草新律必要的材料支撑。从当时的翻译文本看，以德、奥、瑞、法、日民法为主，对当时具有代表性的民法典都已收集完整。翻译提供了起草新法的素材，落实到具体的修律活动中，还要进行法律条文的比较，这就是沈家本、伍廷芳在拟定修订法律主要办法时所提及的："复令该员等比较异同，分门列表，展卷了然。各国之法律，已可得其大略。"②在翻译基础上，力图通过比较列表得出"原本后出最精确之法理"。大清立法者在法律制定上试图取各国最新之立法而集其大成。对各国法典进行鉴别比较，成为清末民国时期民律起草的优秀传统，被后续民律起草以资借鉴。从民法典翻译成果看，

---
① 《政治官报》宣统元年十二月四日，第七九八号。
② 《光绪朝东华录》（五），第5324页。

德国、瑞士、法国民法总则都已完结，这也为后续《大清民律草案》编纂中人格权条款博采各家之长奠定基础。但客观地看，由于清末民律起草时立法者缺乏对各国民法法理的深刻认知，囿于时代所限，取最精确之法理可能在实践中变成"各国先进条文之杂糅"。

（二）民事习惯调查与人格权调查

修订民事新律前，诸位大臣关于制定独立民事法典的上奏中都明确提出应合乎本国习俗。宣统三年九月初五日，修律大臣俞廉三、刘若曾上奏提出了前三编制定的基本原则，要求"注重世界最普遍之法则，原本后出最精之法理，求最适宜中国民情之法则，期于改进最有利益之法则"①。"会同中西"的立法目标使得对民风国情的习惯调查逐渐进入清廷的视野。修订法律大臣于光绪三十四年五月二十五日上书："臣等自开馆以来，督同提调各员昕夕考求，悉心体察，凡关于东西各国法制，先以翻译最新书籍为取证之资，事虽繁重，尚有端绪可寻，惟各省地大物博，习尚不同，使非人情风俗迁悉周知，恐制定民商各法，见诸实行，必有窒碍，与其成书以后，多所推求，何如消简之初加以慎重。"②奏疏被清廷核准后，自光绪三十四年至宣统三年，近代中国第一次大规模的民商事习惯调查在全国范围内展开。

民商事习惯调查工作进展并非一帆风顺，曾面临经费短缺的困难，沈家本在《奏馆事繁重肯照原请经费数目拨给折》中指出，"民商习惯，中外异同，因时因地之各殊，见异闻异之不一……中国现定民商各律，应以调查为修订之根柢"③。可见立法者当时对调查给予了高度的期望值，力图结合国情习惯以调查结论为基础制定符合本民族精神的法律。为规范调查，使调查工作得到各地方大员的配合，修订法律馆曾拟定"调查民事习

---

① 《清末筹备立宪档案史料》，第911—913页。
② 《大清法规大全·吏政部·内管制二》。
③ 《政治官报》折奏类，第7页，转引自张晋藩：《中国近代社会与法制文明》，中国政法大学出版社2003年版，第338页。

惯章程十条",其中涉及要求"法律名词不能迁就"展示出调查的严谨性。审视相关调查问卷,在总则人格权部分,没有姓名权习惯调查,但在侵权部分问卷中有关于侵害生命、身体、名誉等条款的问题。"《调查民事习惯问题》第三编第四章中规定了'不法行为',其中涉及的调查问题主要有:因故意或过失毁人名誉、损人财产、伤人身体、杀人生命者,对于被害人及其遗族,加害人应赔偿损害之责否?若应赔偿,试评述其办法如何?"①该调查问题已涉及对名誉、身体、生命的保护,表明修订法律馆已有对名誉、生命、身体等人格权益的私权保护意识,并试图收集民间习惯以作立法之参考。关于该问卷的设计也颇为合理,先询问侵害名誉、身体、生命权是否应承担赔偿损害之责,意在确定这些人格权益是否应受法律保护,调查民间习惯私权的认可;进而询问赔偿的办法,意在对救济方式进行民意测验。从问卷设计可知,调查报告设计较为科学,已有人格保护内容,如能被有效采纳,对于立法的科学性、实用性大有裨益,但遗憾的是,"在编纂法典草案的过程中,由于时间极为仓促,立法者未及时对调查所得的大量民事习惯进行深入分析,民事习惯对民律草案的影响微乎其微,整部民律草案主要是由外国民法与中国制定法及儒家经义、道德拼合而成"②。

三、清末人格观文本与实践的脱节

清末近代的人格观传入中国,但其更多的是作为进步人士对抗封建纲常"人伦"的斗争武器。清末变法修律立法形式上采纳了近代的人格观,在《钦定宪法大纲》中规定了臣民的权利,在部门法修订中关注人权。

但现实中,清廷各级官员仍以官僚自居,在称呼上都展现出人格的不平等,动辄以"老爷""大人"自居。在日常公务形式上,仍实行跪拜礼。

---

① 修订法律馆:《调查民事习惯问题》,第18页。
② 张生:《清末民事习惯调查与〈大清民律草案〉的编纂》,载《法学研究》2007年第1期。

这一点从辛亥革命后内务部通令革除封建官僚特权称呼就可知。南京临时政府建立后，孙中山指出，"官厅为治事之机关，职员乃人民之公仆，本非特殊之阶段，何取非分之名称。查前清官厅，视官等之高下，有大人、老爷等名称，受之者增愧，施之者失体，义无取焉……嗣后各官厅人员相称，咸以官职。民间普通称呼则曰先生、曰君，不得再沿前清官厅恶称"[①]。从清末官场中的日常用语就可知官方的人格观仍是体现身份差等、义务本位。

[①] "大总统令内务部通知各官署革除前清官厅称呼文"，载中国社会科学院近代史研究所史料组编辑：《辛亥革命资料》，中华书局1961年版，第216页。

第二章
清末民初人格权制度之确立

第一节 清末民初人格权制度之立法

一、清末修律时的人格保护立法

（一）沈家本修律时的人格保护

晚清，在内外交困的社会压力面前，清廷任命沈家本为修律大臣，开启了法律近代化的进程。沈家本秉持传统儒家的人道主义情怀，同时吸收近代人道主义法律观，在法律修订中，沈家本明确提出"生命固应重，人格尤宜尊"的修律大方向，在法律修订中尊重人格尊严。沈家本的人格主义法律观，在某种意义上是一种"中西合璧"，其把西方的人道主义与传统儒家中的人本主义情怀、体恤弱者较好地结合到一起，从而作为一种道德理想指导修律实践。

传统旧律中的人格是宗法意义上的人格、伦理意义上的人格，以牺牲个人独立、人格尊严为代价，服务于家族中的纲常伦教，从而维护封建的家族、社会秩序；而西方近代以来的人格，则以人格平等、人格尊严为价值原则，解放人的天性，将人从家庭、家族的束缚中解放出来，是近代法律意义上的人格观。中国传统旧律实现了儒家道德观的法律化，将儒家宗法、伦理意义上的人格用法律的形式固定下来，在近代法律变革中，面对西方近代的法律人格观，传统的宗法、伦理意义上的人格必将首先面临冲击。旧的不尊重人格的法律解体，就意味着对人格独立、人格尊严尊重的新律的成长。

沈家本首先将伦理意义上的人格与法律意义上的人格区分开来，以法律意义上的人格作为改革旧律的基础。在《大清新刑律草案》起草时，沈家本运用西方的法理学说力主将无夫奸、子孙违反教令等体现封建家族伦理的法条废除。

在《刑事民事诉讼法》的起草中，沈家本对传统三纲中的"父为子纲、夫为妻纲"有所动摇，力主将子女从父权、妻子从夫权中适当解放，逐步实现家庭成员间的人格平等。沈家本的上述做法，吸收了西方的人道主义法律观，遭到了当时礼教派的强烈反对。张之洞认为沈家本修律开启男女平等之风，严重破坏传统的纲常名教，实不足取。张之洞的批评从反面彰显了沈家本试图对封建伦理意义上法律进行近代化改造，在人格观上实现从伦理意义上的人格向法律意义上的人格过渡。

1. 夫妻法律地位

中国传统法律以遵从三纲五常、三从四德的封建礼教为原则，夫妻关系处于绝对的不平等地位，夫尊妻卑，夫对妻有惩戒之权，夫妻间的不平等关系不仅有法律的确认，更重要的还有儒家礼教观念的维护。

清末修律时，以张之洞与劳乃宣为代表的礼教派与以沈家本为代表的法理派在对旧律"夫妻相殴"的处置上发生了激烈的争吵。礼教派以西律男女平等与传统礼教不符加以排斥，而沈家本针对夫妻在家庭中的法律地位认为："夫为妻纲，乃三纲之一，然夫之于妻，与君父之于臣子，微有不同。妻者，齐也，有敌体之义。西人男女平权之说，中国虽不可行，而衡情定罪，似应视君父略杀，庶为平允。"①沈家本对夫妻关系的理解，虽未完全摆脱封建纲常伦理，但其把夫妻关系与传统的君臣关系做出适度的切割，使法律修订巧妙地向男女平权过渡。在当时强大的封建保守势力面前，沈家本仍能向男女平权勇敢地迈出一大步，可见其内心对西方男女平权理论是持赞成态度的。

2. 尊长权的限制

封建宗法家族制下，尊长、家长在人身关系上对子女有很强的束缚力，其享有对子女不服从"教令"的惩戒权，对子女婚姻的主婚权；在财产关系上，家长享有对家庭所有财产的支配权，未经家长许可，同居卑幼擅自动用、经营家庭财产要受到刑律的制裁。家长的尊长权，严重束缚了子女的人格独立。沈家本修律时，力图对家长对子女的惩戒权进行限制，但遭到了以张之洞为首的礼教派的反对，虽无疾而终，但也是一次努力实现子女人格独立的伟大尝试。

3. 禁止人口买卖

人口买卖，系以人作为交易对象，在人类社会早期是常见的社会现象。不平等的等级制度、抹杀人格和人性的政治和法律制度以及社会习俗，成为人类历史上出现人口买卖的相同背景。②传统中国与人类早期一样，以人为标的的买卖作为一种合法性交易长期存在。买卖人口从形态上讲丈夫卖妻者有之，父母卖子女者有之，尊亲卖卑幼者有之，更有专门从事人口买卖渔利者；其动因有可能是因贫困等情事被迫、有可能是因单纯的金钱利益诱惑，抑或两者兼而有之。传统中国的人口买卖历史悠久，其从根源上源于家族法下对子女独立人格的漠视。"子女在家中无独立之人格、地位，亦无所谓独立的意志。因为首先，他没有身体上的自由。身体发肤，得之父母，自应由父母支配。甚至，父母将子女典质或出卖于人，亦无情理上的不可。而风俗、法律对此类行为的认可，据学者们考究，汉

---

① 沈家本：《寄簃文存》，商务印书馆2015年版，第18页。
② 柳华文：《论禁止人口贩运的基础》，载《江海学刊》2016年第2期。

时已然。实际上，出卖子女的习俗一直延至近代。"①

近代以来，伴随着欧洲文艺复兴的兴起，人的价值、人的尊严逐渐得到强调。近代社会对人的尊严的尊重是禁止人口买卖的根本。人作为独立民事主体，所享有的独立人格、固有的人格尊严，决定了人不论性别、年龄、健康状态、身份、财产状态等如何，都不可以作为商品或者工具来对待，不可以成为人口买卖的对象。清末制定民律时，立法者松冈义正在强调身体自由对于人格的重要性时指出"身体不自由，即降为奴隶"②。传统中国的人口买卖在清末中西文明的碰撞中同样面临合法性的危机，在西法东渐的浪潮下，清廷主动抑或被动地进行了调整，其调整的路径和实际效果值得反思。

清光绪三十二年（1906）二月，两江总督周馥因上海黎王氏一案上奏禁革买卖人口。

> 黎王氏者，粤东人，其夫系府经历，在蜀服官，病故，该氏扶柩回里，道出上海，因携有婢女十余名，为关吏所究诘，致涉讼案。西人晤周督，颇以此为言，周督始有禁革之议。③

周馥认为买卖人口有伤天地之和、未洽文明之化，在奏折中称：

> 我朝定例，逐渐从宽，白契所买奴婢，与雇工同论，奴婢有罪不告官司而殴杀者治罪。叠次推恩，有加无已，然仍准立契买卖。本源未塞，徒挽末流，补救终属有限……我朝振兴政治，改定法律，百度维新，独买卖人口一端，既为古昔所本无，又为环

---

① 梁治平：《寻求自然秩序中的和谐——中国传统法律文化研究》，商务印书馆2013年版，第123页。
② ［日］松冈义正：《民法总论》（下），熊元凯、熊元襄编，陈融、罗云锋点校，上海人民出版社2013年版，第115页。
③ 沈家本：《寄簃文存》，商务印书馆2015年版，第23页。

球所不逮，拟请特沛殊恩。革除旧习。嗣后无论满汉官员军民人等，永禁买卖人口。如违，买者卖者均照违制律治罪……①

1909年2月6日，陕西道监察御史吴炜炳继两江总督周馥之后也上书请求严禁人口买卖。在奏折中，其从立宪政体下人民不分贵贱均应一视同仁和仁政视野请求废止人口买卖。修律大臣沈家本据两江总督周馥奏折，从宪政角度论证严禁人口买卖的合理性，其指出：

> 方今朝廷颁行宪法，叠奉谕旨，不啻三令五申。凡与宪法有密切之关系者，尤不可不及时通变。买卖人口一事久为西国所非笑。律例内奴婢各条，与买卖人口，事实相因。此而不早图禁革，与颁行宪法之宗旨，显相违背，自应由宪政编查馆速议施行。②

沈家本后覆刑部谓：

> 本大臣奉命纂修新律，参酌中外，择善而从。现在欧美各国均无买卖人口之事，系用尊重人格之主义，其法实可采取。惟律例内条目繁多，诚如政务处所称，更改动关全体，自应通筹参考，核定办法。③

沈家本在旧律修改中积极主张删除奴婢例。其理由："不知奴亦人也，岂容任意残害？生命固应重、人格尤宜尊。正未可因仍故习，等人类于畜

---

① 《江督周请禁买卖人口折》，载《万国公报》，1906年第207卷。
② 沈家本：《寄簃文存》，商务印书馆2015年版，第20—21页。
③ 沈家本：《寄簃文存》，商务印书馆2015年版，第17页。

产也。"①其思想中彰显对人格尊严的尊重、对人格平等的推崇，但其思想中融合了儒家的、西方的人道主义精神，表明近代法律意义上的人格观在清末深得民心。为此，修律大臣沈家本酌拟了十条建议，于1909年奏请办理，1910年1月31日由宪政编查馆会同修律大臣上奏的"禁革买卖人口事奏折"获得清廷批准。在奏折中，再次重申了禁革买卖人口与宪政的关系，指出："窃维立宪政体，首重人权。凡属圆颅方趾之俦，皆有特立独行之性。若互相买卖夺其自由，视同犬马，与朝廷颁行宪法之宗旨显相违背，非所以广皇仁示列帮也。是买卖人口一事，自应禁革毫无疑义。"②

同时宪政编查馆拟定了十条禁革买卖人口条款，即所谓的《禁革买卖人口条例》。1910年2月2日宪政编查馆上奏朝廷的《现行刑律》吸收了《禁革买卖人口条例》的基本内容，沈家本关于废奴的措施历经种种波折最终被《大清现行刑律》吸收，用法律的形式在立法中固定化。这也是现代人格观念在中国立法上的第一次体现。③《大清现行刑律》在人口买卖的法律控制有较鲜明的看似与时代特征不相吻合的内容。清末修订刑律在立法趋势上整体学习欧洲近代轻刑主义主张，以彰显与过去为西方所诟病的"严苛刑罚"割裂，但在"买卖人口罪"上却坚持重刑态度，扩大对买者的处罚、增加对父母因贫卖子女的处罚。

（二）《钦定宪法大纲》与《重大信条十九条》中的人格保护

清末在国内立宪派、革命派的压力之下，清廷仓促制定了《钦定宪法大纲》。作为第一部宪法性文件，在近代法律变革中首次引入权利义务观念，规定了人民享有的基本权利，对于唤醒民众的权利意识具有积极意义。

《钦定宪法大纲》确定的基本权利以言论、出版、集会、结社等自由权、人身权等最为引人注目，其为其他部门法律中对人格的保护奠定了法

---

① 沈家本：《删除奴婢例议》，《寄簃文存》卷一《奏议》。
② 苏建新、陶敏编选：《宣统元年禁革人口买卖史料》，载《历史档案》1995年第1期。
③ 俞江：《近代中国民法学中的私权理论》，北京大学出版社2003年版，第143页。

律基础。[①]在法律用语中，其规定了臣民的权利义务，"臣民"一词表明人格独立意识并未被统治者接受；同时其强调一切自由权的行使都要在法律规定的范围内。"在中国近代宪政史上，公民由义务本位转向权利本位，由重君权转向重民权，这是中国人法观念的巨大变化，也是中国近代法制文明的重要标志。"[②]法律本位由义务本位转向对公民权利的保护，法律目的由传统的维护社会秩序、维护皇权的专制转向保障国民的权利，是中国几千年来法律价值观的一次重大颠覆，有助于推动民众反思君臣关系，促进人格独立意识的觉醒。

《钦定宪法大纲》作为纲领性文件，为其他法律中对人格的尊重奠定了基础。其对立宪政体的确认，对人权的尊重，使得禁止买卖人口成为应有之理。《钦定宪法大纲》对人权的保护为《大清民律草案》中"人格权"条款制定提供了宪法基础，唯有宪法中确立了公民的身体、自由等不受侵犯，民律中的人格权益保护才有了法律保护的根基。唯有宪法中理顺了公权力机关与公民私权的关系，公民的私权保护才有现实的基础。

二、南京临时政府的人格保护立法

（一）《临时约法》中的人格保护

1912年3月8日，民国南京临时政府通过了《临时约法》，这是中国历史上第一部体现资产阶级意志的宪法性文件。其吸收西方近代资产阶级革命的成果，确立了主权在民、人人平等、法治、三权分立等资产阶级民主原则，保护人民的生命、自由等基本人权。

《临时约法》第五条确立了中华民国全体公民的平等权，其平等为抽象意义上的人格平等，无种族、阶级、宗教之区别。这一规定直接废除了中国数千年来的封建等级差别，特别是清朝法律中的民族歧视，保障国民

[①] 《钦定宪法大纲》规定"臣民于法律范围之内，所有言论、著作、出版及集会结社等事，均准其自由"。

[②] 张晋藩：《中国法律的传统与近代转型》，法律出版社2009年版，第485—486页。

的宗教信仰自由，在宪法上明确了中华民国公民的平等权利，宣告了人格平等在法律上的确立。这一条款与传统旧律相比是革命性的变化，对封建的贵贱有别、良贱有等的废除，在当时，不仅把新兴的资产阶级从封建的压迫中解放出来，而且把普罗大众从封建地主的人身束缚中解放，重新定义人与人之间的关系。摆脱压迫争取自由是资产阶级革命的主要推动力。革命成功后制定的《临时约法》第六条全面确认人民享有的自由权范围。其首先确认了公民的人身自由不受侵犯，这一自由既包括狭义的"人民身体自由非经法律约束不得擅自采取逮捕、拘禁、审讯"等刑法强制措施，也包括广义的"住宅自由非经法律程序不得侵犯"，进而在宪法中确认了公民的政治自由权和经济自由权，经济自由权体现为保有财产及营业自由。这实际上是资产阶级所要求的私有财产神圣不可侵犯的体现及扩大资本主义再生产的经济诉求；政治自由权则体现为言论、著作、出版、集会结社之自由，实质上保障了公民政治诉求的表达。最后规定了公民的通信自由不受侵犯、居住迁徙的自由及宗教信仰的自由。"人民有书信秘密之自由"[①]对私权的保护有现实的意义，其实质上属于对人民个人私生活的一种保障，属于人格权的内容。

（二）临时政府保护人格的立法

1. 禁止人口买卖

1912年3月2日，辛亥革命成功后建立南京临时政府，其成立伊始便发文严禁人口买卖。其宣称：

> 今查民国开国之始，凡属国人咸属平等。背此大义，与众共弃。为此令仰该部遵照，迅即编定暂行条例，通饬所属嗣后不得再有买卖人口情事，违者罚如令。其从前所结买卖契约悉予解除，视为雇主雇人之关系，并不得再有主奴名分。此令。[②]

---

① 35号《临时公报》。
② 《令示：大总统令内务部禁止买卖人口文》，载《临时政府公报》1912年第27期。

这一禁止买卖人口文内容有褒有贬，褒扬近代西方尊重人格，痛斥清廷视人民为草芥，具有强烈的时代色彩。开宗明义首先宣示禁止人口买卖符合自由平等博爱之精神，是法国大革命以来各国立法之通例，进而痛斥清治下人口买卖导致人民流离失所之惨状，为资产阶级革命推翻清朝残暴统治寻求现实依据。最后从民国全体国人一律平等观角下禁止买卖人口。在禁止人口买卖法律的溯及力上，为保护人民的人身自由权，其主张该禁令有溯及力，明确宣告以前签订的人口买卖契约归于无效，重新定义双方关系为雇主雇员关系，向人格平等迈进一大步。

2. 禁止贩卖华工

针对清末华工被不法之人贩运到海外被肆意侵凌的现实，临时政府旗帜鲜明地宣告禁止贩卖华工的法令，体现对国民人格一体保护之意。孙中山在《大总统令广东都督严行禁止贩卖猪仔文》中，以临时大总统的身份，庄严宣布：

> 除令广东都督严行禁止猪仔出口外，合亟令行该部，妥筹杜绝贩卖及保护侨民办法，务使博爱平等之义，实力推行。[①]

禁止贩卖华工是资产阶级民主政权平等博爱的要求，是尊重人权即尊重华工生命权、身体权、自由权的必然要求。

3. 准许胥户、惰民一体享有人格

有清一代，胥户、惰民、工乐户等处在社会的底层，不能享有与普通人同等的权利，存在较明显的人格歧视。虽然清末伴随着社会的变革，对其人身管制有所放松，但仍然与常人有很大差别。

辛亥革命成功后建立的南京临时政府本着天赋人权、人格平等的思想

[①] "大总统令广东都督严行禁止贩卖猪仔文"，载中国社会科学院近代史研究所史料组编辑：《辛亥革命资料》中华书局1961年版，第312页。

准许胥户惰民等一体享有权利，《大总统令开放疍户惰民等许其一体享有公权私权文》指出：

> 天赋人权，胥属平等。……若闽粤之疍户，浙之惰民，豫之丐户，及所谓发功臣暨披甲为奴，即俗所称义民者，又若薙发者并优倡隶卒等，均有特别限制，使不得与平民齿……为此特申令示，凡以上所述各种人民，对于国家社会之一切权利，公权若选举、参政等，私权若居住、言论、出版、集会、信教之自由等，均许一体享有，毋稍歧异，以重人权，而彰公理。①

疍户、惰民、工乐户等在传统法中为贱民身份，其连与良民通婚都属于违反禁令，社会地位之低下可见一斑。从近代法理念看，凡人不分职业出身，只要为人都享有平等之人格，享有与其他国民一样的政治权利及个人私权。《大总统令开放疍户惰民等许其一体享有公权私权文》中蕴含的人格平等一体享有权利与《临时约法》第六条民国人民一律平等之规定相互配合，解决了封建法遗留的良贱不等的问题。

4. 男女平权方面的尝试

南京临时政府力图通过各项改革加强对人格平等的保护，其在《社会改良章程》中提出的众多改革主张与人格平等直接关联。如"1.不狎妓；2.不置婢妾；3.实现男女平等；4.提倡自由结婚；5.承认离婚之自由；6.承认再嫁之自由"②。其主张反映了当时女性人格独立的诉求，迎合社会进步思潮，展现了资产阶级民主派对法律面前人人平等的尊重。这些改革既涉及妾制这一蔑视女性人格的制度的存废，又与婚姻自主权紧密关联。

---

① "大总统令开放疍户惰民等许其一体享有公权私权文"，载中国社会科学院近代史研究所史料组编辑：《辛亥革命资料》，中华书局1961年版，第302页。

② 邱远猷、张希坡：《中华民国开国法制史》，首都师范大学出版社1997年版，第470—474页。

从现实影响看，南京临时政府虽然很快便被北洋政府所代替，但民初大理院司法裁判中对妾的保护、对孀妇改嫁、结婚自由的司法保护，不能排除《社会改良章程》之影响。

从现实看，南京临时政府的政治实践中，男女平权的尝试遭遇了很大的阻力。民国南京政府成立后，以林宗素为代表的"女子参政会"曾向孙中山上书，要求男女平权，曾得到孙中山的积极回应。与此同时，以章太炎为首的部分群体则强烈反对。最终《临时约法》讨论时，男女平等之议被多数否决，妇女平等的参政权也被否决。

三、《大清民律草案》中激进的人格权立法

（一）《大清民律草案》立法原则的碰撞

《大清民律草案》作为民事私法规范，在很大程度上吸收了个人本位、权利至上的价值理念，人格平等的原则在众多制度中体现，但关于人格平等的规定在前三编与后两编间存在割裂。从根源上讲，是源于立法理念的价值冲突。其前三编中关于人格权的立法是颇为激进的，其吸收国外最新人格权立法模式，确立各项具体人格权。

从立法架构看，总则、债权、物权三编聘请日本法学家松冈义正编纂，以体现"一、注重世界最普遍之法则。二、原本后出最精确之法理"，而亲属、继承两篇关乎传统礼教，由修订法律馆会同礼学馆起草。编纂内容的分工，表明清廷认为物权、债权制度不是维护封建礼教统治秩序的根本，而亲属、继承等涉及礼教风俗的内容才是立国之本。

《大清民律草案》制定中要求"一、注重世界最普遍之法则……凡能力之差异，……悉采用普遍之制，以均彼我，而保公平"[①]，从这一立法原则出发，《大清民律草案》关于"能力之差异"规定，系采用世界各国普遍之制，打破了传统身份差等秩序下的人格不平等。

---

① 谢振民：《中华民国立法史》（下册），中国政法大学出版社2000年版，第744—745页。

但民事立法宗旨中"求取最适于中国民情之法则"指"立宪国政治几无不同，而民情风俗，一则由于种族之观念，一则由于宗教之流，则不能强令一致，在泰西大陆尚如此区分，矫其为欧亚礼教之殊，人事法缘于民情风俗而生，自不能强行规抚，致贻削趾就履之诮。是凡亲属、婚姻、继承等事，除与立宪相背酌量变通外，或取诸现行法制，或本诸经义，或参诸道德，务期整饬风纪，以维持数千年民彝于不敝"[1]。这一民律的立法原则，实质上存在两个价值目标的选择，既要维护"民情风俗"于不敝，又要遵循立宪政治下的必要变通，但主要价值目标是维持"民情风俗"于不敝。这一原则指导下的亲属、继承立法仍在维护身份等级制度，体现男尊女卑的人格差等。在具体条款的设计上，无视女性的独立人格；在立法价值上仍坚守义务本位的伦理法；妾的制度仍继续合法存在；在自由权的核心内涵"离婚自由"上，法律对夫妻离婚事由的规定仍偏袒男方。

19世纪下半期伊始，妇女平权运动在欧美国家兴起，"法学家对于人格平等的补充解释，使得妇女地位，尤其是在家庭中的夫妻关系，逐渐朝着平等的方向发展。这一发展趋势，直接影响到各国法律，也影响到正处于近代化过程中的中国民法"[2]。亲属编虽由京师同文馆会同法律馆修订，"求取最适于中国民情之法则"，但在立法中也顺应世界潮流，废除男性专断的离婚权，给予女性更为宽泛的离婚权利。《大清民律草案》第一千三百六十二条对离婚事由的规定在夫妻双方之间是不对等的，男女表面上类似情节均可构成离婚事由，但实际上对男女双方的义务要求不同，对女方规定过于严苛，仍带有较强的男尊女卑、人格不平等色彩。在"通奸"这个与婚姻伦理严重不符、违反夫妻忠实义务的规定上，妻与人通奸者夫即可提起离婚，但夫因奸非罪被处刑者妻才可提出离婚，显然不对等。但《大清民律草案》第一千三百六十九条规定对妻之人格保护还是具有历史的进步性，这条规定实质上是第一千三百八十二条离婚理由条款的配套性

---

[1] 谢振民：《中华民国立法史》（下册），中国政法大学出版社2000年版，第745页。
[2] 朱勇：《中国民法近代化研究》，中国政法大学出版社2006年版，第9页。

规定，其首次在我国确认了离婚慰抚金制度，体现了对女性人格的尊重。这些女性人格权益实质上就是总则编规定的生命、身体、名誉等人格权益，这实质上在立法者的立法理由中都予以明确说明。

《大清民律草案》立法原则的碰撞，使得草案内容出现了前后的不协调，民法总则编"人格平等"原则并未在亲属、继承编中得以落实。但从法、德、日诸国近代民法发展看，亲属家庭法领域的人格平等也经历了长期的过程。

(二)《大清民律草案》中人格权相关条文评析

清末变法修律中，任命日本法学家松冈义正起草民法总则，其在人格权部分的规定中体现了较强的个人意志。修律中尽可能展现"最精进之法理"，对当时较新的《德国民法典》《瑞士民法典》《日本民法典》都有较多的借鉴，鉴于修律的仓促，在立法中确实博采了各国人格权立法所长，但在不同国家人格权规定的融合上缺乏立法技术的梳理，有着盲目照抄的嫌疑。当时的人格权立法颇为激进，不仅学习最新的瑞士立法规定了人格保护条款，而且用数个法条规定姓名权。在总则中规定了与传统观念完全不相容的自由权，债编中通过侵权损害赔偿之债确立的名誉、自由等人格权益与普通民众心理存在较大的差距。这一时期，西方近代人格权理论与立法的不成熟，客观上导致了继受的《大清民律草案》人格权制度设计上的众多困境。

《大清民律草案》立法文本，沿袭国外民商事立法范例，法条与立法理由说明并存，为解读立法文本提供了较权威的范式。总则编立法者松冈义正对立法的口述为解读文本做了进一步的补充。诚如《民法总则》编者熊元凯、熊元襄在"例言"中谈及："松冈氏为我法律馆起草民法之一员。故本编内容，多涉及我国民事立法上之计划，阅者勿仅视为日本民法之解释论可也。"[①]

---

① [日]松冈义正：《民法总论》(上)，熊元凯、熊元襄编，陈融、罗云锋点校，上海人民出版社2013年版，第1页。

《民法总则》在第二章第五节专设"人格保护",在开篇的立法理由中却重点阐述了人格权保护的意义,表明在立法者看来人格与人格权的概念并无区别。其着重阐述人格权保护的意义,作为权利的宣言书,实际上也发挥了近代人格观念普及的功能。"人格保护"一节的设置,表明以松冈义正为代表的立法者对私权保护的重视。从编纂体例看,这部《民法总则》在近代各国民法典中都颇有代表性。

从立法理由说明看,立法者对人格权内涵的理解包括了生命、身体、名誉、自由、姓名、身份及能力等之权利,把身份、能力也作为人格权的一部分去整合。在权利性质上,松冈义正认为人格权是支配权,支配的是对象,是不得与人身分离的基本的人格权益。其认为人格权与人不可分离,是民事主体固有的基本权利,是人之为人的基本权利。在阐述人格权的具体内容的理由时,其详细指出:"生命丧失,人变为尸。各国法律皆视尸为一种物品。身体不能自由,即降为奴隶。名誉不立,是为下流。氏名商号不立,人格亦不完全,民法上之氏名,即商法上之商号。商号为商人所用之记号,盖缺乏生命身体,则人格消灭。缺乏名誉、自由、氏名、商号,不能视为人格之存在也。人格权之为公权、私权,学说不一。或谓人格权既为民法所规定,当然属之私权,因民法规定之权利,皆私权也。或谓私权皆为财产权,人格非财产权,即为公权。据德国、日本民法之解释,当以前说为是。"①

关于人格保护条款的体系,立法理由指出"第四十九条至第五十一条规定通则;第五十二条至第五十五条规定保护姓名权之方法"②。在《大清民律草案》总则编的人格保护一节中其仅规定了上述内容,但在债编中其通过侵权责任的规定,确立了对生命、身体、名誉等人格权益的保护。从这一意义上讲,《大清民律草案》通过总则和债权相结合的方式确立了

---

① [日]松冈义正:《民法总论》(下),熊元凯、熊元襄编,陈融、罗云锋点校,上海人民出版社2013年版,第115页。

② 黄源盛:《晚清民国民法史料辑注》(一),梨斋社2014年版,第56—57页。

人格权权利保护体系。

人格保护通则性条款包括第四十九条、第五十条、第五十一条之规定。"第四十九条规定：权利能力及行为能力不得抛弃。"[1]在立法理由说明中指出对权利能力与行为能力的保护是人格保护的必不可少的组成部分，而实际上权利能力本是与行为能力相对应的概念，此处权利能力概念已成为人格概念的一部分，不再是与人格并用的概念。立法理由说明该款规定目的在于杜绝现实中强权干预欺凌弱者人格，导致其人格贬低。这一时期的人格是一种抽象意义上的人格，其强调抛弃阶级、等级等代表封建特权的身份，实现自然人之间人格上的形式平等。其抛弃传统法下贵贱之间的差等、良民与贱民之间的差等，代表着人格平等观的一大进步。关于权利能力，松冈义正认为"权利之享有，各人全其生存上所必要之事项。故在近世国家，作为原则，付予权利能力于各人，使得享有一切之私权，不问其男女身分之区别"[2]。权利能力是人之为人的基础，无论男女一体享有，是人格保护的基石，其对于封建体制下女性人格减等是一大颠覆。关于男女私权上的平等，松冈义正论述"古代视女子为一种财产，可以随意处分。故有买卖妻女之事。至文明日进，使尊重女子之权利，更倡为男女平权之说。但平权有公权私权之分，女子私权，可与男子平等，公权则不如男子远甚……近时中国，亦有人提倡男女平权之说，盖权利思想，日益发达，女子亦争权利，必然之势也。但女子得享有公权与否，当视其教育何如"[3]。第五十条关于自由保护的规定，学说中有不同见解。有学者认为是通则性规定，也有学者认为其规定了精神性人格权之一的自由权。从立法理由看，其确认了自由权的人格权属性，但并未对自由权的内涵进行明确界定，而是通过对抛弃自由权侵害人格的解读彰显自由权对人格保

---

[1] 黄源盛：《晚清民国民法史料辑注》（一），梨斋社2014年版，第57页。
[2] ［日］松冈义正：《民法总则》（下），熊元凯、熊元襄编，陈融、罗云锋点校，上海人民出版社2013年版，第18—19页。
[3] ［日］松冈义正：《民法总则》（下），熊元凯、熊元襄编，陈融、罗云锋点校，上海人民出版社2013年版，第19页。

护的意义。从清末专制政体走向民主共和政体，从宗法伦理性人格变为法律人格，自由权以其强大的包容性内涵对人格保护有着重要意义。第五十一条规定了人格保护请求权及人格受到侵害时的法律救济。从法律继受角度来看，是源自《瑞士民法》第二十八条第一项关于人格保护概括性条款的规定，但在用词上也使用了"人格关系"这一并不太恰当的法律概念。人格关系从民事关系的本质说是一种法律关系，实质上侵害的应是"人格"，从学说上准确地说应使用人格权的表达。

《大清民律草案》第五十二条到第五十五条的规定是关于姓名权保护方法规定，在人格保护这一节里立法者用了五条来规定，显示出立法者对这一具体人格权的法律推崇。近代民法对姓名作为人格权详细规定源于德国民法，《大清民律草案》对姓名权的规定，主要是仿效德国民法，未考虑中国的国情，具有仓促的"急就章"的特点。姓名权为支配权、绝对权，故应设登记制度，一方面保护权利人利益，另一方面通过登记公示效力保护善意第三人利益。但在缺乏登记制度的清末，姓名权的登记沦为纸面上的文字游戏。《大清民律草案》第五十二条规定"姓名须依户籍法规定登记之。姓名非登记不得与善意第三人对抗"。立法理由中指出"姓名为表异于他人之具，然登记后始能许其专用，此本条所由设也"。姓名唯有依法登记才享有专用权，姓名是表明人的主体身份与他人不同的权利。因而，改名须经衙门主管官署允许为限，非有重大理由不得随意许可，且非登记不得对抗善意第三人，这也是第五十三条规定意旨所在。[①]因姓名权为绝对权，"一经确定之后，即与世人生种种之关系，故改名之时，纵使已得允许已为登记，然从前与其有关系之人因改名而利益受损之时，法律自不能不设法以保护之"[②]，因而有利益相对人撤销权之规定[③]。在姓名权保护方法上，第五十五条规定"姓名权受侵害者，得请求摒除其侵害。

---

① 第五十三条"改名以经衙门主管允许为限。前条规定于前项准用之"。
② 余棨昌：《朝阳法科讲义》（第四卷），上海人民出版社2014年版，第54页。
③ 第五十四条"因改名而利益受损害者，得从其知悉之日起一年内请求撤销"。

前项之侵害恐有继续情形者，得声请审判衙门禁止之"。这一条款确定了两种保护方法：其一，鉴于姓名权的绝对权属性，赋予其排除侵害请求权；其二，对于将来仍有继续侵害情形时，赋予其申请法院禁止的请求权。姓名权的保护条款建立在姓名权为区别自己与他人基础之上，既着眼于现实侵害的排除，又对妨害恐有继续的情形享有请求审判衙门干预的诉权。

《大清民律草案》对人格权的保护主要继受德国民法的规定，对姓名权的规定颇为详细。生命、身体、名誉等权利的性质，在当时德国、日本法学界也颇有争议。时人余荣昌认为《大清民律草案》第五十一条规定可以作为人格保护的概括性条款，"人格关系受侵害者，即人之生命、身体、名誉、自由、姓名、身分及能力等受侵害之谓也"[①]。通过这一人格关系概括性条款，可以对生命、身体、名誉等受侵害时提供法律救济，即受害人于请求排除侵害外，可以请求损害赔偿或慰抚金。

《大清民律草案》在人格权保护规定上充分"参酌各国法律"，借鉴德国立法通过债编中侵权损害赔偿之债的方式反面规定法律认可的人格权益，确认了对生命权、身体权、自由权、名誉权的法律保护。饶有特色的是，在债编中立法者继受了《法国民法典》关于过错责任的一般条款，表现为《大清民律草案》第九百四十五条之规定。在该款立法理由说明中，其明确侵害人格造成损害同样应负赔偿义务。立法者用过错的一般条款概括地保护权利，属于典型的法国法保护范式。《大清民律草案》第九百四十七条规定属于以善良风俗为民法原则，进行新型民事权利创设条款。人格权的发展具有包容性，正如王泽鉴教授所言："人格权的发展乃是对侵害人格权各种不法行为在法律上回应的过程。"[②]从第九百四十七条的立法理由看，其认为"故意漏泄他人之秘密或宣扬他人之书札以加害他人者"属于违反善良风俗的侵权行为，应承担侵权责任，因而从某种意义上讲是

[①] 余荣昌：《朝阳法科讲义》（第四卷），上海人民出版社2014年版，第53页。
[②] 王泽鉴：《人格权法》，北京大学出版社2013年版，第4页。

对个人秘密和通信自由的保护,是对个人私生活受尊重权保护的体现。

关于生命、身体、自由、名誉等具体人格权益的保护,《大清民律草案》第九百六十条至第九百六十一条属于对身体自由权和名誉权的保护,其采用损害赔偿金的方式规定了侵权的法律救济;并主张侵害名誉的法律救济方式包括登报谢罪等方式。

第九百六十条规定了对身体、自由、名誉等人格利益的保护,并且规定了侵害人格权益的慰抚金赔偿请求权。第九百六十一条规定了名誉的保护方式涵盖恢复名誉与损害赔偿两种形式,恢复名誉可以由审判机关裁判做出,其表现形式可以是登报谢罪等。

《大清民律草案》第九百六十八条规定了侵害生命权的法律救济。该款在人格权侵权救济条款中具有特殊意义,吸收了传统法中的"烧埋银"制度。

> 侵害他人之生命者,须向担负埋葬费人赔偿埋葬费。被害人于其生命被害时,于法律规定对第三人负扶养义务,或有应付扶养义务之关系,并因其被害致第三人丧失扶养请求权者,加害人须于可推知被害人之生存期间内,应供与扶养之限度,向第三人支付定期金。其第三人于加害时为胎儿者,亦同。

在这一款的立法理由中指出"侵害生命所生之有形损害(金钱上赔偿),须定赔偿之方法,以省无益之争执,而损害人之医药费或埋葬费,则应赔偿于其担负人(例如继承人),如被害人为扶养义务人时,则加害人应以定期金额赔偿扶养权利人,以救济之,此本条所由设也"。这一条款带有较强的本土固有法色彩。如前所述,元明清三代存在的烧埋银制度与该条规定的埋葬费有相似之处,但二者性质有较大区别。民律草案的规定首先界定生命权为人格权的一种,埋葬费属于侵害人格权的法律救济;而元明清时期存在的烧埋银则具有安慰受害人情绪的功能,体现的是封建王朝国家主义下处理民事纠纷的方式。

《大清民律草案》关于人格权的规定，体现了立法思想中以"折冲樽俎，模范列强为宗旨"，注重"世界通行之法则""后出最精确之法理"的原则。在人格权制度的规定上，最新的《瑞士民法典》关于人格保护一般条款的规定、较早的《法国民法典》关于过错责任一般条款的规定、《德国民法典》总则与债编相结合保护人格权的规定都进行了继受，甚至对较新的法国法中的个人私生活受尊重权都用个人秘密保护的方式进行规定，学习国外先进法理的意识之强可见一斑；但在法律继受时，本属不同体系的人格权制度以"先进"之名整合到《民律草案》中，有拼凑之嫌。其关于姓名权登记的规定典型地体现了当时政府"管制"属性，表明人格权私权化道路任重道远。《大清民律草案》将与传统文化有着截然不同的人格权制度引入中国，对民众人格权意识的觉醒有着重要的启蒙作用，为后续人格权制度本土化规定提供了较好的批判、学习平台。人格权制度与民事立法中对"个人主义"理念的推崇紧密关联。

从人格保护上审视《大清民律草案》的编纂，会发现其中蕴含的立法原则、理念的冲突影响了人格保护的法律继受。人格平等是近代民法的基本原则，是"通行之法理"，理应在民法亲属、继承编贯彻。但立法时又要求"最适合于中国民情"，民情中的人格观仍是封建的人伦，亲属、继承编中对人伦的维护是符合中国民情的选择，但其实质上与各国近代法律的人格平等原则又存在冲突。在探求立法与国情相适应的道路上，清末修律时组织了民事习惯调查，但调查问卷中与人格相关的婚姻习俗实质上非通行之法理，而参酌各国法律的具体人格权在问卷中并未体现。从法典整体编纂思路看，模仿西方法律的西化成为主流，对风俗民情相对忽视，更为关键的是风俗民情中关涉人格的问题没有结合近代西方立法进行调研。从具体的人格权立法审视，"注重世界最普遍之法则，原本后出最精确之法理"对人格权制度立法的影响导致其过于追求先进，出最精确之法理表面上实现了，但实质上对何为最精确之法理缺乏明确判断，片面对各国关于人格权制度的糅合未必是最精确的。

四、民国《民律草案》中人格权立法

(一) 民国《民律草案》的制定背景

民国《民律草案》的编纂具有政治上的功利性,迫于"收回领事裁判权"的需要,为应对西方列强法律考察而生。1922年春,北洋政府作为一战的战胜国在华盛顿会议上提出了收回领事裁判权的主张,而西方列强则以根据来华法律调查结果而定。北洋政府在此背景下,要求修订法律馆尽快完成民刑等法典的编纂工作。当时总则编的起草由时任大理院院长的余榮昌负责,债权编主稿者为应时,亲属、继承两编则为总纂高种。"在《大清民律草案》和一九一五年《民律亲属法草案》的基础上,民国初期的法律家酌采大理院民事判解要旨和民事习惯,编订完成了民国《民律草案》。"[1]遗憾的是,民国《民律草案》完成后由于发生政变,导致作为立法机关的国会未能恢复,从而影响了草案的通过,在民初仅作为"条理"被裁判机关援用。

民国《民律草案》起草时,江庸对《大清民律草案》各编编纂指导思想冲突的评论颇为尖锐,其指出:"(一)前案仿于德日,偏重个人利益现在社会情状变迁,非更进一步以社会为本位,不足以应时势之需求……(二)前案多继受外国法,于本国固有法源,未甚措意。(三)旧律中亲属、继承之规定,与社会情形悬隔天壤,适用极感困难。"[2]其指出如今进入民国,社会情形与晚清相比发生重大变动,脱胎于旧时国情的旧律中亲属、继承的规定明显与民初现实背离,需要做出积极的调适。

在此思想指导下,民国《民律草案》的编纂思路有了较大的兼顾国情的调整。在此背景下,民国《民律草案》在人格权制度的规定上,不再偏执于形式上对国外各种人格权立法制度规定的抄袭,而是力图结合国情在

---

[1] 张生:《中国近代民法法典化研究》,中国政法大学出版社2004年版,第161页。
[2] 谢振民:《中华民国立法史》(下册),中国政法大学出版社2000年版,第748页。

实质上进行人格权制度的整合。总则编关于人格权的规定与《大清民律草案》相比，变化较大。考察总则编涉及大理院关于人格权判例，大都由时任大理院院长余启昌裁判，而立法文本显然采纳了大理院裁判成果。这一时期，人格权立法与司法裁判间形成了良性互动。这一时期，人格权制度立法与《大清民律草案》相比，体现了曲折中的进步。在条文上，人格权制度规定呈现理性化色彩、制度整合的条理化。

民国《民律草案》起草时，国内的政治环境、外部环境都发生了较大的变化。其一，北洋政府与辛亥革命后的南京临时政府相比，在自由、民主的道路上实际上是在倒退，政府层面尊孔复古运动云起，在这种背景下，为减少社会争议对立法进程的阻滞，立法者在人格权制度规定上，主动地删去了平等、自由这些西方的法律原则，从人格权制度的形式上看似与《大清民律草案》相比，在人格平等的宣示上在淡化；其二，伴随着国内民法学家的逐步成熟、民法理论的发展，特别是对民法社会化思潮的回应，逐步试图把固有法与继受民法融合。在人格权制度的立法文本技术处理上，更加关注制度本身内容的统一性。民国《民律草案》的起草者以国内民法学者余棨昌为代表，其在人格权制度上对西方理念理解得更为透彻，力图在民法编订中更好的应用人格权理论。

（二）民国《民律草案》人格权条文分析

民国《民律草案》与《大清民律草案》相比，在形式上最大的差别在于民国《民律草案》缺乏对立法理由的阐释。其在立法过程中，力图结合本国国情，从立法语言、立法技术、立法体系上对人格权规范做出调整，以适应世界最新民事立法之趋势。

权利能力条款在第十六条规定，表述为"凡人不得抛弃其权利能力及行为能力"。权利能力条款与自由权条款为人格的内在保护条款，构成人格保护的基石。自然人一体享有权利能力，打破了传统法中等级身份的束缚，是近代法中人格平等的基石。民国《民律草案》中的人格为抽象意义上的法律人格，确立了人格平等保护的价值理念。"人格云云，意味不一。

普通所谓人格，未必与法律所谓人格相同，譬如曰：彼，有人格之人也。彼，人格之高尚者也。彼，人格之卑劣者也。法律上之人格，就中私法上之人格，乃权利义务主体之资格，亦为此资格之主人。十四年民律第二次草案第一条，规定人之权利能力始于诞生，终于死亡，云云。意即人于诞生之初，同时取得法律上之人格。于此意味言之，人格殊无高下之别，上自公侯卿相，下至贩夫走卒，皆一焉。"[①]抽象意义上的人格观，使得只要为民事主体就享有平等的人格，不受传统封建法中阶级身份、良贱身份等约束，实现了形式意义上的人格平等。

自由权条款在第十七条规定，表述为"凡人不得抛弃其自由或致违反法律或有伤风化之程度而自行限制其自由"，此表述与《大清民律草案》相比在立法语言中有了很大变化，用迎合民众心理的"有伤风化"代替了"公序良俗"，在条款形式上将《大清民律草案》自由权两项内容调整为一项，既不得抛弃自由也不得随意自行限制自由，自由为人格权的一种。其同权利能力条款相配合，构成人格权内在保护性规范。其以禁止性语言表示自由对人格保护的重要价值。

人格权保护条款在第十八条规定，其立法语言与《大清民律草案》第五十一条相比，有重大变化。其规定人格权受侵害后的救济方式系仿照瑞士民法第二十八条"人格受不法侵害者，得提起侵害除去之诉。损害赔偿之诉，或请求给付一定金额之慰抚金之诉，以法律有特别规定者为限，得提起之"。但在法律术语中，其明确使用"人格权"概念，而非《大清民律草案》中第五十一条的"人格关系"，也非瑞士民法中的"人格"，是一很大的突破，这一突破吸收了大理院司法实践的经验。人格权概念的明确化，使得民法总则中的人格权保护与传统的侵权行为法构成一个有机的整体。具体人格权的法定化，辅之以人格权保护请求权，就与债编中侵害人格权救济条款构成逻辑化的保护体系。重新解构《大清民律草案》人格关

---

① 谢光第：《死后之人格》，载《法律评论（北京）》1928年第246期。

系条款，可以看出"《大清民律草案》第五十一条规定的是'人格关系'受到侵害时的救济方式，在有特别规定时，人格关系的侵害可适用损害赔偿和慰抚金。而侵害法定人格权的救济方式则付诸侵权行为法"。①但大理院在司法实践中，也通过判例的形式，把人格关系内涵具体化，从而与侵权保护条款衔接。

姓名权作为具体人格权，民国《民律草案》中取消了姓名的户籍登记制度、改名的许可制度，使得民法典中的人格权回归民事权利确认路径，立法技术更为科学。其关于姓名权的条文调整为二款。对姓名权的保护，既有对现实的侵害救济条款，又有对将来发生侵害的预防条款，法律规定相当周延。对比《大清民律草案》其增加了"损害赔偿请求权"，对于完善姓名权保护有积极意义，与第十八条人格保护相呼应，再次申明了姓名权的人格权属性。

在人格权内容保护上，沿袭《大清民律草案》的规定，继续在债编部分通过侵权损害赔偿之债的方式实现人格利益的保护。民国《民律草案》第二百四十六条规定系《大清民律草案》第九百四十四条、第九百四十条规定内容之融合。虽无《大清民律草案》立法理由解释，也应视为保护人格权益。其在侵权行为具体条文中重申了对侵害生命权、身体权、自由权、名誉权的保护。第二百六十二条以侵权行为的方式方面规定了生命权、身体权、自由权；第二百六十七条则规定了对名誉权的保护。

民国《民律草案》在亲属、继承编的内容安排上，与《大清民律草案》对比，总则中人格保护条款在亲属、继承编内容上有更多的规则内容的展开。其在权利能力的规定上，删除了限制女子权利能力的具体规定，与总则中"凡人不得抛弃其权利能力及行为能力"条款相呼应。从以上对民国《民律草案》关于人格权部分法条评析可知，民国《民律草案》与《大清民律草案》相关内容，既有继承又有创新。下列图表试将人格权条

---

① 俞江：《近代中国的人格权立法与学术研究》，载张生主编：《中国法律近代化论集》，中国政法大学出版社2009年版，第53页。

款比较，并将其一同列表。

表1　民国《民律草案》(二草)与《大清民律草案》(一草)人格权条款比较

主要内容	相同点	相异点
身份、能力条款	二草第十六条同一草第四十九条	二草语言中增加"凡人"
自由权	二草第十七条同一草第五十条	二草合并一草两款；用"违反法律""有伤风化"词语代替一草"公共秩序""善良风俗"
人格关系	二草第十八条同一草第五十一条	二草用"人格权"代替"人格关系"
姓名权	二草第十九条、二十条规定一草第五十二—五十五条规定	一草中第五十二条、五十三条删

民国《民律草案》人格权立法与《大清民律草案》相比，展现出以余棨昌为代表的本土民法学者力图结合国情，参酌大理院司法实践经验改造清末片面的法律继受。在立法语言、立法技术、制度设计上都力争改变。

1. 立法语言上结合本国国情，参酌大理院司法实践调整立法用语，注重立法语言简约。在自由权规定上，用更符合民众心理的"有伤风化之程度"代替了《大清民律草案》中"善良风俗"的术语；吸收大理院司法实践经验，用"人格权"一词取代"人格关系"的表述。①

2. 吸收世界最新民法潮流，对人格权规范中不合时宜的规定进行删除。民国《民律草案》在姓名权的规定上，法条由《大清民律草案》的四条删减成两条。取消了《大清民律草案》详细规定，但德国、瑞士民法都没有规定的姓名权登记制度，对民律一草中改名的审批与改名权益救济条款也予以删除。

---

① 大理院九年私诉上字第74号判例要旨中使用了人格权的概念。

3. 立法结构上进行调整。在章节设计上，取消了"人格保护"一节，表面上使得人格权宣示的意义降低，但内容上对人格权的保护并未弱化。立法结构上把人格权制度条文置于"自然人"一节中，强调人格权专属于自然人享有。从立法技术上讲，回归人格权的主体属性是立法技术的进步。这一体例也被后续的民国民法典立法所采纳。

4. 民国《民律草案》较充分地吸收大理院裁判的成果，更加注重人格平等的保护。"凡是《大清民律草案》中出现的有关'亲权行使'的条文则后移到亲属编或彻底删除，以收保护个人人格、弱化身份权的作用。"[①]

五、清末民初人格权立法特点

（一）博采众长，取当时世界最新、最先进之立法

《大清民律草案》的前三编由日本法学家松冈义正主持编纂，在立法模式上其放弃了日本法的立法模式，"而采纳在法理上更为精确、更容易引进、更方便适用的德意志法学的知识系统"[②]。在人格权立法中，这一特点表现得更为明显。人格权建立在个人主义基础之上，关于民事立法上的"个人主义"，松冈义正认为"罗马重家族制度，以身分为本位，由身分而定权利义务之关系。故首人法，而此物法。首人事，而此财产。现在世界大势，重个人制度，以个人为本位，由契约而定权利义务之关系……故首重物权、债权，而身次之。罗马时代，唯家长享有权利。今日以个人为本位，故无论何人，皆得享有权利。德国编纂法典时，即以个人为本位，故不采用罗马式。日本现在情形，为家族个人过渡时代。然将来必以个人为本位，故亦采德意志式，而不用罗马式。中国与日本情形略同，将来亦必由家族制度，进而为个人制度。故中国编纂民法，亦应采用德意志式。然未可断言也。法律与社会，有密切之关系。因社会之情形不同，故

---

① 张生：《民国初期民法的近代化》，中国政法大学出版社2004年版，第161页。
② 孙宪忠：《中国民法继受潘德克顿法学：引进、衰落和复兴》，载《中国社会科学》2008年第2期。

法律之规定亦异……上述中国应采用之方式，乃论理上之推测，而非实际上之问题"[①]。个人主义作为人格权的基础，在《大清民律草案》人格权部分有较好的体现，其对于人格权内涵的规定是最丰富的，其融合了法国法、德国法、瑞士法中的人格权，当时世界先进立法之规范都予以继受；在人格保护上采纳了当时最新的瑞士法的规定。民国《民律草案》对当时西方的民法社会化思潮予以关注，在民国《民律草案》修订时加以贯彻。

（二）继承又有所创新

在人格权立法上，自《大清民律草案》开始，人格权规范首次在"参酌各国法律基础上制定"。之后的民国北洋政府在制定民国《民律草案》时，对民律一草的人格权规范大都继承延续，同时结合本国国情，在立法语言、立法结构、立法内容上又有所调整、创新。

（三）法源形式的多样性

狭义的人格权立法自应局限在民法范畴，但在清末民初这一近代法律转型时期，人格保护立法并非单纯的局限于民律。宪法、行政法、刑法中都有大量的人格保护规范，是人格保护的形式法源。

自沈家本修律开始，便已经有较早的人格保护。《禁革买卖人口律》等一系列法规保护国民的人身自由、生命、健康，属于广义的人格保护法规范畴。人格权作为与传统法相冲突的价值理念，其发展的前提是宪法性文件对人权的尊重。宪法作为民事法律的根本法，其所规定的民众的基本权利构成民事法律人格保护的基础。如宪法对自由权的规定便是人格权中自由权的根基，宪法理念的变化同时会影响民事法中人格保护的进程。清末《钦定宪法大纲》规定了臣民的权利，这是民法中人格权保护的基础。辛亥革命成功后建立的南京政府《临时约法》进一步扩大了人格保护的内涵，规定了全体人民不分阶级、性别、宗教一律享有平等权。临时政府建立后通过大总统令的形式禁革人口买卖、准许疍户惰民一体享有公私权，

[①] [日] 松冈义正：《民法总论》（上），熊元凯、熊元襄编，陈融、罗云锋点校，上海人民出版社 2013 年版，第 46 页。

是以政府行政令的形式保护人格权。北洋政府时期，虽在公民人权保护道路上有所反复，但在形式上仍然尊重人权，公民权利保护条款在形式上内容还有所发展。清末民国时期，宪法上对人权的规定，构成人格权基础权利保护的基础，民律草案中对人格权的规定在一定程度上是对宪法人权保护文本的落实。

第二节　民初大理院裁判的属性、法源与价值导向

一、民初大理院裁判属性

民国初年，确立了三权分立体制，立法机关负责法律的起草制定。但当时北洋政坛各派别为争取政权的合法性都力图控制国会。各政治派别的利益争执使得立法机关的立法工作长期处于停滞不前的状态。而清末的立法由于其制定背景，很难被新政府接纳，这就为继后的北洋政府造成了众多的法律适用困境。成文法的匮乏和作为判例适用的"先例"被抛弃，为北洋政府的法律体系构建带来了新的困境。

但北洋政府建立后，清末司法改革中的大理院却在中国的近代化法律变革中发挥了意想不到的作用。北洋政府统治时期，掌握最高司法权的大理院在当时的法制建设中发挥了重要的作用。大理院的法官充分利用"司法独立"的理念，在法制缺乏有效衔接的年代，充分发挥了法官的司法续造职能。在法制实践中，创造性地发展了"法官造法"的传统。民国北京政府时期，大理院创制的《民事判解要旨汇编》在司法适用中具有"准法典"的性质，是一种具有普遍约束力的民事法律渊源。

民初三权分立体制下，大理院作为最高民事审判机关，超脱于政党纷争与政权更迭，依靠法治信仰与高超的裁判技术，确立了民事裁判的权威。面对民初裁判中法律适用的匮乏，针对法律适用中的疑难问题，大理

院采取解释例和判例两种形式来行使统一法律解释权。大理院的民事判例来源于一般的民事判决，而民事判例要旨又是从民事判例中抽象出来的，是民事判例中阐述普遍民事法律规则的部分。大理院民事解释与判例形成的过程不同，性质也有所不同。对比解释例与判例，其区别之一在于大理院发挥的角色不同，判例提取中大理院是主动的，在某种意义上是一种司法的能动选择；而解释例中，大理院的角色是被动的，只能应有关机关而非个人的请求才能做出。近代法典化的立法思潮、清末编纂民法典的实践，使得大理院法官也有一种法典化的情怀，其按照民法典的编纂体例将判例、解释例汇编，试图从民法典逻辑体系上进行法律解释，以便于下级法院裁判中参考适用。大理院的民事判例、解释例汇编在实践中充分发挥了法律的规范功能，在某种意义上弥补了民国初年民事立法的滞后问题，较好地保障了民事审判权的有效实施。

二、民初大理院人格权裁判法源

清末修订的《大清民律草案》未及颁行，清廷便已覆亡。面对民初民事法律的缺失，司法总长伍廷芳曾建议在民国民事法律颁行前，以《大清民律草案》作为过渡阶段的民事规范适用。1912年4月3日民国参议院决议以《大清民律草案》未正式公布为理由，否决了其法律效力，要求裁判案件应适用"现行律民事有效部分"。

从近代法学理论看，法律渊源的形式包括制定法、习惯法、条理等。大理院在裁判实践中，明确了法律渊源之间的位阶，即"判断民事案件，应先依法律所规定，法律无明文者依习惯法，无习惯法者，依条理"。在现实中处理民事案件的法律应是"现行律民事有效部分"。但"现行律民事有效部分关于身份的规定，渗透着身份差等的伦理秩序精神。律例之中没有抽象的平等、自由原则，也没有规定独立人格的制度，所有关于人的规定都是身分秩序的安排"①。面对这一现实，民初的大理院作为最高裁判机关，顺应民初追求人格平等、权利至上的民主进步潮流，有意识地搁置"现行律民事有效部分"不符合社会潮流的规定，援用前清民法"条理"等规定，"近年院例虽多征引现行律，然貌存而实已亡者，再在皆是，更有明白变及律文者，盖皆出于迎合现代潮流之隐衷也"②。

条理，"系指自然法律精神演绎而得的普遍原则，为谋求社会生活事物不可不然之理，与自然或法律通常之原理，迨为同一事物之名称"③。条理在民初社会动荡的年代能充当大理院裁判的法源不是偶然的，而是近代社会经济、政治、文化思潮等多种因素综合作用下的必然。民初民主共和政体已经确立，但"现行律民事有效部分"众多规范却仍在维护封建伦理秩序，与民主共和、宪政理念根本不相容。《大清民律草案》虽为清廷所制定，但其制定时已吸收近代西方先进之法理，与近代法治理念相通，特别是总则编、债权编、物权编制规定与民主政体极为吻合。大理院大多数法官深受西方近代法治理念熏陶，秉持司法独立理念，在裁判实践中大量运用"条理"断案就成为合理的选择。条理在大理院裁判中表达用语多变，"民事法理"或"民事条理"等在人格权裁判中频繁使用，"现行法例"等语也多次出现。

在民初大理院涉及人格权的裁判中，其裁判的规范主要是"现行律民事有效部分"和"条理"。但其对"现行律民事有效部分"适用时有意用近代私权理论进行改造，使法律规范的功能导向从制裁转向对私权的确认。简而言之，"条理"在民初人格权裁判中发挥了主导性角色。实践中，充当条理的主要有如下内容：

---

① 张生：《民国初期民法的近代化——以固有法与继受法的整合为中心》，中国政法大学出版社 2002 年版，第 40 页。
② 傅圣严：《"判例商榷"（夫犯奸与离婚）》，载《法律评论（北京）》第 197 期。
③ 王泽鉴：《民法概要》，中国政法大学出版社 2003 年版，第 16 页。

(一)《大清民律草案》

《大清民律草案》在制定时,取"通行之法理",务期"中外通行",是近代民法法律继受的产物。其前三编理念与民主共和政体有极大的相容性,虽然民初立法机关否决了其法律规范的效力。但因其与民初共和政体下社会新生活、新纠纷的相容性,大理院在裁判实践中有意识地加以援用。大理院在审理关涉人格权的上诉案件中,有意把《大清民律草案》相关条文及立法理由说明作为条理援用,其在裁判中按法律条文原理进行裁量。大理院于民国二年上字第64号判例中贯彻落实了这一法意,"本院查:判断民事案件应先依法律所规定,无法律明文者,依习惯法;无习惯法者,则依条理,盖通例也。现在民国民法法典尚未颁行,前清现行律关于民事各规定继续有效,自应根据以为判断"[1]。

从某种意义上讲,大理院有意把《大清民律草案》相关条款作为私权进行权利宣示,以引领社会新思潮。《大清民律草案》条文及立法理由说明对民初大理院裁判的影响,学者黄静嘉先生给予高度的评价,"其时虽无成文之民法典,然于大理院诸公之心中,一部成文的民法典却可能隐然存在的。虽然民律草案只能作为条理法源而被引用,但在大理院法曹心目中,引用民律草案而来之条理,其具有之权威性已非一般之条理可以比拟"[2]。

(二)民国《民律草案》

民国《民律草案·总则编》是民国十四年(1925)由修订法律馆完成而未颁行。其虽未生效但因司法部通令法院执行确认了法律渊源地位。由于其修订时间较晚,在民初大理院关于人格保护的司法判决中,其发挥作用较小,并未在人格权裁判实践中作为条理适用。

---

[1] 黄源盛纂辑:《大理院民事判例辑存》(总则编),元照图书出版公司2012年版,第10页。

[2] 黄静嘉:《中国法制史论述丛稿》,清华大学出版社2005年版,第326页。

(三) 近代民法基本理论及学说

学说作为法律渊源的历史源于罗马法。自清末修订民律始，无论是《大清民律草案》还是民国《民律草案》，都展现了近代民法学说的影响。大理院法官多接受近代法律教育，对近代民法学理、术语较为熟悉，在司法裁判中无据可循时，从裁判中自由心证考量，其也倾向于从近代民法理论、学说中寻找裁判依据。

三、民初大理院裁判的价值导向

大理院在裁判实践中适应民初社会进步的价值需求，积极应对民初对人格平等、个人权利追求的价值思潮，在社会秩序维护与社会进步两种价值观之间做出司法范围内的平衡，尽可能地追求民主进步。在法律的适用上，不盲目固守"现行刑律民事有效部分"，而是运用条理，甚至清末沈家本修律时的某些律文，通过司法裁判，努力实现由身份差等到人格平等的转变。《大清民律草案》前三编体现了人格平等、男女平等的进步思潮，而"现行刑律民事有效部分"却体现身份差等的伦理秩序。这两部法律规范体现的价值观在很大程度上是相冲突的，法官如何选择考验着法官的裁判智慧。

大理院在维护社会秩序与追求社会进步之间做平衡，但"它把进步建立在秩序的基础之上，大理院对西方民法的继受是在具体民事法律关系中，考察固有法的秩序取向是否有阻碍社会进步的可能"①。在可能的范围内做出法律适用的取舍，尽可能引导社会秩序从身份差等到人格平等的转变。在这一价值目标指引下，在人格权的裁判上其更多地运用《大清民律草案》的条理确认具体人格权内涵并按照侵权法理进行法律救济。但在内涵更为复杂的自由权裁判实践中，无论是结婚自由还是人口买卖中人身自由权的维护，其都无法回避"现行律民事有效部分"的法律适用。从法

---

① 张生：《民国初期民法的近代化——以固有法与继受法的整合为中心》，中国政法大学出版社2002年版，第144页。

律位阶上看,"现行律民事有效部分"作为官方认可的法律规范,其效力优先于民法的"条理",这一点也多次为大理院裁判所确认。

大理院"所引导的从尊卑贵贱到人格平等的变革,不仅受制于民初的经济政治文化条件,受制于法源位阶的刚性约束,也受社会共识、司法权威以及司法实效等动力因素的制约"①。社会共识所展现的就是民初转型期复杂的社会思潮。民初,社会思潮纷繁复杂,既有平等、进步的因素,又有阻碍的因素。民初,恋爱自由、结婚自由、孀妇再嫁自由成为社会的热潮;但同时,男子纳妾的旧习惯仍继续保持,新时期的女性基于各种缘由竟出现了主动为妾的新现象。人口买卖现象屡禁不止。男女平等成为社会热议的焦点,但与此同时买卖婚仍然流行。这一背景下,大理院法官在新旧法律间该如何取舍,司法如何发挥对社会秩序的调适成为现实的难题,也成为影响大理院裁判的重要因素。当时的大理院院长余棨昌曾撰文称"现今我国新旧思想极不融洽,大理院近正踌躇此罕见之判例。如关于婚姻问题,在昔日为父母代订,今则讲自由结婚,且因潮流所趋,离婚案件日渐增多,审判衙门安能据旧规理判其不离。新闻杂志对于新思想极力鼓吹,司法当局不能不顾现代思想"②。

第三节 人格平等引导下渐进的大理院裁判

"法律,特别是私法,在最广泛的意义上以裁判为中心。"③民法规范是实体法规范,其生命力在于丰富的裁判实践,作为私法规范核心的人格权,更是如此。在民初人格权立法规范未能生效实施的前提下,人格权裁

---

① 张静:《法律转型期司法引导社会变革的限度——以民国初年大理院判解中的人格平等为重心》,载《河南工业大学学报》2016年第12卷第3期。
② 余棨昌:《民国以来新司法制度》,载《法律评论(北京)》第5卷第36期。
③ [日]我妻荣:《债法在近代法中的优越地位》,王书江、张雷译,中国大百科全书出版社1999年版,第355页。

判成为观察民初人格权状态的最佳平台。

从近代人格权内涵观察，人格权虽为民事主体享有的基本权利，但具体人格权之间也存在较大的差异，根据权利客体不同，可以分为物质性人格权和精神性人格权。前者包括身体权、生命权；后者包括姓名权、肖像权、自由权、隐私权（含通信秘密权）、婚姻自主权等。生命权、身体权因其固有属性，具有不可限制性，其他人格权都在不同程度上要依法受到限制。伴随着人的尊严感的加强，对精神性人格权（名誉、自由、隐私等）越来越重视。物质性人格权与精神性人格权由于权利属性的不同，在实践中经常会出现差异性。

民初，大理院通过司法裁判，使人格权由文本上的纸面条款走向实践。不同于传统法，这一时期的人格权主体扩展到了普通民事主体，成为自然人普遍享有的私权；保护对象有所扩大，不限于生命、身体权益的保护，名誉权、自由权保护也逐渐成为现实。这一时期的人格权完全不同于传统法下的实践，"就制度功能而言，古代社会保护人格利益的主要目的在于以朴素的自然法思想为指导而维护公的秩序……关于保护某些人格利益制度的目的性不是在于以人为中心，维护人之为人的独立的个体尊严、利益，而是在于以对生命、健康等的保护进而维护社会的基本运作，尤其是经济秩序的运作"[①]。

在民初平等人格观及社会进步观念冲击下，大理院法官通过司法裁判，发挥司法的调适作用，引领社会从身份差等到人格平等的转变。与《大清民律草案》中较为激进的人格保护立法相比，大理院人格保护实践是渐进的过程。特别在精神性人格权保护上，其权衡社会秩序维护与社会进步之间的价值冲突，通过司法实践渐进地变革旧律中不适合新社会的规范，构建人格保护的新秩序。其一，运用民法条理，通过判例确立人格权制度规则；其二，运用人格平等理念，通过对法律新的诠释，引领从身份

---

① 曹险峰：《人格、人格权与中国民法典》，科学出版社2009年版，第20页。

差等到人格平等，使人口买卖在法律上成为"不可能"，使得结婚自由逐渐成为可能。

一、物质性人格权实践

"生命、健康和身体，是自然人的人格赖以存在的物质载体，对于人的存在和发展具有极为重要的意义。所以，生命权、健康权和身体权这些物质性人格权，是人的最基本的、最重要的权利。"[①]对物质性人格权的保护，是近代民法人文主义精神的体现。

（一）生命权

传统法中，生命并非人格权益。平等主体的生命上升到私权保护角度在实践中落实，标志着生命权作为人格权的实施。"生命权是否为一独立之人格权，学者间亦有争执。有谓生命侵害，同时享有其生命之主体，亦因之丧失，无主体则权利无所附依，故不应视为一种权利者；有谓生命侵害，实不外身体之侵害，应包括于身体权中者；亦有谓生命为个人在社会上活动之基本事物，应独立视为一种权利者。三说之中，据现今法理上之解释，自依第三说为当。"[②]生命为人格利益之中最高贵者，生命权是一种人格权。清末修律时，法学家松冈义正认为"生命丧失，人变为尸。各国法律皆视尸为一种物品"[③]。生命利益是最重要的人格利益，"人格权云者，乃学者所谓以人格的法益为客体之权利。其中最重要者，厥推生命权。所谓生命权，即不任吾生命滥受他人侵犯之权利"[④]。

生命权为人格权，已为近代共识，但对生命侵害概念，则因各时代之进展，亦各不同，在罗马法中，只限于有形的作为之侵害，中世纪则虽违反义务不作为之。"故上溯于德国固有法，而主张私法上与刑法上对于生

[①] 陈年冰：《物质性人格权精神损害赔偿中的几个问题》，载《法学》2005年第6期。

[②] 曾志时：《人格权之保护论》，载《朝大季刊》1931年第1卷第3期。

[③] ［日］松冈义正：《民法总论》（下），熊元凯、熊元襄编，陈融、罗云锋点校，上海人民出版社2013年版，第115页。

[④] 谢光第：《死后之人格》，载《法律评论（北京）》1928年第246期。

命侵害，依同一意味解释之。"①《大清民律草案》中首次确认了生命权益的人格权属性，生命作为物质性人格权中最重要的人格权益，民初大理院通过三个民事判决明确保护规则。这一时期关于生命权的保护是一个渐进的过程。

大理院七年私诉上字第二六号判决作为生命权的第一个判例，代表着人格保护观的重大改变，具有典型意义，下文从微观视角全面观察此案例。该案中，私诉上告人吴少五，年三十九岁，系湖南宝庆县人，住小东乡铜鼓岭，业农。私诉被上告人冏廷禄，年四十岁，住亲睦保，业农。私诉被上告人冏新垣，年四十二岁，业农。上告人对于中华民国六年八月十八日，湖南高等审判厅就冏廷禄诈财一案，所为私诉第二审判决声明上告，经本院审理，判决：本案私诉上告驳回。上告审讼费由上告人负担。

> 按现行法例，人格关系（生命系人格权之一）被侵害者，被害人或其家属本得请求赔偿损害或慰抚金。本案上告人吴少五杀害被上告人冏新垣之父、冏廷禄之叔冏同心，经团保姚俊声等劝令上告人出钱二百八十吊作为棺木及慰抚之用，依上开法例，在被上告人等本非不当利得，况查第一审仅判令上告人出给棺木钱八十吊，其余二百吊仍令被上告人等返还，虽据被上告人等就与判处罪刑之部分并行声明控告，然原审刑庭仅将被上告人冏廷禄之罪刑撤销改判，而关于返还上告人钱二百吊一节仍予维持，即显属利益于上告人，上告人尚何有不服之余地，上告意旨殊无理由。依以上论结，本案私诉上告为无理由，应予驳回。

该判例作为生命权保护的第一个判决，具有典型的代表性。该案发生于民国七年（1918年），当时民国《民律草案》尚在起草中，该案是大理

---

① 曾志时：《人格权之保护论》，载《朝大季刊》1931年第1卷第3期。

院关于人格关系被侵害的法律救济的唯一裁决。从内容看，本判例确立了两项规则：其一，界定了对人格关系的保护条款，明确侵害人格关系应承担赔偿损害或慰抚金，使得《大清民律草案》关于人格关系的一般条款成为裁判的现实。《大清民律草案》第五十一条明确侵害人格权在法律有特别规定时可请求损害赔偿或慰抚金。在立法理由中指出"凡人格关系受侵害者，使得向加害人请求摒除其侵害及损害之赔偿，以保全其人格，此本条所由设也"；其二；明确了生命为人格权之一种类型，近代权利话语正式进入司法裁判的视野。从大理院审理看，该案件裁判时的法律依据是"现行法例"，实质上指的是民初作为大理院裁判法源依据的"条理"。民初大理院裁判中能作为条理的法律渊源除两部民律草案外，还包括近代民法学说、判例等，但在大理院关于人格权的裁判中，其一般直接将《大清民律草案》相关条款作为条理直接援用。具体而言，大理院指出"按现行法例，人格关系（生命系人格权之一）被侵害者，被害人或其家属本得请求赔偿损害或慰抚金"。其实际上是《大清民律草案》中的人格关系条款，其确认了人格权的救济方式是赔偿损害或慰抚金。同时明确指出，生命系人格权之一，明定生命是具体人格权之一种。

大理院对生命权的裁决，展现这一时期人格保护从身份差等到人格平等的转变。（1）该上诉案当事人职业身份均为农民，非传统法上的特权阶层，对其人格利益诉争的裁决意味着平等的民事主体享有人格的保护。传统法中享有生命人格权益的只能是少数的特权阶层，主体范围的突破，意味着人格权实践成为真正意义上的人格平等保护。（2）从案件属性看，属于刑事法意义上的杀人案，传统法上仅涉及国家公法上对犯罪嫌疑人的刑事制裁，国家制裁其的目的在于维护社会的公共秩序，防止因民间当事人仇怨危及国家统治。反观本案处理程序，发生斗殴杀人案后首先进入的是民间调解程序，"经团保姚俊声等劝令上告人出钱二百八十吊作为棺木及慰抚之用"表明民间已有对命案赔偿、慰抚的观念，认为生命应是受保护的私人权益，侵害生命的私权救济已为广大民众心理所接受；一审法院在审理中，仅命加害人出具棺木钱八十吊，对于另外出具的二百吊要求被害人家属返还，表明基层法院对慰抚金部分未给予认可，但承认了作为丧葬费的棺木钱的适用，这表明法官对法律的适用仍拘泥于固有法中的丧葬费；加害人对一审法院判决不服，提起上诉；大理院在裁判中否决了加害人（即本案上诉人）的上诉主张，并阐发理由如下：其一，确认"按现行法例，人格关系（生命系人格权之一）被侵害者，被害人或其家属本得请求赔偿损害或慰抚金"；其二，大理院在裁决中指出，"上告人出钱二百八十吊作为棺木及慰抚之用，依上开法例，在被上告人等本非不当利得"表明大理院承认了侵害人格关系的慰抚金，认为额外的二百吊的慰抚金是合理的。但基于上诉审只能在当事人诉讼请求中审理，故裁判驳回上诉人上诉请求。纵观本案，从诉讼主体身份看，为普通民事主体，非传统法上的特权阶层，对其生命人格权益的保护显示人格保护的主体范围已从传统法中的少数人扩展到了普通的民事主体；而法院裁判中对慰抚金的裁决，展现大理院有意识地把人格保护观念深入民众意识。该案也展现出司法裁判用语趋于规范化，对人格关系与人格权的用词变化，首先指出"人格关系被侵害者"说明用词仍沿用《大清民律草案》规定，但在判例要旨中又用"生命系人格权之一种"，表明裁判官已开始使用"人格权"的概念。

大理院对生命权的保护是一渐进的过程。大理院七年私诉上字第二十六号判例要旨中明确"生命系人格权之一"，在九年私诉上字第七十四号判例中明确"生命权系人格权之一种"，展现大理院法官对生命权的认识在不断深化，由单纯的人格权益上升到具体人格权。关于生命权的人格权属性及慰抚金救济，大理院在九年私诉上字第七十四号民事判例中进一步确认，其判例要旨明确"生命权系人格权之一种，人格权之被侵害者，被害人或其家属自得对于加害人请求赔偿其物质上有形之损害（例如医药、殡葬、抚养等费）及慰藉费（慰藉其精神上所受无形之苦痛）"[①]。该案

[①] 黄源盛：《大理院民事判例辑存（1912—1928）·总则编》，元照出版有限公司2012年版，第149页。

中，郑寿良与施尚孜因伤害致死案发生诉讼，浙江第二高等审判分厅于民国九年二月三日做出判决加害人郑寿良承担民事赔偿责任，郑寿良不服该判决向大理院提出上告。上告人郑寿良故在上告理由中诉称：被上告人施柳氏之子施尚孜死亡并非出于其伤害，二者无因果关系。上告人声称双份纷争系警佐越境拿赌所造成，是执行职务行为，故要求驳回被上告人施柳氏、施尚旺的养赡费请求。大理院审理查明：

> 本案被上告人施柳氏之子施尚孜死亡原因存疑。案发后乡警报称，其未死以前，曾因腹痛延医服药，口吐蛔虫、黄水，则其致死之原因，果系因病，抑系因伤，尚须审究。乡警调查认为施尚孜死因存多种可能，可能因其自身伤病引起，属于驳斥郑寿良行为与施尚孜之死因果关系的证明。浙江第二高等审判厅裁决该案时，以何庆云等之供词为判决基础。查何庆云等之供词，其声称听到与上告人有关的话，也仅是死者施尚孜当时夺枪用力过猛，自己督伤等情。综上事实调查，施尚孜死亡考究系因其夺枪自行磕伤，抑系由上告人用枪击伤，存在重新调查的必要。既然很难证明郑寿良与施尚孜之死的因果关系，则难以认定上告人侵害生命权之成立，进而其应否负赔偿责任，以及其赔偿数额应为若干，亦即难据为断定。综上各种事实因素，除公诉部分业经本院判决发还更审外，关于私诉部分，亦自应认有发还更审之原因。故大理院于民国九年六月十九日判决将原判关于私诉部分撤销，发还浙江高等审判第二分厅更为审判。同时申明本件上告，系因原厅未尽调查职权终应发还更审之件，故依本院现行事例用书面审理。

从判词看，该案当事人身份完全不同于大理院关于生命权裁判的七年私诉上字第二十六号判例。后者讼争身份均为乡野村民，现实生活中身份地位对等。而本案中，作为上告人的郑寿良是在执行抓赌职务行为时与平民发生伤害纠纷，作为诉讼的两个当事人在现实身份上有差异，但法官在裁判时把其作为人格权纠纷平等对待，自然人人格利益平等保护已成为裁判的共识。该判例标志着大理院在人格权认识上的重大突破。在判例要旨中指出"生命权系人格权之一种"，正式用"人格权"概念取代了原先判例中的"人格关系"，明确人格权的私权属性；生命权被明确为具体人格权，不再作为生命利益保护，而成为一种法定人格权。在侵害生命权的法律救济上，法院娴熟运用《大清民律草案》中侵害生命权条款救济，结合案情解构侵权的构成要件，展示了大理院法官高超的司法技术。在救济方式上，其适用《大清民律草案》关于人格关系救济一般条款裁量对受害人的有形损害赔偿与精神痛苦慰抚金。与大理院审理比较，浙江高等法院第二审判厅的法官对于侵害生命权构成要件的分析显然存在较大瑕疵，从而展现了民初司法裁判的水平在不同层级法院之间存在较大差异。从法律适用看，大理院审理该案件在法律适用上依照"民事条理"，指出生命权受侵害时会发生有形的损害或无形的损害，对于有形损害应给付赔偿金，对于无形的精神损害应给付慰抚金。作为裁判依据的"民事条理"，实质上是未能生效的《大清民律草案》的相关条款。其对生命权的救济实质是《大清民律草案》第五十一条第二项之规定的物质上有形损害赔偿或慰藉费给付。

侵害生命权的慰藉费是大理院在生命权保护中特别关注的，其意在慰抚被害人亲属的精神痛苦。大理院民事裁判八年私诉上字第七十七号判决中再次重申了侵害生命权慰藉费的救济方式。上告人洪徐氏对于中华民国八年三月三十一日京师高等审判厅就洪述祖杀人一案所为私诉第二审判决不服声明上告。大理院查明被上告人故父宋教仁，系由上告人之夫洪述祖教唆杀害，业经公诉判决确定在案，被上告人因父被害，对于上告人请求赔偿损害及慰藉费，显属正当，此处慰抚应为抚慰被上告人的精神痛苦。上告人在上告论旨中声称慰抚由感情而生，其与被上告人既无感情，即无慰抚可言，显属对慰抚对象理解发生错误。"唯查慰藉费固为广义赔偿之性质，究与赔偿物质有形之损害不同。赔偿物质有形之损害，例如：医药、殡葬、扶养等费皆是；而慰藉费，则系以精神上所受无形之苦痛为论据。"

本案被上告人在原审就损害赔偿及慰藉费皆有请求，原判既谓被害人之家属可就埋葬、扶养等费之适当限度内请求赔偿，是对于被上告人主张赔偿损害一部，原非全行驳斥。而其判令上告人给付之慰抚费，是否概括被上告人应受之赔偿损害及慰抚费而言，语意殊不明了。

若果仅就被上告人精神上所受无形之苦痛判给慰藉费，则其数额既难以金钱计算，自应审核各种情形以为标准，例如被害人之地位、家况及与该家属之关系如何，固最宜注意，而加害人或其承继人之地位、资历如何，亦应加以斟酌。若果并就被上告人父遇害后，该家属得请求之抚育等费而言，则其物质上所受有形之损失若干，亦不能不依法调查认定。乃原判仅据被上告人之代理人所称漂流沪上、家景萧条一语，遂将给付额数率与断定，于法殊未尽合。上告论旨谓原审所判数额未加调查，无所根据，尚难谓为毫无理由。依上论结，大理院于中华民国八年十二月三十一日作出判决，本案上告尚非全无理由，应将原判撤销，发还交原厅民事庭迅予更为审判。至本件所上告，系因原审认定事实为未尽合法，应予发还更审之件，故依本院现行事例用书面审理。特判决。①

《大清民律草案》对侵害人格关系的法律救济方式规定了慰藉费或慰抚金，其性质是对受害人无形精神痛苦的抚慰。作为一种相对超前的"法

---

① 黄源盛：《大理院民事判例辑存（1912—1928）·总则编》，元照出版有限公司2012年版，第147页。

文化"理念，大理院在裁判实践中始终坚持对人格侵害的慰抚金，难能可贵。大理院在审理中，重申"人格关系被侵害者，被害人或其家属得请求赔偿损害与慰藉费，此例经本院著为判例者也（参照本院七年私诉上字第二十六号判决）"[1]。这一时期大理院关于人格权的判例大多为孤案，但关于侵害人格权的救济条款大理院却用两个判例确认，展示大理院对慰抚金的认可，正如大理院在判例要旨中申明"慰藉费固为广义赔偿之性质，究与赔偿物质有形之损害不同。赔偿物质有形之损害，例如：医药、殡葬、扶养等费皆是；而慰藉费则系以精神上所受无形之苦痛为论据。若仅就被害人或其家属精神上所受无形之苦痛判给慰藉费，自应审核各种情形，例如被害人之地位、家况及与该家属之关系，并加害人或其承继人之地位、资力均应加以斟酌"[2]。本案的裁判依据："按民事条理：生命系人格权之一种，人格关系被侵害者，被害人或其家属得请求赔偿损害与慰藉费。"所称的民事条理依然是未生效的《大清民律草案》条文。大理院在裁判中，巧妙地把《大清民律草案》条文作为裁判的法理。在裁判过程中，法官采用"公允"原则平衡双方的权利与义务，实质上是近代民事私法理念在大理院实践中的贯彻。

（二）身体权

身体权是否为自然人一项独立的民事权利，学理上对此存在很大争议。在民国学者眼中，近代民法的身体权与古代伦理观有很大关联。"所谓身体权，系以生命所系之身体为客体，即身体发肤受之父母不任他人毁损之权利。"[3]《大清民律草案》总则松冈义正认为身体为人格权之标的，为人格权保护对象，"例如损害身体之诉，被害者若仅主张身体被害，不成为一种权利，即不成为诉讼，必提出人格权，身体为人格权之目的物，

---

[1] 黄源盛：《大理院民事判例辑存（1912—1928）·总则编》，元照出版有限公司2012年版，第147页。

[2] 黄源盛：《大理院民事判例辑存（1912—1928）·总则编》，元照出版有限公司2012年版，第146页。

[3] 谢光第：《死后之人格》，载《法律评论（北京）》1928年第246期。

损害身体，即损害人格权，始能生损害赔偿之效力"[①]。松冈义正主持制定的《大清民律草案》第九百六十条确认了对身体的法律保护，明确了对侵害身体造成的非财产损害也享有损害赔偿请求权。"害他人之身体自由或名誉者，被害人于不属财产之损害，亦得请求赔偿相当之金额。"[②]这一条款确立了对身体权的保护，诚如立法理由所云"身体自由或名誉之被害人，亦得请求相当之损害赔偿（慰抚金），以保全其利益"。

关于身体侵害的类型，学者认为"身体侵害之概念，与生命侵害同，在古代法只限于作为之侵害，其后则虽不作为之侵害，亦推及之"[③]。民初，大理院对身体权的保护通过两项规则完成。

其一，在大理院三年上字第四百四十八号判例中，运用《大清民律草案》第九百六十条的身体权保护条款裁判。

该案中上告人池锄、池栗与被上告人均为在乡野从事务农百姓，纠纷源于伤害斗殴的赔偿。该案既涉及刑律制裁，又涉及民事赔偿，对于已经发生的斗殴刑事责任处理，双方当事人均未争议。但对于民事赔偿，双方当事人对赔偿及慰抚数额争议极大。上告人上告意旨略称：

> 此案涉讼七年，上告人等羁身囹圄，谋生无计。家产早已用尽，幸逢大总统赦令得以释放，方冀赔偿一层可从轻减。乃被上告人贿赂书吏徐承恩，诓骗族长池团祥出具切结，致高等审判厅判出洋一千元，不知被上告人所开各产业并非远祖祀田或公房产业，并有已经出卖者，上告人实无力缴此千元，所断难以甘服云云。被上告人答辩意旨略称：此案刑事问题已经大赦，自不必论。至赔偿一节，上告人诿称无力给付，不知其所有家产，已由

---

① ［日］松冈义正：《民法总则》（下），熊元凯、熊元襄编，陈融、罗云锋点校，上海人民出版社2013年版，第179页。
② 黄源盛：《晚清民国民法史料辑注》（一），梨斋社2014年版，第346页。
③ 曾志时：《人格权之保护论》，载《朝大季刊》1931年第1卷第3期。

承发吏切实查明。且经上告人族长具结,承认赔偿千元,委系上告人力所能及,上告人显无理由云云。双方当事人对于上告人是否有财力赔偿,高等审判厅所判出洋一千元是否正当存有很大争议。①

大理院在审理中面临两个问题:其一,赔偿的依据何在;其二,赔偿的标准应如何确定。大理院指出"按民法法理,凡以侵权行为损害他人之权利者,应负赔偿之责,其赔偿之标准如何,则不外由审判衙门审查其实际上之损害,并其事实由之是否须归责于加害人,衡情以定其数额之多寡"②。其所适用的作为裁判依据的民法法理,实质上是已经客观存在的《大清民律草案》中侵权条款的规定。由于民初,该草案并未施行不能直接被援用,而转化为民法条理成为大理院法官的裁判准则。条理中所说的"侵害他人之权利者,应负赔偿责任",权利内涵包括人格权,具体到该案讲,涉及对身体权的侵害。对于赔偿的标准,其指出由审判衙门根据损害实际损失、损害和加害行为之间的因果关系认定。对于上告人宣称的其无力支付的问题,大理院在审理中明确了判决正当性与执行可能问题,指出"若其数额,适法断定,而加害人实属不能为给付,则系执行法上问题。与其应负之责任,系属二事,不容相混"。大理院进而指出"身体之损害,虽非如财产之可以金钱计算,唯法既许被害人可以请求金钱之赔偿,自应由审判衙门斟酌被害人受损情形,令加害人负赔偿之责任,而其既定之数额,亦不许加害人空言请求减免"③,明确了侵害身体权的金钱赔偿责任,并把赔偿数额的裁决权交由审判衙门斟酌。

---

① 黄源盛:《大理院民事判例辑存(1912—1928)·债权编》(四),元照出版有限公司2012年版,第2239页。

② 黄源盛:《大理院民事判例辑存(1912—1928)·债权编》(四),元照出版有限公司2012年版,第2238页。

③ 黄源盛:《大理院民事判例辑存(1912—1928)·债权编》(四),元照出版有限公司2012年版,第2284页。

结合案件审理查明，大理院首先确认了对受害人家属赔偿慰抚的正当性，指出本案上告人等剡伤被上告人之夫池仕潮及其弟仕湖，致成残废。现其家属因二人不能为劳务，生计艰难，是上告人所为委系情不可恕，在被上告人尤非得相当之赔偿以为慰藉不可。进而对原审确定的赔偿数额予以认可，指出原审因判令上告人赔偿洋一千元，其为允洽，自不待言。兹上告人乃以无力缴款为辞，以希冀减免，实属不合。且即以上告人产业论。查原审饬吏调查之报告书，有该单亲向族长池团祥（即池土胞叔）及房长等——质问分明，并取具该族长房切结等语，是上告人等家产不能谓并无查明。上告人于受原审判决以后，始谓此报告书为贿嘱，并谓族长花押系诓骗而得，有池团祥之声明书可以证明，无论池团祥等之声明书不能据认为真实，即使属实，亦属事后空言反悔，上告审中绝无审究之余地，是上告人之上告显无理由。在对案件双方争议事实、适用法律做出诠释的基础上，大理院于民国三年六月二十三日做出判决，认上告为无理由，应即驳回。

对于斗殴伤害的处理，民初法官最简单的法律选择应是仍有效实施的"现行律民事有效部分"。其"斗殴"部分的规定颇为详细，但大理院法官对于侵害身体权的纠纷处理，却均选择了运用民法条理断案。其个中意图，自与民初司法裁判观念重心转移，由单纯的刑事制裁转向对当事人损害的民事救济相关。

其二，对于身体权的保护，大理院在五年私诉上字第四十二号判决中运用《大清民律草案》第九百四十五条之规定，把身体权作为权利内涵的一部分进行保护，创造了民初身体权保护的另一种模式。判例要旨中体现为"凡以侵权行为损害他人之权利者，即应负赔偿责任，至赔偿之数额，审判衙门应调查其实际所损害为之断定，其因身体上所受损害致生财产上之损害者亦同"[1]，此处的权利包括身体权。

---

[1] 黄源盛：《大理院民事判例辑存（1912—1928）·债权编》（四），元照出版有限公司2012年版，第2317页。

本案中上告人方孔德与被上告人方承全均为乡邻，纠纷源于伤害斗殴的赔偿。上告人对于中华民国五年七月三十日福建高等审判厅就私诉上告人因伤害致残一案，所为私诉第二审判决声明一部上告。上告人上告理由主要基于其所受伤害较重，严重影响其生活，原审法院判决赔偿数额太少，其称：

> 上告人因手腕被伤，并有内伤，现经数月未愈，购药各款已不下数十金，医生薪资尚不在内，并已成为废疾一事，莫能动作，损失每日作工资金，亦属甚巨，现在尚需调治，所费伊于胡底；且一股已毁，将来之扶养费亦应由加害人负担。原判仅令被上告人偿还医药费洋二十元，实属错误已极，只有依法上告等语。①

从上诉词看，上诉人对身体伤害造成的误工损失产生诉求，认为原先的赔偿费过低。大理院审理中首先明确裁判所适用的法律民事法例，其实质上是《大清民律草案》第九百四十五条条文之法理。与大理院民事判决三年上字第四四八号判例比较，所适用民法条理条文不同，并且该案中指出"因身体上所受损害致生财产上之损害者亦同"。大理院审查后确认，上告人被被上告人殴伤右后肋及左手腕等处，致成废疾，已经原审刑事确定判决科刑在案，是上告人当然得以所受损害为限，向加害人请求赔偿。刑事案件裁判中已明确了查明了上告人所受损害是因被上告人加害行为所致，因而判决被上告人承担民事赔偿责任并无争议。案件焦点在于赔偿数额确定中是否包含上告人因身体受到伤害无法上班产生的误工费等损失。上告人供称"打伤已有两月，家中物件都已卖尽，以为医药费用。此伤一百天始可以痊愈，一年半载方有气力"等语，上告人既已声明其请求，原

---

① 黄源盛：《大理院民事判例辑存（1912—1928）·债权编》（四），元照出版有限公司2012年版，第2318页。

审即应本此就上告人实际所受损害予以审究,即自受伤后至痊愈日止,所用医药各费究系若干,上告人平常每日工资究有几何,共计此项损害几何,均须调查明晰,乃原判概置不问,仅酌令被上告人给予上告人医药费洋二十元,未免不合。据此,大理院认为原审法院对上告人的诉讼请求未能充分考量,在损害赔偿金部分未考虑上告人因身体受到伤害产生的误工费等,即因身体上所受损害致生财产上之损害。

身体权伤害,是民初常见的民事纠纷。大理院在判决中,通过两个判例确认对身体权的保护。在法律适用上,《大清民律草案》第九百四十五条之规定、第九百六十条规定均适用。从国外法源看,其既参考了法国民法第一千三百八十二条对"权利"的理解,权利内涵包括身体、生命等人格权益;又适用了德国民法中对身体利益的保护。在保护方式上博采众长,在对侵害身体权的救济上,确认的救济范围较广,既有直接损害,又有间接损害,《大清民律草案》侵害身体权救济条款都得到了较好体现。

对于侵害身体权的精神慰抚金,大理院在四年私诉上字第四号司法裁判中做出确认。上告人郭炳国对于中华民国三年三月二十一日,湖南高等审判厅就上告人轻微伤害一案,所为私诉第二审之判决声明上告。上告人郭炳国,系湖南前零陵地方厅推事;被上告人萧炳南,系湖南前零陵地方检察厅代理检察官。二者虽前都具有公职身份,但因轻微伤害诉至法院。本案中,上告人及其代理人对原审裁判事实认定及法律适用提出三点上诉意见:

(一)原判谓被上告人因此案解职,上告人应赔偿损害,试问被上告人因此案解职之命令何人所发,若被上告人之行为有应被解职之程度,则解职之损失被上告人所自取,若未至此程度而被解职,则请问之使解职之人;(二)原判谓被上告人有三十日以上之疾病乃推想之语全无根据,法官非专门医家,似不能以空泛一语断人病像;(三)医药等费若以被上告人之伤系上告人所为，上告人应负赔偿，则上告人所受咬伤抓伤被上告人应亦有其责，二者应予相抵，况医药敷治不过数元，何判令赔偿四百元之多云云。①

大理院在审理中，首先释明"侵权行为的构成要件有三：一为加害人之故意或过失；二为被害人之损害；三为故意或过失与损害之因果联络。三者有一不备，斯赔偿之责任无由成立。故凡为损害赔偿之请求者，就此三要件之存在应负证明之责"②。进而强调审判衙门为释明此项事实关系，亦应负相当之义务。具体到该案来看，"被上告人因上告人故意侵害行为致毁眼镜一具、血污衣服数件，并支出医疗费用若干，上告人对于被上告人此项损害自不能不负赔偿之责，惟其额数，应以损害实额为准。该眼镜、衣服之代价几何，医疗费用实费若干，原审绝未调查据予臆断，未免不合。又原判谓被上告人因有三十日以上之病，致损失月薪百元，兹所谓三十日以上之病究竟凭何认定，且被上告人于病中是否并未领受应得之月薪，原判绝无一语释明，是其所定俸给之赔偿，亦无正当根据"。

其审判焦点在于：因侵害身体而生精神上之痛苦的认定，大理院申明"因侵害行为而生身体上精神上之痛苦，按之条理，固可命加害人担负赔偿责任。然为防止流弊起见，必其痛苦达于不易恢复之程度者而后可"③。这一申明适用了民法条理，即《大清民律草案》精神损害赔偿金的条款，又展现了法官的衡量，权衡社会风气利弊，要求精神痛苦达到不易恢复之程度才可。在本案中，被上告人所受之痛苦是否达于不易恢复之程度，赔偿之数额应予几何，原审均未加以审究。故难正当。据以上论断，大理院

---

① 黄源盛：《大理院民事判例辑存（1912—1928）·债权编》（四），元照出版有限公司2012年版，第2287页。

② 黄源盛：《大理院民事判例辑存（1912—1928）·债权编》（四），元照出版有限公司2012年版，第2287页。

③ 黄源盛：《大理院民事判例辑存（1912—1928）·债权编》（四），元照出版有限公司2012年版，第2288页。

于中华民国四年四月十五日做出判决，本件私诉上告非无理由，应将原判撤销，将本案私诉发还湖南高等审判厅民事庭迅予更为审判。

精神损害赔偿属于非财产性损害，是对侵害身体权造成损害的救济，其性质上属于慰抚金。精神痛苦的赔偿与传统文化的异质，作为法律继受的舶来品，其在实践中争议极大。大理院法官吸收大陆法系先进之法理，把精神损害赔偿引入裁判实践。但为防止其滥用，对其适用范围做了较大的限制，要求"其痛苦达于不易恢复之程度者"。

从大理院裁判实践看，民初大理院对生命权、身体权的保护相当周全，既规定了物质性损害赔偿，又有精神痛苦的慰抚金。在物质性损害赔偿上，既有直接的损害的赔偿，又有误工损失的赔偿，保护较为周延。

二、精神性人格权实践

（一）名誉权保护

名誉作为人格利益，在近代民法中开始受到保护源于德国民法。德国民法第七百一十条之规定的名誉是否为人格权，学者有不同的看法。民法学者川名兼四郎认为"《民法》第七百十条不过规定侵害生命、身体、名誉等，亦须与侵害权利同负损害赔偿责任而已，绝非关于生命、身体、名誉等认其为有权利之成立也。吾人之生命、身体名誉等，不但依《民法》第七〇九条以下之规定而受保护，并依刑法，侵害此种目的物者，构成杀人、伤害、诽毁等罪，而科加害人以刑罚，则吾人之生命身体名誉等，亦因之受保护。夫权利固必须有法律之保护，然法律所保护者，不能谓之为皆有权利之存在也……故日本民法无论从何方面观之，皆不能谓其认人格权之存在……"[①]《大清民律草案》中第一次把名誉作为人格利益加以保护，其在第九百六十条规定了侵害名誉发生非财产损害时应承担损害赔偿责任，并规定了这项损害赔偿请求权的不可让与性。

---

① 余棨昌：《朝阳法科讲义》（第四卷），上海人民出版社2014年版，第52页。

但《大清民律草案》对何谓名誉并没有做出明确的界定。何谓名誉？民国学者胡长清认为"名誉权者，以人格的利益为目的之权利也。人格的利益之内容为何？学说甚多，予以为应分四方面观察之：（1）形式的荣誉，即国法所认许之荣誉，如官阶及地位是；（2）自尊心，即己身对于一己人格之评价；（3）真价，即存于吾人一身之内部的价值；（4）外部的声价，即吾人在社会上之声价。外部的声价，虽常为形式的荣誉及内部的真价所反映，然究不能谓其内容一致。吾人之自尊心，即纯属于主观的感情，亦非与内部的真价及外部的声价完全相同"[①]。名誉，从当时国人思维看，其一般指的是社会对其的外部评价。

民初，大理院通过五年上字第九六〇号民事判决确认了对名誉权的法律保护。该案为上告人孙玉林与被上告人方思叡因名誉损害赔偿涉讼上告一案，案件曾经京师高等审判厅审理，上告人不服，大理院审查后要求京师重审。现今大理院审理查明，上告人主张被上告人订婚时，并未言明家有妻室，致上告人因受其欺罔，与之订立婚约，其后被上告人复欲令上告人承认做妾之事实，损害上告人名誉，因而请求给予名誉损害赔偿。二审京师高等审判厅于此点事实，未经依法调查明确认定，因此在上诉后大理院发还更审（参照本院民事判决本年上字第一七四号）。但京师高等审判厅在复审时对大理院意见不予采纳，对上述案件争点未予调查取证，因上告人未声明索偿金钱之数额，认为诉讼不能成立，遂将其请求驳回，而于讼争事实概置不理上告人因之继续向大理院提起上告。

大理院在裁判中，首先确立了大理院裁判对下级法院的效力。"按法院编制法第四十五条，是凡本院就发还各高等审判庭更为审判之案件，所表示关于诉讼法或实体法上之见解，该高等审判庭自应受其约束，否则即属违法。"[②]大理院指出，就本案而言，大理院民事判决本年上字第一七四

---

① 胡长清：《名誉权之本质》，载于《法律评论（北京）》，1929年第6卷第14期。
② 黄源盛：《大理院民事判例辑存（1912—1928）·总则编》，元照出版有限公司2012年版，第143页。

号,已对此案做出判决,发回京师高等审判厅更审。但京师高等审判厅就诉讼实体上未依本院指示之点,加以审究,实属不当。

大理院判例意旨中强调按照民事法例人格关系受侵害者(名誉为人格权利之一种),除得请求屏除其侵害外,并得于法律所许之范围内,请求损害赔偿或慰抚金。本院审理认为:

> 就诉讼法上言之,关于损害赔偿之诉,当事人既经声明,系以赔偿金钱为请求目的,则虽未明示赔偿数额,审判衙门仅可依相当方法予以核定,而不容因此拒绝受理。况据原审笔录,上告人于原审审判长问以索偿之数额答称:"方思叡赔偿我八百元,我没认可,请照法律办理",又称:"他承认先拿八百元,后来再给我一千元,请看人的生活程度酌办"等语,则其请求赔偿之数额一层,并亦非毫无表示。故原判犹斥其无一定之请求、目的,亦有未合,本案上告即不得谓为无理由。综合上述因素,大理院裁判"原判撤销。本案发还京师高等审判庭迅予更为审判。"

大理院五年上字第九六〇号判决由审判长余棨昌做出,判例要旨"名誉受侵害者(名誉为人格权之一种),除得请求屏除其侵害外,并得于法律所许之范围内,请求损害赔偿或慰抚金"[①]。判例要旨明确了名誉为人格权之一种,名誉作为人格权应受保护的依据是民事法例,即《大清民律草案》第九百六十条。进而明确了保护名誉的方法除了妨害排除请求权外,还可以要求损害赔偿或慰抚金。诚如《大清民律草案》第九百六十条立法理由:"身体自由或名誉之被害人,亦得请求相当之损害赔偿(或慰抚金),以保全其利益。"[②]

---

① 黄源盛:《大理院民事判例辑存(1912—1928)·总则编》,元照出版有限公司 2012 年版,第 142 页。

② 黄源盛:《晚清民国民法史料辑注》(一),梨斋社 2014 年版,第 346 页。

原审法院京师高等审判厅认为当事人诉讼请求数额不明确，因而驳回，属于审判技术的问题。该案中令人饶感兴趣的亮点是司法裁判中对侵害名誉的法律认定，特别是婚约中的名誉应如何界定，能使得名誉的认定标准客观化。该案中被上告人订立婚约时欺诈，未明确告知其有妻室的事实，使上告人在不知情的情况下做了妾，并且在外传播其愿意做妾，导致上告人的社会评价降低，从而损害其名誉。从学说上看，其采纳了社会评价降低说。

民初，名誉作为人格利益的确认，使得名誉保护在实践中成为现实。婚约意味着双方欲结两姓之好。解除婚约，从社会评价中经常被视为道德有瑕疵，会导致社会评价的降低。传统伦理中，从一而终，离婚被视为不光彩的事，也会导致社会评价的降低。故民初的司法实践中，解除婚约及离婚事由中均充分考虑了当事人的名誉利益。

1. 婚约解除与名誉保护

大理院十一年统字第一七四四号解释例规定："凡未成婚男女，是凡犯有破廉耻之罪与奸盗相类似或被处徒刑在三年以上而经开始执行者，依律文类推解释，均应许男女之一造请求解约。"大理院解释表明了对名誉利益的保护态度，明确名誉对于人的社会生存的意义。正如史尚宽先生认为，大理院解释可能因为"盖以作奸犯科，致受徒刑宣告，不独其人品性有亏，而于她方之名誉亦有相关也"[1]，"而与她方名誉亦有相关也"表明了对婚约中女方名誉的保护。民国时期学者蔚乾从名誉对婚姻关系的意义、社会的道德评判角度也对此做出论证，指出"被处三年以上徒刑，则羁囚之日过久，在男子有家室无主之忧，在女子有生计艰难之虞。强令坐待，亦非人情所能堪；且为惩恶行保良善起见，法律上诚有准他造提起离婚之必要也。至于犯不名誉罪如伪造、猥亵、强盗等，则不仅为本人之耻辱，且足玷污其家属，他造不愿与之再为夫妻，亦人之常情"[2]。

---

[1] 史尚宽：《亲属法论》，中国政法大学出版社2000年版，第140页。
[2] 蔚乾：《离婚法》，天津益世报馆，中华民国21年版，第102页。

2. 重大侮辱，妻可请求离婚，以保护名誉等人格尊严

而何为重大侮辱，大理院五年上字第七一七号判例曾对其做了注解，指出："所谓重大侮辱，当然不包括轻微口角及无关重要之訾责而言。惟如果夫言语行动足以使其妻丧失社会上之人格者，其所受侮辱之程度至不能忍受者，自当以受重大侮辱论；如对人诬称其妻与人私通，而其妻本为良家妇女者，即其适例。"从注解"夫言语行动足以使其妻丧失社会上之人格者"，可以看出妻之人格保护已成为司法共识。重大侮辱在司法实践中会构成离婚的法定事由。大理院五年上字第一〇七三号判例："夫妇之一造，因受他造重大侮辱而提起离婚之诉者，一经查明实有重大侮辱之情形，应准其离异。"该判例认为"重大侮辱"为夫妻两造离婚的法定事由，而侮辱首当其冲侵害的是当事人的名誉。

当时学者也对侮辱做出多种诠释。学者蔚乾认为，所谓"侮辱云者，是指以语言文字或动作为毁损名誉体面之行为。而且侮辱须达重大之程度始得构成离婚之原因"[①]。其认为侮辱行为侵害的对象是受害人的名誉，离婚诉讼中唯有侮辱达到严重程度方可构成；而民国学者胡长清则综合大理院判解，认为"重大侮辱"指下列情形：（1）夫之言语行动足以使其妻丧失社会上之人格者（五年上字第七一七号判例）；（2）夫诬告妻通奸报官者（六年上字第一〇一二号判例）；（3）妻助人诬告其夫者（六年上字第一一三八号判例）。[②]

大理院通过对"重大侮辱"的解读，实现了对女性人格的保护，具体而言是对女性名誉利益的保护，表明其对人格的理解与保护不单纯是空洞的名誉权宣示，而是力图落实到具体类型的案件纠纷解决中。

从立法语言沿革史角度看，《大清民律草案》第一千三百八十二条首次把"重大侮辱"列为离婚的法定事由之一。对"重大侮辱"的解读，《大清民律草案》的立法者并没有做出明确的解释，只是列举"妻当众暴

---

① 蔚乾：《离婚法》，天津益世报馆，中华民国21年版，第102页。
② 胡长清：《中国民法亲属论》，商务印书馆民国25年版，第197页。

扬夫之罪恶,或夫抑勒妻犯奸等类,均属重大侮辱,但侮辱之事实,须由结婚后发生"①。解读中,其并未涉及人格利益等因素,对重大侮辱的解释未与当事人的名誉相联系,显示礼学馆与修订法律馆的立法者并无近代人格利益保护意识。《大清民律草案》在离婚事由的规定"受夫之直系尊属之虐待或重大侮辱者",立法说明中仍从婚姻伦理道德出发思考问题,相对比传统法有进步,但仍以承认尊长的训诫权为前提,仅为防止尊长权之滥用、破坏伦理关系中夫妻关系和谐而设此规定,其云:

> 妻于夫之直系尊属,苟有不合,为尊者自有训诫之权。然世有子妇并无失德,而舅姑漫肆威福,朝则叱责,夕则殴打,待子妇如罪囚,然侮辱至此,固子妇之不幸,而家庭和平之福亦然不可得而期,故法律特许妻子对于其夫提起离婚之诉。纵使夫妇间并无憎嫌,所难堪者不过舅姑之虐待,然舅姑是尊属,其妇对之固无可如何,即其夫对之亦无可如何,计惟有听其离婚,独为两全之策。②

"受彼造不堪同居之虐待,与重大之侮辱者。""前项有危及性命生存之虞,本项有害及健康身体之虑。故亦许其请求离婚。"③表明《大清民律草案》的立法者从生命、健康、身体等人格利益考虑离婚,展示了对这些人格权益的私权关注。审视大理院时期的司法裁判,可以看出在法条条理的解读上,与《大清民律草案》的立法说明相比,已具有强烈的人格权保护意识,人格保护观念已成为法官裁判的共识。"大理院在判解中运用'人格'这一概念,第一次明确妻子的人格尊严不可侵犯,允许妻子因丈

---

① 黄源盛:《晚清民国民法史料辑注》(一),犁斋社2014年版,第498页。
② 黄源盛:《晚清民国民法史料辑注》(一),犁斋社2014年版,第498页。
③ 黄源盛:《晚清民国民法史料辑注》(一),犁斋社2014年版,第497页。

夫的'重大侮辱'请求侮辱，使妻子的人格在法律上得以复活。"①

人格、名誉保护在大理院后续判决中进一步延伸。大理院十五年上字第一四八四号判例确认对妻之人格和名誉的保护。该案裁决中，须突破现行法对离婚条件男女有别的规定，但囿于现行律的束缚无法做出对女方有利的判决，于是借助于人格与名誉保护，大理院裁判中明确提出"为保护妻之人格与名誉计"，这是大理院推事对现行法法律变革的法源性依据。从另一侧面讲，这反映民初对名誉利益的保护已成为裁判的共识。

民初，伴随西方女性解放社会思潮的出现，对孀妇改嫁的态度成为社会热议的焦点。围绕孀妇改嫁纠纷的发生也为大理院司法介入提供了机会。大理院民事判决六年上字第八六四号则展示了法律对名誉与名节司法态度的差异，该判决判例要旨"名誉与名节系属两事，未便混为一谈，再醮之妇假令即为失节，要不能遂谓其并无名誉可言"②。该判例要旨的亮点在于司法官已有意识地把法律评价上的名誉与伦理道德上的名节区别，关注名誉的内在价值，从而具体化名誉的认定标准。清末民初社会大环境中，能有意识地把封建传统下的女性名节与名誉做出法律的切割，实为司法裁判的进步。关于再醮之妇，在民间传统观念中，仍有"失节"一说，表明封建礼教思想仍有较大空间；但在法律中明确认定名誉与名节为两个区别的法律概念，"再醮之妇，假令即为失节，要不能谓其无名誉可言"。司法裁判中认定一切民事主体均享有名誉，即使其为传统礼教所排斥的"再醮之妇"也不例外，可见名誉作为人格权应受平等保护理念在大理院法官中成为裁判的共识。

（二）自由权保护

学者俞江指出，"在民国时期，以语词的状态而存在的权利为数不少，

---

① 徐静莉：《民初女性权利变化研究——以大理院婚姻、继承司法判解为中心》，法律出版社2010年版，第99页。

② 黄源盛：《大理院民事判例辑存（1912—1928）·总则编》，元照出版有限公司2012年版，第145页。

在人格权范畴内,则以'自由权'最为典型。这只要看看包括大理院在内的三十余年中,最高司法机关未能形成一件关于'自由权'的判决例的事实,就已经很能说明问题"[1]。笔者对此观点并非完全认同。自由权在《大清民律草案》首次规定,在立法理由中加以明确,民国《民律草案》中得以继续沿用,民国以后一直作为通说而存在。学者王泽鉴先生认为自由权与权利能力条款配合,共同构成人格权内在保护。但自由权内涵在当时的民法理论界、实务界并未形成共识。

学者眼中,关于自由权的性质,争议颇大。梅仲协先生认为:"自由不得抛弃为人格保护的一方面,不认自由为人格权的内容。"[2]但在学者俞江看来"自由当然不得侵害,但作为私权的自由,其内容与限制如何,在学说上为一难题。概言之,权利之侵害皆为自由之侵害。如,对人身权之侵害,亦为对人身自由之侵害。私拆他人信件,可谓为侵害隐私权,亦可谓之侵害通信自由,等等"[3]。《大清民律草案》立法理由说明:"法治国尊重人格,均许人享受法律中之自由权。"王泽鉴先生解释为:"所称人格指人格自由发展及一般行为自由,诸如从事法律行为(结婚自由,遗嘱自由)、行使权利及言论自由等……某种自由的抛弃(例如终身不婚),亦有碍人格发展。"[4]

在民初人格平等实践中,对自由权侵害最大的领域是"人口买卖"与传统法中对结婚自由的限制。现实中作为裁判规则的应是现行刑律"民事有效部分"。但其在人口买卖等问题的规定上存在大量的与人格平等背离的规定,大理院法官运用前清"禁革买卖人口条例"使得人口买卖在法律上成为"不可能",从而保障民事主体的人身自由权。

---

[1] 俞江:《近代中国民法学中的人格权理论》,载于《私法》2002年第二辑第二卷,第181页。

[2] 梅仲协:《民法要义》,中国政法大学出版社1998年版,第61页。

[3] 俞江:《近代中国的人格权立法与学术研究》,载张生:《中国法律近代化论集》,第75页,注释1。

[4] 王泽鉴:《人格权法》,北京大学出版社2013年版,第109—110页。

关于婚姻与人格自由的关系，有学者认为"婚姻制度植基于人格自由，具有维护人伦秩序、男女平等、养育子女等社会功能"[①]。民初大理院时期在婚姻领域，通过法律解读，在孀妇改嫁、妾脱离家长关系等方面力图实践结婚自由、离婚自由。

民初，大理院在裁决中对公法上的信教自由权予以确认，但在男女平等领域囿于社会观念等多因素的阻碍仍未承认男女私权上的不平等。该裁决具有双重冲突意义，其一，确认女子的宗教信仰自由权；其二，重申妇人私法人格受夫权限制，继续秉持传统儒家礼教男女民法人格不平等。

1. 婚姻自主权

（1）结婚自由

"现行刑律民事有效部分"关于婚姻的规定仍重在维护尊卑长幼、男尊女卑的宗法伦理，大理院在社会进步思潮的冲击下有意识地对其调整，实现维护人格平等的价值目标。"在大理院的判决（例）中，常有意无意地将当代民法私权利的观念导入……将尊长主婚制裁的相关规定转化成婚姻的同意权；将离异的事由转化成离婚权。"[②]例如统字第一〇〇三号确认"无服尊卑为婚，现行律既未经列入禁止之条，自不能据认为无效。（前清现行律民事有效部分 尊卑为婚条）"[③]，这一裁决打破尊卑的身份差等关系是对结婚自由的确认。

在承认现行律"民事有效部分"关于主婚权规定基础上，通过裁决限制主婚权形式与效力。首先通过裁决明确把主婚人同意认定为非要式行为，在一定意义上弱化了主婚权。民国九年统字一二〇七号判决"如父母对于成年子女之婚嫁，并无正当理由，不为主婚，审判衙门得审核事实以裁判取之……"。审判机关的司法介入，防止了父母主婚权之滥用。审判

---

① 王泽鉴：《人格权法》，北京大学出版社2013年版，第66页。
② 黄源盛：《民初大理院民事审判法源问题再探》，载于李贵连：《近代法研究》2007年第一辑，第14页。
③ 黄源盛：《民初大理院民事审判法源问题再探》，载于李贵连：《近代法研究》2007年第一辑，第16页。

机关的介入，实质上取消了家长、尊长对子女婚姻的最终决定权。裁判实践中，大理院重新解读主婚权的意义，统字第九〇九号"婚姻应以当事人意思为重，主婚权本为保护婚姻当事人之利益而设，故有主婚权人，并无正当理由，拒绝主婚时，当事人婚姻一经成立，自不能借口未经主婚，请求撤销。至其拒绝理由，是否正当，审判衙门，应衡情公断"。

大理院在裁判中逐渐提升子女意志在婚姻中的决定作用，认为成年子女自由意思于订婚、结婚有最终决定效力。民国十年上字第一〇五〇号判决"婚姻之实质要件，在成年之男女，应取得其同意，苟非婚姻当事人所愿意，而一造仅凭主婚者之意思缔结婚约，殊不能强该婚姻当事人以履行"。民国十一年上字第一〇〇九号判决"父母为未成年子女所订婚约，子女成年后，如不同意，则为贯彻婚姻尊重当事人意思之主旨，对于不同意之子女，不能强其履行"。该判例提升了成年子女意思在婚约中的效果，彰显对成年子女意志的法律尊重。大理院五年抗字第六九号判决对父母解除依照当事人合意形成的婚姻施加限制，限制父母解除权的行使，判例要旨为"父母虽有主婚之权，至于已成之婚约，经当事人双方合意解除，或一方于法律上有可解除之事由者，断无反乎婚姻当事人之意思，可以强其不准解除"。

婚约作为一种人身关系契约，当事人的自由意思应是其有效成立的前提。对于婚约订立过程中的欺诈行为，大理院统字第一千三百二十六号则确认"被诈欺而为婚约，虽已成婚，仍可依法请求撤销。如资明有使体力上、精神上受强制，致丧失意思之自由，应成立强奸罪，并应告诉乃论"。

（2）孀妇的结婚自由

中国传统礼教观中，强调孀妇为亡夫守节，其改嫁称之为"再醮"。固有法中孀妇没有独立的再婚权，其再婚需由尊长主婚。在主婚权的设置上，坚持女子出嫁后从夫家传统，再婚须由夫家祖父母、父母主婚，在夫家无主婚之尊亲属时由母家尊亲属主婚。在实践中，对于孀妇的改嫁，尊亲属常为自己家索取较高聘财，有人口买卖之嫌。传统法律中对强迫孀妇改嫁行为进行严厉制裁，因其违反了妇女对名节从一而终的操守。《大清律例》中规定孀妇守志不愿改嫁，如其尊亲属、家长强迫其改嫁则对尊亲属施加刑罚制裁。民初，"现行律有效部分"关于孀妇改嫁规定增加了内容，"孀妇自愿改嫁，由夫家祖父母父母主婚，如夫家无父母祖父母，但有余亲，即由母家祖父母父母主婚"。法律的表达和现实之间总是有着"天然的鸿沟"，表面上"现行律有效部分"要求孀妇改嫁须坚持自愿原则，尊重孀妇的独立意志，但又有主婚权的制约规定。从法理上讲，主婚权的规定与孀妇的自愿是冲突的，民初伴随解放女性人格的呼声，为保障孀妇的结婚自由权，大理院在孀妇改嫁的裁判上逐渐弱化夫家的主婚权，进而肯定孀妇在改嫁中的意思自治，维护其独立人格。这一进程是通过弱化夫家尊亲属主婚权、确认孀妇在改嫁中的自愿原则、排斥族人的干涉实现的。

其一，弱化夫家尊亲属的主婚权。

我国固有民法中基于宗法伦理考虑尊重家长、尊长的主婚权，这一点在民初大理院裁决中得以重申。但在民初自由、人格等进步观念的冲击下，对主婚权的效力的理解已经发生改变，同时基于继受民法"自由权、人格平等"的冲击，限制主婚权，保障婚姻自由。

孀妇改嫁中，夫家主婚权的效力有了新的诠释。民国四年统字第三百七十一号解释要旨提到："孀妇改嫁，应由夫家尊长主婚。未得主婚者之同意而为婚姻者，则主婚权人得请求撤销，惟并非当然无效。其撤销效力，亦不得溯及既往。"其源于下列案情：今有孀妇甲，早与其姑乙分居各炊，而甲自愿改嫁与丙，有媒为证，乙并不同意，乃以被丙奸诱起诉。大理院回复：查律例"孀妇改嫁，应由夫家祖父母父母主婚。若未得该主婚权人同意，遂为婚姻者，则主婚权人得请求撤销，惟并非当然无效。其撤销效力，自亦不得溯及既往。又孀妇若不仅与夫祖父母、父母异居，并已与其家断绝关系者，不应再适用此项主婚之规定。且依律应有主婚权人同意者，若主婚权人恃权阻难，并无正当理由，亦可依照本院四年十二月二日统字第三百七十一号解释办理。本件甲、丙间之婚约，既有正式媒证，在未经乙合法请求撤销以前，尚系有效，其行为即非法律所禁止，并无犯罪可言"[1]。统字第九百八十三号[2]明确"孀妇改嫁未得主婚人同意，只得请求撤销，尚不得谓无婚姻关系，亦不得谓为犯罪"。

孀妇改嫁中，按律夫家主婚权排首位。实践中，为了在主婚权顺序上防止夫家滥用，必要时需要法院司法介入，重新调整主婚权顺位。大理院民国四年（1915年）上字第五三六号判决"法院得令孀妇自行改嫁之情形"；判例要旨："现行律虽有孀妇改嫁先尽夫家祖父母、父母主婚之规定但有特别情形（例如，孀妇平日与其夫家祖父母、父母已有嫌怨），其夫家祖父母、父母难望其适当行使主婚权者。则审判衙门由其母家祖父母、父母主婚，令其自行醮出，亦不得谓为违法。"该判例要旨在于通过对夫家主婚权特别情形（孀妇平日与其夫家祖父母、父母已有嫌怨）的描述，为法院的司法干预提供选择的机会，限制实践中孀妇改嫁中夫家第一顺位主婚权的行使，保护再醮女性的改嫁权。"大理院七年上字第一三七九号判例要旨：孀妇自愿改嫁，夫家祖父母父母或余亲如果故意抑勒不为主婚改嫁者，得由审判衙门以裁判代之。"[3]

从情感伦理上讲，孀妇改嫁母家会更多偏向孀妇。在争论"孀妇夫家别无近亲，仅有服外之族曾祖，母家亦无祖父母、父母，仅有胞姊母，该孀妇改嫁时，夫家之族曾祖与母家之胞姊母，互争主婚权"[4]的问题上，大理院统字第二百五十三号明确解释道："孀妇改嫁，如夫家及女家之祖父母、父母均已亡故，亦无夫家余亲，母家胞姊、服属、大功自可主婚。"

其二，确认孀妇改嫁中孀妇自愿行为的法律效力。

---

[1] 田涛、郑秦点校：《大清律例》，法律出版社1998年版，第472页。
[2] 田涛、郑秦点校：《大清律例》，法律出版社1998年版，第794—795页。
[3] 郭卫编著：《民国大理院解释例全文》，吴宏耀、郭恒点校，中国政法大学出版社2014年版，第398页。
[4] 郭卫编著：《民国大理院解释例全文》，吴宏耀、郭恒点校，中国政法大学出版社2014年版，第410页。

民国六年（1917年）上字第八六六号判决确认"孀妇改嫁必须出于自愿"，这一判决确认了孀妇在改嫁中独立意志的法律效力，确认了孀妇在改嫁中的婚姻自主权，是对其独立人格的保护。如果孀妇改嫁系被强迫，统字第一千二百七十八号①确认"孀妇改嫁系被强迫，未曾表示情愿及追认，自应准其请求撤销"。

其三，排斥孀妇改嫁中族人的干涉。

传统礼教观下，婚姻为家族间的联姻，族人在现实中可能成为孀妇改嫁的阻碍力量。基于对孀妇改嫁利益的保护，大理院四年上字第九三七号判例要旨，"孀妇改嫁或招赘，族人不得干预"。排斥族人干涉的原则在后续裁决中得到进一步重申，大理院四年上字第一九三七号判例裁决，"父母对于孀守之妻，得其同意，令其改嫁或为招婿，则应听其自由，族人无论有无承继，均不得过事干预，以之告争"。

孀妇改嫁行为之所以遇到更大的阻力，很大程度上来自于夫家与其族人经济利益的争夺。大理院在处理孀妇改嫁背后阻碍因素动因时，对固有法做了很大程度上的保留。在肯定孀妇改嫁自愿原则的同时，对主婚人受财制度做出了保留。大理院在财礼归属上的妥协，其目的在于减少主婚人干预孀妇再婚的经济阻力。财礼仍归主婚人所有，为其支配，但不得肆意干涉孀妇再婚。

首先，为防止孀妇改嫁成为"买卖婚姻"，对"私行强嫁取得财礼"行为施加严格限制。大理院统字第三八六号，"未得孀妇同意，私行强嫁取得财礼，其出嫁行为实为卖之变相，应依补充条例第九条适用刑律，照营利略诱定罪"②。

其次，对财礼归属做了较为清晰的规定。统字第一〇五二号规定"孀

---

① 郭卫编著：《民国大理院解释例全文》，吴宏耀、郭恒点校，中国政法大学出版社2014年版，第978—979页。

② 郭卫编著：《民国大理院解释例全文》，吴宏耀、郭恒点校，中国政法大学出版社2014年版，第478页。

妇改嫁，夫家之胞伯母如仅为余亲身份，则以律自应由母家父母主婚受财。母家父母对婚姻如未主张撤销，可仅判归财礼"。统字第一三三四号规定，"守志孀妇又复自行改嫁，夫兄虽不能强其不嫁，然如财产上及主婚权有关，自应许其告争"。审判实践中，对主婚所受财礼的归属曾有争议。地方检察厅曾请示："依统字九〇九号解释，孀妇改嫁，主婚人所受之财，本以供孀妇置备妆奁，及其因婚姻所需之费用，并非给予主婚人以特别之利益。此种财礼，其所有权属于何人？"大理院答复："查现行律财礼二字，征诸吾国夙尚，应为主婚人所有，所有权即属于主婚人。纵未以之置备嫁奁或充当婚费，亦不能指为侵没，自不成犯罪。"①

（3）妾的自由权②

传统法中，妻妾地位差等，妻在离婚中尚有"三不去"的限制，但妾人格卑贱，可以随意被夫舍弃，其与夫的关系法律无相应的强制保护。妾能否保留其地位，完全凭丈夫喜好而转变，如同日本学者滋贺秀三所言"夫爱则留之，恶则遣之"③。

民初，民智渐开，西方的人格平等理论、男女平等、一夫一妻制传入中国。"由于现代法律意识的引进，传统妻妾之间严格的阶级差别已经大大削弱，而随着男女平等意识的引进，妻在法律上的权利较前加强，于是妾也随之得以在某些方面提高了自己的地位。"④

民初，作为最高法院的大理院在妾的人格保护上，有意识地运用西方的人格权理论，辅之以人道关怀，保护妾的利益。大理院时期对妾的人格保护，围绕妾的自由权展开，表面上围绕的是妾何种情况下可以脱离与夫

---

① 郭卫编著：《民国大理院解释例全文》，吴宏耀、郭恒点校，中国政法大学出版社2014年版，第1119页。

② 注：本文从人格保护角度关注妾的身份权利的变化；妾的自由权，主要从夫妾关系等角度探寻人格权制度近代变迁的背后规律。

③ ［日］滋贺秀三：《中国家族法原理》，张建国、李力译，法律出版社2003年版，第459页注23。

④ 程郁：《清至民国蓄妾习俗之变迁》，上海世纪出版股份有限公司2006年版，第365页。

的家长关系，内涵隐藏的是妾的身体健康、生命、名誉等人格利益的维护。

a.民初妾与家长的关系

妻与妾在法律中的人格差异，从生活中的称谓中就可看出。现实中，夫与妻相对，而妾只能称呼对方为家长。中国传统社会中，妾通常是通过买卖或赠与方式获得，妾在家长眼中是"物化的工具"，用来传宗接代或作为财富的炫耀，因而妾在家长眼中地位卑下，类似于"奴"。民初，妾的身份地位逐渐变化，其人格地位有所提升，妾与家长的关系不能被视为一种婚姻关系，而是视为契约关系。在民国初年的立法中，与传统法相比，妾拥有了家属身份。

大理院民国七年上字第一百八十六号对妾的身份界定做出解释，指出妾与家长的关系的成立需要当事人都要有使其关系成立的意思表示。民国八年上字第一〇六号判决进一步明确了妾与家长间的身份契约关系。妾与家长间的契约关系的申明，表面上似乎与传统法上妾主要通过买卖契约获得有相同之处，但在民初伴随着人格平等、男女平等的社会思潮，这种契约与传统法中的理解有本质区别。大理院判决意在强调纳妾之契约是发生妾的身份的契约，与正式的婚约性质不同，因而妾的身份明显与作为配偶的妻不同。但在大理院的判决中，妾的地位与传统法相比已有明显改变，大理院七年上字第九二二号判决明确了妾的家庭成员地位，因而在法律上应与其他家属同等对待。

传统法下家长可随意抛弃妾，侵害妾的生命健康利益，但民初大理院在裁判中通过对妾作为家属成员的确认加强了对妾的人格保护。"妾之家属身分，系由契约而生，家长生前虽有时得以解除（如家长或妾有不得已事由时），然家长故后，若妾于夫家无义绝之情状者（如犯奸之类），即不致丧失家属身分，断不容借故驱逐。"[①]对妾作为家属成员的确认，以及对

[①] 郭卫：《大理院判决例全书》，上海会文堂书局1932年7月版，第 210 页。

家长故后夫家不得无故驱逐妾的规定有利于妾的人格利益的保护。但在民初，妾在家族中虽作为家属成员存在但仍处于身份低下的地位，不能称为家庭中的尊亲属，①这一点为大理院八年上字第七二四号判例确认。

b.妾的人格地位上升——妾转为妻

民初大理院裁判初期仍认妻妾身份有差别，妾无法取得配偶身份。大理院统字第四二号解释例云，西安地方审判厅以"兼祧双配，妻亡有妾，现仍娶妻，是否均以重婚论罪请示"②，大理院回复"妻亡有妾，现仍娶妻，不得以重婚论"③，大理院最初的解释否定了妾的配偶身份。

但伴随着社会思潮的变化，妾能否升为妻，妻死后夫能否娶妾为妻，从某种意义上讲属于妾的结婚自由问题，意味着妾的人格地位平等，摆脱卑贱人格限制。在这一问题上，大理院通过一系列裁决，逐步确认妾的结婚自由。

大理院统字第六二四号记载，某县知事就妾升妻案请示，"妻及长子早死，妾生子女且有德，丈夫愿意将其升为正室，查与该族谱列相合，可否婚姻自由，任取习惯。大理院答复云：查前清现行律中，现在继续有效之部分，关于订婚等项，曾经明晰规定，限制甚严，而妻妾失序门称妻在，以妾为妻者，处九等罚并改正等语。现行律有效部分显系认许以妾为妻，对于妻在时为此种行为加禁止认为行为无效。至以妾为妻，除成婚时应受各律条外，关于订婚专有之律例，不再适用，故仅须有行为不拘泥于形式"④。县知事的请示中，对于丈夫能否在妻亡后娶妾为妻的问题，上升为能否享有结婚自由的问题。表面上是妾在身份差等情况下的身份改变

---

① 郭卫：《大理院判决例全书》，上海会文堂书局1932年7月版，第211页。
② 郭卫编著：《民国大理院解释例全文》，吴宏耀、郭恒点校，中国政法大学出版社2014年版，第279页。
③ 郭卫编著：《民国大理院解释例全文》，吴宏耀、郭恒点校，中国政法大学出版社2014年版，第279页。
④ 郭卫编著：《民国大理院解释例全文》，吴宏耀、郭恒点校，中国政法大学出版社2014年版，第594页。

问题，实质是夫与妾的结婚自由权问题。在当时的法律上，妻亡后夫可再娶一女子为妻，但所娶的对象如果是妾在法律上该如何处置。妾的身份是否固定后不能改变，其人格能否重新获得独立，结婚自由权的行使在民初实质上不单纯是婚姻双方当事人意思自主的问题，还涉及结婚双方的身份问题。其次，大理院在判决中明确将妾扶正为妻的权利仅有家长能在生前行使，尊重婚姻中当事人的意思自治，家长之外的其他亲属的意思表示对妾的身份转化无法律效果。这一点在大理院三年上字第六一〇号判例中得以申明，指出"妾于家长生存中，既未取得妻之身分，其后纵有亲属等扶为正妻之事，在现行律上亦不能发生效力"[①]。大理院十四年上字第二五六二号判例，要旨明确"妾于原配死后，扶正为妻，虽不必经一定之仪式，亦必其家长有扶正之表示而后可"。判例中妾扶正为妻须得家长扶正之意思表示，从侧面体现了对婚姻缔结中当事人意志的尊重。

民初，"现行律民事有效部分"为正式生效实施的民事规范，但因其蕴含的身份差等明显与民初共和理念匹配从而给大理院解释例提出了一个难题。大理院解释例在解释"现行律"时，单纯的文义解释适用较少，而更多的是运用近代西方的民法理论重新诠释法律意旨。从某种意义上讲，其仅保留"现行律民事有效部分"的规范外壳，而用其形式诠释近代人格平等、私权保护之理念。这一趋势在大理院裁判后期受当时社会男女人格平等思潮影响表现得更为明显。大理院六年上字第八九六号判例中对现行律的规定重新诠释。现行律规定夫妻关系尚维持时如果把妾的地位提升为妻则要受到刑律制裁并恢复原先的夫妻关系，大理院反向解释妻如果亡则以妾为妻为法律所不禁止。大理院认可妻亡后妾升为妻，其目的在于尊重结婚的意思自由，从而保护妾的人格利益。

c.家长与妾之间关系的解除

民初，大理院在判例中确认了妾的家属身份。在妾与家长的关系中，

---

① 郭卫：《大理院判决例全书》，上海会文堂书局1932年7月版，第207页。

妾依附于家长。妾摆脱与家长的关系，摆脱人身束缚，对妾而言，就是一种类似于"离婚自由"的权利行使。家长死后，妾能否脱离关系在民初尚有疑问。大理院五年上字第七一号谓："孀妇改嫁，除夫家有祖父母、父母者外，应由母家祖父母、父母主婚，此项条例在妾于家主死后适人者，可自比照援用。"①这意味着家长死后妾的改嫁权，仍应由家主主婚。对妾而言，脱离与家长关系是实现结婚自由的前提。在实践中，妾脱离与家长的关系，经常是因家长侵害妾的人格权益而生。对妾脱离与家长关系权的保护，既是对自由权的保护，更是对妾的身体权、健康权、生命权的保护。

其一，妾与家长关系的解除通常需要有"不得已之事由"。

大理院民国五年上字第八四〇号判例确认家长与妾之关系的解除规则。一，家长与妾的关系的解除不适用离婚规定；二，"不得已之事由"是妾与家长关系解除的法定条件。对于"不得已事由"应如何解读，大理院在解释中更多地从妾的人格保护中加以考量。

大理院在裁决中，不承认妾有单方面脱离与夫的关系的权利，但在妾受妻虐待而夫未加干预时可以片面解除与夫的关系。大理院五年上字第八四〇号判例中肯定了上告人安陈氏与其家长（即被上告人安廷樑）解除关系的请求。其裁判的事实依据在于

"不料过门以来，被上告人毫无感情可言，刘氏尤奇悍无比，种种虐待，不一而足。被上告人坐视刘氏之作恶，绝不为上告人作主……安廷樑娶我时是说娶我为正室，有龙凤大贴为凭，及至我过门后始知他家已先有刘氏等，刘氏凶悍非常，时常骂我打我，后竟将我赶出门外"等语。②

---

① 郭卫：《大理院判决例全书》，上海会文堂书局1932年7月版，第216页。
② 黄源盛：《大理院民事判例辑存（1912—1928）·亲属编》，元照出版有限公司2012年6月版，第94—97页。

大理院据此事实认为妾受妻虐待，而身为家长的安廷樑置之不理，未能行使保护之责，导致妾与家长其他亲属不能和谐相处，因而允许妾单方面摆脱与家长的关系。

统字第一二九八号解释例中对妾的人格利益保护已成为裁判的主要考量依据。该案中：

> 某甲因其妻乙无生育娶丙为妾，未过半年丙不堪忍受妻乙之虐待回娘家居住并生子。某甲向法院起诉，法院判令丙携子归甲。二年后，丙不堪忍受妻乙之虐待携子逃至邻县丁处生活。丁听从丙意，托媒把丙嫁与庚为妻，婚书系丙自主。一年多后甲寻到丙，以拐卖为由向法院起诉，而庚则认为婚姻有效。①

大理院答复安徽高等审判厅云："查依本院民国五年上字第八四〇号判例，家长与妾之关系，不适用夫妻离异之规定。如该家长或该女，能证明有不得已事由者，应准一造片面声明解约。该案中，丙因受甲妻乙长期虐待逃避，而乙并不过问，自可认其家长与妾之关系已解除。丙嫁与庚是否合法，自非甲家所能过问。"②该解释中，对于妾脱离与家长的关系，其所引用的"不得已之事由"，包括了虐待等侵害身体健康权的行为。而在安徽高等审判厅的请示的学理中有对妾人格的两种截然相对的观点：其一指出丙因乙之虐待，一再逃逸，而甲不过问已表达了遗弃的意思，对于丙而言作为弱女子辗转流离，自愿改适，以全生命，酌理衡情，当为法律所许。该观念展现出民初裁判实践中法院对女性生命的尊重；反之，审判厅

---

① 郭卫编著：《民国大理院解释例全文》，吴宏耀、郭恒点校，中国政法大学出版社2014年版，第993页。
② 郭卫编著：《民国大理院解释例全文》，吴宏耀、郭恒点校，中国政法大学出版社2014年版，第993—994页。

请示的另一相对观点则展现出对妾的人格的轻视,认为"类推解释,夫虐待妻,必至重大伤害,始准离异,则凡妻虐待妾,未至最重伤害,其不能离异可知"。妻对妾的伤害如果不能构成重大伤害则不能成为离异的事由,对妾的身体健康的轻视可见一斑。但大理院最终答复的说明中采纳了第一种观点,表明大理院对人格利益的保护已成为一种共识。

其二,家长蔑视妾的贞操人格,勒令其为娼。

大理院七年上字第九四六号判例"夫抑勒妻妾为娼者,依现行律抑勒妻妾于人通奸之条,固得由妻妾请求离异,若妻妾自愿为娼,其夫虽经纵容,并无抑勒情事者,即不得有请求离异之权"[1]。家长勒令妾为娼,蔑视妾的贞操自由,可以作为妾请求脱离关系之事由。

其三,妾被其家长典雇。

妾被其家长典雇,表明家长肆意侵害妾的自由权,为维护妾的人格利益,大理院八年上字第四一一号判例"现行律载'凡将妻妾受财典故与人为妻妾者,处罚,妇女不坐。知而典娶者,各与同罪。并离异'等语,原谓妇女被夫典雇,得据为请求离异之原因,并非一有典雇事实,即当然视为业经离异"[2]。

2. 人身自由权

(1) 民国初年刑事法对人口买卖的规制

1911年初清廷颁行的大清《新刑律》未及施行,清廷便已覆亡。但《新刑律》在民国初年经临时大总统令删除与民国国体相抵触部分后剩余部分继续有效,是整个北洋时期基本的刑事法规范,被称为《暂行新刑律》。

在人口买卖的刑法控制上,《暂行新刑律》废止了《现行刑律》对贩卖人口罪的规定,仿日本刑法,另定略诱及和诱罪,以犯罪手段之强弱与

---

[1] 黄源盛:《大理院民事判例辑存(1912—1928)·亲属编》,元照出版有限公司2012年6月版,第749页。

[2] 郭卫:《大理院判决例全书》,上海会文堂书局1932年7月版,第236—237页。

当事人完全丧失自由意思与否为区别标准，强化了对当事人自由意志的保护。其首先对略诱罪与和诱罪规定了不同的量刑标准，以体现近代刑法犯多大的罪就要承担多大的刑罚的原则；进而鉴于未成年人缺乏自由意志，通过略诱罪强化了对未成年人的保护。最后明确了和诱罪与略诱罪中的控告权的行使主体与行使的限制条件，对现实中的买卖婚姻的存在做出司法的妥协。对于略诱罪侵犯的客体，大理院统字第一三三一号解释指出，"略诱罪之所侵害者，系指被诱人之自由权、夫权及尊亲属之监督权而言"[①]。民律中的自由权成为刑法中保护的民事权益，体现了刑法是法律保护体系中最后一道防线。人格权的保护是民事法保护与刑事法保护的混合体，二者相互配合。

《新刑律》实行近代刑法通行的罪行法定原则，对买卖人口罪名缩小的调整，造成了司法实践中买卖人口案件层出不穷，刑律无以应付，因而有补充条例第九条之规定。同时在法律规范适用上，北洋时期的司法官根据沿用前清法律的大总统令，将清末的《禁革买卖人口条例》作为单行刑法适用，用以弥补《新刑律》对人口买卖犯罪调整行为的不足。民国元年十二月三日大理院针对四川高等审、检厅关于夫因贫卖妻，《新刑律》无规定情况下的定罪问题，答复称：

> 买卖人口，早经前清禁革，该条款自应继续有效。惟于卖妻无专条，只能以不为罪论。至买卖契约，当然无效。如有强迫情形，仍应照《刑律》第三百五十八条处断。[②]

民国二年六月十八日大理院复芜湖地方审判厅函，针对"买卖妇女为娼应否适用前清《现行刑律》买良为娼条例"的问题，答复道：

---

① 郭卫：《大理院判决例全书》，上海会文堂书局1932年7月版，第1017—1018页。
② 郭卫编著：《民国大理院解释例全文》，吴宏耀、郭恒点校，中国政法大学出版社2014年版，第301页。

第二章　清末民初人格权制度之确立

  查娼妓既许营业，则前清现行律买良为娼之特别规定，当然不能适用。《暂行新刑律》虽无专条，然其买卖原因之出于略诱、合诱者，自可适用各本条处断。其合乎《新刑律》第二百八十条者，则适用该条。若与因贫卖子女之条例相符者，亦可适用该条例。要之，买卖人口者，不问是否为娼，在法律上当然不能生效力。至于能构成犯罪与否，则视其有无触犯刑律律文为准。①

北洋时期司法裁判中把前清《禁革买卖人口条例》作为单行刑法继续有效使用，在实践中也不断遭到地方司法机关的质疑。江西高等检察厅曾电称：

  查买卖人口条款中，因贫卖子女者，于略卖子孙处八等罚上减一等，处七等罚，买者处八等罚，身价入官，人口交亲属领回一项，经前宪政编查馆，纂入《现行刑律》。今《现行刑律》既已全部废止，则此项即为废止一部分，在根本上当然无解释适用余地，曾经钩部院往复驳辩在案，似无庸专电请示。惟同级审厅，现又发见适用该条款事实，究竟应何依据？②

大理院在答复此案件时饶有兴趣地在公文中用了带有情绪化的话语，再次重申大理院裁判的权威性，答复称：

  查本院关于买卖人口罪解释，前清《现行刑律》买卖人口条

---

① 郭卫编著：《民国大理院解释例全文》，吴宏耀、郭恒点校，中国政法大学出版社2014年版，第277页。
② 郭卫编著：《民国大理院解释例全文》，吴宏耀、郭恒点校，中国政法大学出版社2014年版，第312页。

> 例为有效，叠次答复各级审、检厅函电，载在公报。又审理上告案件，已屡有判决例，该厅明知顾昧，分电本院及司法部请求解释，实属意存尝试。应请贵厅令行该厅，并通行京外高等以下各级检察厅，嗣后关于解释法律，本院已有判例或已有答复他处函电登载公报者，毋庸再行渎陈，否则概不答复。①

通过该答复，大理院再次重申买卖人口条款应认有效。至审理上告案件，亦应有判例可循。

北洋时期，伴随着《现行刑律补充条例》的颁行，在司法实践中其与曾经作为有效法律规范继续适用的《禁革买卖人口条例》发生了法律冲突。高等检察厅向大理院呈送广西高等检察厅函请示，请求大理院对法律适用进行解释。据广西高等检察厅详称：

> 查大理院关于买卖人口罪，解释前清现行刑律买卖人口各条为有效，并审理上告案件，屡有判例。又大理院统字第七十三号，复四川高等审、检厅电开：查买卖人口早经前清禁革，该条款自应继续有效。至于卖妻无专条，只能以不为罪论，至买卖契约当然无效等语。依此解释，则因贫而卖子女，应适用前清《买卖人口条例》处断。因贫而卖妻，应不为罪。而现颁《暂行新刑律补充条例》第九条规定……依此规定，则无论卖妻卖子女，均难免刑律之制裁。究竟前清《买卖人口条例》及统字第七十三号解释，是否因《刑律补充条例》第九条之颁布，而失效力？此请解释者一。买卖人口，法所必惩，若父母因贫而当子女，双方约定期限取赎，此种行为，既与买卖人口有别，亦不能为略诱和诱罪。但人非至贫，万不至于当子女，既当之后，至期能否赎回，

---

① 郭卫编著：《民国大理院解释例全文》，吴宏耀、郭恒点校，中国政法大学出版社2014年版，第312页。

又当视日后之生计如何。若期满而无力取赎，则被当者永为他人子女，名虽曰当，而实与卖无异。甚至甲以女当乙，乙复当之丙，辗转相当，几不知为何人之女，此种违背人道之行为，尤甚于买卖人口，广西境内，此风尤甚。如遇此类案件发生，是否依照刑律略诱和诱各条处断，抑以律无正条不为罪论？此请解释者二。大理院有统一解释法律之权，理合详情转咨解释，俾资遵循等情。①

大理院答复称：

查《刑律补充条例》业已施行，前清《买卖人口条例》当然失效。关于卖妻及子女均应依该条例第九条处罪。若出当子女，即辗转相当，其以慈善养育之目的，代为收养，应予不论。如若托名为当而为买卖之变相，或为略取之方法者。自得依法科断。②

北洋政府时期，在人口买卖法律规制上法律呈现多元化特点，其基本法是体现轻刑主义特点的《新刑律》。但由于《新刑律》对人口买卖的法律规制定罪范围较《现行刑律》为窄，导致实践中出现了对人口买卖漏罪的问题，因而司法机关另辟蹊径，把前清《禁革买卖人口条例》继续适用，作为《新刑律》人口买卖规制的补充。随着形势的发展，伴随着《现行刑律补充条例》的颁行，《禁革买卖人口条例》相关条款逐渐退出了历史舞台。整体而言，《新刑律》在人口买卖定罪量刑上过于西方化，盲目

---

① 郭卫编著：《民国大理院解释例全文》，吴宏耀、郭恒点校，中国政法大学出版社2014年版，第408页。
② 郭卫编著：《民国大理院解释例全文》，吴宏耀、郭恒点校，中国政法大学出版社2014年版，第408页。

的对日本法律的移植,过多的轻刑主义理想化的价值追求,使得其在规制人口买卖犯罪问题上出现打击不力及漏罪等问题,只好求助于其他刑事法律以弥补不足。

(2) 大理院对人口买卖契约效力的裁判

民国初年,大理院在司法实践中如何认定人口买卖契约的效力有多重法律规范的选择,其既可以选择适用民事法规范,又可选择适用刑事法规范。

其一,《大清民律草案》虽未颁行,但其价值理念已逐渐为社会所接受,在大理院裁判实践中也曾经作为"条理"加以应用。从人口买卖的契约属性来看,民法中有公序良俗条款调整契约效力。《大清民律草案》第一百七十五条规定,"以违公共秩序之事项为标的者,其法律行为无效。理由是,以违公共秩序之事项为标的之法律行为,虽不为犯罪,然有使国民道德日趋卑下之弊,当然使其法律行为无效,此本条所由设也"①。从人格权保护角度来看,以人身作为交易对象的人口买卖侵害了民事主体的人格自由权,该权利为《大清民律草案》第五十条所明确确认。

在以人为标的的买卖契约中,作为权利主体具有独立人格的人,变成了交易对象,与民事立法中人格独立精神完全不符。以人作为交易对象,侵害了人身自由权,从自由权保护角度看,完全可以以此为裁判理由宣告买卖契约的无效。同理,在民初共和政体下,《临时约法》已经确立了全体人民一律平等,人口买卖显然与民初社会公共秩序要求不符,其完全可以用公序良俗条款解决人口买卖合同的效力判断问题。但从大理院司法实践看,其并没有选择运用民法的公序良俗原则或者自由权保护确认人口买卖契约的无效。

其二,刑事法律的选择。

《大清民律草案》未来得及颁行,清廷便已覆亡。民国初年,大清

---

① 黄源盛:《晚清民国民法史料辑注》(第一卷),犁斋社有限公司2014年版,第93页。

《现行刑律》"民事部分"作为主要的民事规范调整着社会的民事关系。"在人口买卖方面,经过《现行刑律》的革新,首先完全否定了'贱民'、'奴婢'等名目的合法性,只要是人,都属于'(准)良民'这个等级,从而间接确认了所有人在人格方面的大致平等。因此,《现行刑律》绝不承认有合法的人口买卖。"①《现行刑律》对人口买卖的革新,与《大清民律草案》对人格的规定有异曲同工之妙。《大清民律草案》对自然人一体享有权利能力的规定,废除了古代法中良民与贱民的身份差别,使得"身体"不再成为买卖对象,在立法上实现了抽象人格的平等。在人格权制度法律规范上,其有"自由权"之规定,并在立法理由中指出为防止自贬、自降其人格而设。遗憾的是,民初的社会现实中因贫困而发生的人口买卖不断,成为大理院司法裁判时的难题。

这一时期,大理院巧妙地运用前清《禁革买卖人口条例》和《现行刑律》,使得人口买卖成为"非法"。刑律规定犯罪与刑罚,以打击犯罪、维护社会秩序为目的,是典型的公法思维。公法的惩罚性规定,如何变成调整买卖契约效力的规范,考验着大理院法官的裁判智慧。从法律选择讲,判定契约的效力规范,"公序良俗"是最好的选择。公共秩序包括政治上的公共秩序与经济上的公共秩序,秩序维护是法律的社会功能之所在。善良风俗,从某种意义上讲,首先是一道德范畴的概念,其与社会的伦理价值观相匹配,随着社会风尚的发展而有所调整,在民初政府官方话语中后来被称为"有伤风化"。考察民初大理院的司法裁判,其已经在适用公序良俗的条款裁判传统的合同纠纷。但在人口买卖契约的裁判中,其并未适用这一规范裁判,原因为何,尚难考证。但在南京国民政府成立后,司法院十八年院字第一四五号中解释"以人身体抵押为娼妓营业"时,则旗帜鲜明地运用公序良俗条款进行解释。

民初大理院在放弃适用《大清民律草案》中的"条理"解决人口买卖

---

① 李启成:《清末民初刑法变革之历史考察—以人口买卖为中心的分析》,载于《北大法律评论》2011年第12卷第1辑。

契约效力后，选择适用刑事法规定解决纠纷。裁判实践中，刑律中打击犯罪的制裁性规定巧妙地转化成了民事契约效力认定规范。从近代民法法理看，民事契约如果违反法律、行政法规的强制性规定时，其契约是无效的。法律、行政法规的强制性规定，是为维护社会的经济秩序、社会秩序，保护公民基本的人身、财产权利等而规定，其或出于维护行政管理的需要，或出于打击犯罪的目的。刑法在近代法律体系中，作为社会法律控制的最后一道"防波堤"，其禁止性规定具有最高的价值，是不容侵犯的。自然，如果违反了刑律中的禁止性规定，其民事契约自无效力可言。从民初大理院选择刑事法律作为调控"人口买卖"契约的法律依据看，其对近代法律体系各部门法之间的关系已相当熟稔，法律适用技术已相当高明。

从民初政治与大理院法官素质看，民初政体已为民主共和政体。经过辛亥革命的洗礼，民主共和的观念已渐入人心，作为受过西式教育的大理院法官来说，其对民主共和理念的认知远超一般国民。民主共和理念下，全体国民皆为人民，在形式上无高低贵贱之分，无论性别、无论职业，都应享有民事主体资格，自不能成为人口买卖交易的对象。民初大理院法官在裁判中对传统法上所谓"贱民"，对其人格关切之心，对其人格受侵害时的司法态度，组建民初人格平等理念、生命、身体权的保护理念已逐渐成为共识。从这一意义上讲，民初大理院对人口买卖的司法态度，是民初社会民主共和政体下的必然选择，其对刑律的适用仅是裁判技术而已。

民初，大理院在审理上告人小红与被上告人张吴氏一案时，无论是上告人的上告意旨，抑或是大理院的判词，都清晰地展现出民初人格平等，对生命、身体权的看重，已成为裁判共识。上告人小红身份为一欲从良之妓女，被上告人张吴氏为其鸨母，民国八年湖北高等审判厅就上告人与被上告人因身份及财产涉讼一案做出判决，上告人对此判决不服，向大理院提起上诉。上诉人在上诉意旨中，条条控诉，都切中人格平等保护、身体生命保护之要害。

上告论旨：（一）查鸨母虐待妓女为社会无可讳之事实，张吴氏凌虐虽无伤害明证，应就附近邻居调访、庶尽职权之能事，乃一问无证遂认属空言，不服一。（二）妓女弃娼从良适合法律人道，然不弃娼从良谁受？女脱吴氏陷阱先弃娼也，寄居旅馆，俟讼了从良也，状诉商人胡荣表示娶女，详呈从良之事实也。原判一谓上告人沦为流娼，再谓上告人仍操旧业，不知何所依据？如借史录事之查报，何以传隆华旅馆之何阿金审讯，绝不同史录事查报之内容，又何以绝不传胡荣质讯，证明上告人从良之事实？是不仅认事错误，尤属有忝职权，不服二。（三）人非买卖物品，则买卖字据无灵，是无论吴氏所持卖字真伪尚须研究，而据勒索身价，妄也！行政官厅之规定自不拘束法院，上告人弃娼从良之请求既不背法律意旨，法院应有裁判之义务，乃判赴向警厅求救，不服三。（四）至上告人私有财物之请求返还，第一审既昧于妓女衣物为自置之通例，原厅附疏于事实之审查，全数不理，而于张吴反诉金饰一节是否为女所私有，抑为吴氏所代置，均未讯及。且吴氏更无代置之证明，遽判交吴氏，不平孰甚，不服四等语。①

从判词看，上告人上告论旨颇为精彩。上告人小红上告论旨第一项从社会常理中推断鸨母对妓女的虐待，其指责原审法院未依职权对上告人受身体伤害的事实取证，属于事实认定不当；第二项则从社会女性人格解放思潮寻找抗辩理由，妓女属社会底层，其弃娼从良符合法律的人道主义精神，有助于社会风气的好转，理应鼓励。本案中，妓女小红为摆脱鸨母约束先主动放弃娼妓职业，暂居旅馆，有商人表示愿意娶之，是其从良之事实。原判决认为其寄居旅馆沦为流娼，仍从事娼妓职业，未认真调查，未

---

① 黄源盛：《大理院民事判例辑存（1912—1928）·总则编》，元照出版有限公司2012年版，第515页。

详细询问旅馆证人核实，属事实认定错误；其三，为本案纠纷之关键，其宣称"人非买卖物品"，人不再为商品交易的对象，与传统伦理相区别，是民初人格观的重大突破。人为民事权利主体，而不是民事行为的客体。据此新的近代人格观认知，当初的买卖字据应为无效，鸨母以所持买卖契约要求巨额赎金为无理要求。上告人弃娼从良，合乎人道，合乎法律意旨，法院应予其准其脱离鸨母束缚，恢复人身自由权，但原审法院却判令其向警察厅救助实为责任推诿，确属判决不当；其四，上告人认为按常理、社会习俗，妓女衣物均为自办，故请求返还其尚留置在鸨母处的衣物属正当之要求，但原审法院对此诉讼请求未予理会实属不当，至于鸨母反诉的金饰判决由鸨母所有，因鸨母无购买之证明文件，当为不当，故应予返还。上告人小红之上告论旨，不知其为自己书写抑或请律师代写，状词中对近代人格理念相当熟悉，对人格平等保护、身体权保护具有充分的理解，不再把人视为交易的对象更为观念之一大革新。状词诉求合乎民初社会进步理念，合乎法律人道精神，堪称人格保护之宣言书。

大理院在审理中，首先面临法律选择的问题。如前所陈述，其选择适用现行律例作为裁判准则。"查现行律例，'私买良家之女为娼者，（中略）子女归宗。'是良家子女有以为娼目的买受者，其买卖契约当然无效。即或原系为娼复行转买为娼者，依民事部分继续有效之禁革买卖人口条例，其契约亦不能认为有效。"①现行律例的规定，从文义解释看，私下买卖良家女子为娼妓，应令子女回归其家族，保护良家女子之利益。其类似于近代民法法理中所言契约被宣告无效时，应双方返还、恢复原状，故现行律例中"子女归宗"属于大理院判词中引申的意旨，买卖良家女子为娼者契约应为无效。大理院在判词中又运用了前清民事部分有效之禁革买卖人口条例，此为沈家本清末修律时保护人格之法律，依据此规则认定原来为娼复行转买为娼者也违反了刑事法的规定应为无效。从法律意旨看，《大清

---

① 黄源盛：《大理院民事判例辑存（1912—1928）·总则编》，元照出版有限公司2012年版，第515页。

现行刑律》的禁止买卖良家女子为娼，在很大程度上是为维护良贱有等的社会秩序而设。但在民初民主共和政体下，大理院在裁判中运用《大清现行刑律》目的绝不是为了所谓的良贱有等的社会秩序，而是用之保护共和政体下民众的平等，确认人是平等的享有权利能力的民事主体，而不是交易的商品、交易的客体。

> 本案上告人提起诉讼，虽以脱离鸨关系、退还私有财物为理由，然被上告人所持抗辩理由，系以上告人为其父母售与被上告人为娼，曾出身价四百元，不能认其脱离关系，并提出字据为凭；核查附卷字据，载明'立杜绝卖断文，契人郑步友、李氏因家道贫寒，将亲生长女凤英（即上告人）售与小陈名下为妓，今因生涯不佳难于抚育，请凭中证转卖与张英名下，（中略）身价洋四百元正'云云。契约内容既明载买卖身价等字句，而被上告人在原审亦经自承不讳，则依前开说明以买卖人身为目的者，其契约在根本上应为无效，原审关于此点并未注意及之，即以上告人主张被上告人虐待为不实，上告人有良可从、尽可向警厅申请救济，法律上见解不免错误，应由本院予以纠正。至上告人请求返还私有财物一节，上告人在事实审既不能提出私有之证明，而金饰等件系被上告人呈案之物，为上告人所领取，原判令其交还尚无不合，此点上告意旨不能谓有理由。[①]

大理院在审理中，直接申明当事人双方纠纷的实质，表面上是上告人小红欲摆脱鸨母人身束缚，而鸨母以手持的当初小红父母签署的买卖契约相抗辩，实质上争议焦点不是买卖契约的真伪，而是买卖契约本身的效力，故适用《大清现行律例》及民事有效之禁革买卖人口条例，宣告当初

---

① 黄源盛：《大理院民事判例辑存（1912—1928）·总则编》，元照出版有限公司2012年版，第515页。

的买卖契约无论真伪都是无效的,从而宣告了上告人小红的人身自由。对于原审法院判决,其明确指出未抓住本案件纠纷解决之关键,法律上适用错误,因而对上告人小红请求脱离与鸨母的关系给予支持。但对于财物归属的争议,大理院遵循近代法理"谁主张谁举证"的规则,认为上告人不能提供衣物由其所有的证明,仅凭社会常识"妓女衣物为自购",不能予以支持。在本案中,大理院判例要旨中明确了特殊主体的人口买卖契约也无效,即使该人口买卖的对象为娼妓。

而大理院在早期关于人口买卖的判决中,其尚"犹抱琵琶半遮面",对法律的适用尚不直接,显示出大理院对人口买卖的法律适用是一渐进的过程。民国五年,上告人章秋得因不服江西高等审判厅就其与被上告人万童氏、万火疆婚姻涉讼一案判决不服,向大理院提起上诉。在案件事实审理部分,大理院查明:

> 上告人于民国四年八月间买娶万大疆之妻(即万童氏之儿媳)杨氏为妻,主张万大疆因贫卖妻,事出情愿,并无逼勒情事,而以婚约上捺有万大疆之指印为证。而万大疆则主张,先上告人叫我卖妻,我不允,后置酒邀我,袖出婚约将我拦入房内锁锢,强促我手画押,我实不愿卖妻,以为否认。两造情词各执,然本院按上告人提出之婚约内载,万大姜(即大疆)今有妻杨氏,因家道极贫,请出凭媒说合,愿将此妻杨氏出卖,卖与章秋得名下为妻,言明实得礼金钱一百六十五千文正,自卖之后桥路各别等语。①

在事实部分,上告人与被上告人在是否用计勒逼卖妻上有很大争议,但在用财买休上事实清楚,婚约内明确记载了因贫请媒卖妻,并有礼金钱

---

① 黄源盛:《大理院民事判例辑存(1912—1928)·债权编》(二),元照出版有限公司2012年版,第872页。

作为书证,事实清楚。在法律适用上,大理院选择适用《大清现行律例》"犯奸、纵容妻妾犯奸"。显然,《大清现行律例》条文之宗旨是维护良贱有等的社会秩序,把贞操视为女性的义务,其条文"若用财买休、卖休,(因而)和(同)娶人妻者,本夫、本妇及买休人,各处十等罚,妇人离异归宗,财礼入官。若买休人与妇人用计逼勒本夫休弃,其夫别无买休之情者,不坐,买休人及本妇,各徒一年,妇人给付本夫,听其离异"[1]。透视该律文,保护夫权、赋予女性贞操义务、维护男女间的伦常等级昭然若现,其律文本身强调对该类犯罪的惩罚,但同时又有相关的处理"妇人离异归宗"。大理院审理后认为"按用财买休、卖休、和娶人妻,原为现行律例所禁止,若其夫别无卖休之意,而买休人用计逼勒本夫休弃者,则尤法所严禁,自难认其买休之契约为有效"[2],其通过对现行律的解读,把刑罚的制裁性手段转化为认定买卖契约效力的规范,实现了法律调整功能的转变。从近代契约法理论看,用刑法的强制性规定来否定买卖契约的效力是合乎法律逻辑的。大理院在事实认定清楚、法律适用明确的基础上判决"其用财买卖即属上告人所不争,则无论上告人有无用计逼勒本夫休弃事情,但即其用财买休而言,按之上开法例之说明,亦断难认其买卖契约之为合法有效。原第一、二审据以驳斥上告人之主张,于法洵无不合,即上告论旨自难谓为有理由"[3]。从判决结果中,看到一个有趣的现象是该案一审、二审判决均认为上告人章秋得买妻合法的诉讼请求不成立,显示民初对人口买卖行为无效在很大程度上已成为法官裁判的共识。大理院关于买卖人口的态度在"七年上字第四二七号:买卖人口为妻妾,现行法令本有禁止明文。则凡以此等禁止事项为标的之契约,依法当然无效。

---

[1] 周伯峰:《"买卖"从可能变成不可能》,载李贵连:《近代法研究》2007年第一辑,第79页。

[2] 黄源盛:《大理院民事判例辑存(1912—1928)·债权编》(二),元照出版有限公司2012年版,第872页。

[3] 黄源盛:《大理院民事判例辑存(1912—1928)·债权编》(二),元照出版有限公司2012年版,第873页。

（《禁革买卖人口条例》）"①中得以重申。

大理院时期的人格平等实践，受到现行法规则和社会物质条件的制约，理想化的人格平等保护未能完全实现。以人口买卖为例，对于现实生活的因贫而卖，大理院只能折衷维持人口买卖的现状，对于买家因此取得的人身权给予保护。大理院七年上字七七六号判决确认了这样一种社会现实。因家庭贫穷子女不能生存的，父母把其交给雇主，签订一定期限的"卖身契"，期限不能超过子女二十五岁，期限届满后，女子如母家无近亲属，其主婚权由主家享有。这是大理院司法裁判对民初社会贫困人口生存的一种无奈妥协，既要考虑人的生存，又确认了一定程度上承认限制人身自由的合法性。从现实看，雇主享有对女子的主婚权，也就享有了财礼的支配权，是一种有客观物质利益诉求的规定。同样对于妇女被夫典雇，虽具有一定的人身买卖的性质，但大理院仍然运用《大清现行刑律》规定调整妇女被夫典雇的后果。民国八年，上告人章钱氏对于民国七年七月二十日浙江高等审判厅就上告人与被上告人章高氏、章建焕等因承继及遗产涉讼一案所为第二审判决声明上告，大理院在事实审理中查明：

> 查阅第一审原卷，上告人于七年三月二十九日状称："建礼（上告人之夫弟，即被承继人）在日，不愿远房承继，故病危之日，遗言情愿将所管现在茔产附食继父功评公名下，既不要何人承继，故现在亦无何人承继。"其与七年七月十七日在原审庭讯时，又称："请求建礼不必立继"各等语，兹在上告审中忽然声称其子南洲业经入继建礼，显未合法。被上告人章高氏由其故夫出典于王□老为妻，限满回家后，仍与其故夫建礼为夫妇如初，既有证人章功清、章乾焕等为之证明（见七年七月十七日原审笔录），上告人乃强指为建礼在日将章高氏出卖，业与章性断绝关

---

① 黄源盛：《大理院民事判例辑存（1912—1928）·债权编》（二），元照出版有限公司2012年版，第881页。

系，殊属误会。被上告人章高氏当起故夫在日既未离异，则建礼死后系属守志之妇，应有立继之权。上告人于起诉当时既一再主张建礼毋庸立继，对于此项继承权利别无争执，则该被上告人章高氏择立建焕之子花老人继建礼，无论是适法，上告人当然无异议之余地。

该事实认定了典雇妻并非完全意味着解除夫妻关系。大理院对现行律条文意旨重新做出诠释，"按现行律载'凡将妻妾受财典雇与人为妻妾者，处罚，妇女不坐。知而典娶者，各与同罪。并离异'等语，细绎律意，原谓妇女被夫典雇，得据为请求离异之原因，并非一有典雇事实，即当然视为离异。"将妻妾受财典雇与人为妻妾，《大清现行律例》为维护夫妻伦常，对夫处罚为刑律制裁，但律文中的"并离异"该如何解释并无明确规定。大理院在该案中为保护孀妇的立继权，对相关律文做出了有利于孀妇的解释，认为妻子享有离异的请求权的权利，并非意味着一有典雇事实即解除夫妻关系。故大理院裁决上告人于起诉当时既一再主张建礼毋庸立继，对于此项继承权利别无争执，则该被上告人章高氏择立建焕之子花老人继建礼，无论是适法，上告人当然无异议之余地。原审撤销第一审原判，将上告人之请求驳回，委无不当，上告意旨各点均不能为有理由。

第四节　清末民初地方审判厅人格权裁判

清末民初是社会法律大变革时期，这一时期虽有《大清民律草案》与民国《民律草案》，但囿于各种原因，其并未实施。这一时期，发挥民事规范作用的主要是"现行律民事有效部分"。如前所述，这一时期，作为最高审判机关的大理院在审理民事案件时，运用《大清民律草案》、民国《民律草案》，抑或近代民法理论作为条理加以适用。甚至在现行律虽有规定，但与社会进步思潮背离时，放弃对现行律现行条款的适用，选择适用民法条例。从另一侧面、民初的司法体系看，作为最高审判机关的大理院的判例对下级法院的裁判有指导意义。

在此背景下，地方司法机构在审理涉及人格权益纠纷时，其对法律如何选择适用，其裁判的逻辑如何，对探讨民法继受在基层法院的实践有现实意义。唯有把大理院的实践和基层法院的实践统筹对比研究，才能全面审视人格权在近代的演变，从而探讨法律继受的规律。

一、物质性人格权实践

我国固有法中，对生命、健康等物质性人格权益的规定主要是通过刑律制裁性规范实现的。唐律中对于侵损人身的行为，一般作为犯罪，不作为民事行为对待，处以刑罚并科以财产刑作为损害赔偿。[①]刑律视角下较少考虑受害人救济，以打击犯罪，维护社会公共秩序为中心。对人身侵害的行为，在封建时代多追究刑事责任，这是很自然的。不过两宋时期已开始注意要求行为人对受害人给付一定的经济赔偿。如《庆元条法事类》即规定："诸伤损于人得罪应赎者，铜入被伤损之家。"[②]赔偿金归属于受害人，而非上交给官府，显示出宋代对人身伤害的处理思路有所改变。这一时期对人身伤害案的处理出现了刑罚制裁和经济赔偿双轨并行的思路。元、明时期，侵害人身，不存在纯粹的民事问题，主要属于刑事，但追究刑事责任的同时，也可能追究诸如给付医药费、征收烧埋银、断付养赡费等形式的民事责任。（1）给付医药费。给付医药费一般适用于过失杀伤人和殴伤人未致死等情况。明律规定："若过失杀、伤人者，各准斗杀、伤罪，依律收赎，给付其家"，该条小注云："依律收赎，给付被杀、被伤之家，以为营葬及医药之资。"[③]过失伤人医药费的给付，需参照斗伤罪之法

[①] 张中秋：《唐代经济民事法律论纲》，法律出版社2002年版，第175页。
[②] 《庆元条法事类》卷73。
[③] 《大明律·刑律·人命·戏杀误杀过失杀伤人》。

定情形并结合收赎例图来计算。至于殴伤人未致死医药费的给付,可根据医治的实际情况确定。明律规定,"凡保辜者,责令犯人医治"①。(2)征收烧埋银。古代社会死者埋葬对于家族而言具有特别的意义,故埋葬花费很高。烧埋银的征收多发生在殴伤人致死的场合,具有补偿死者埋葬费用的法律目的。征收烧埋银的法律规定始见于元律,《元典章》四十二《刑部》卷四:凡误杀、戏杀、谋杀等皆征烧埋银两。明律具体化,《大明律·刑律·人命》规定,"过失杀人,依律收赎,给付被杀之家以为营葬;车马杀伤人致死者,追烧埋银一十两;窝马杀伤人致死者,追征追烧埋银一十两;威迫人致死,追烧埋银一十两"。可见,明代征收烧埋银的数额一般为一十两。但从《大明令》的规定看,烧埋银的征收受刑事责任轻重的影响,刑事责任不至偿命者,征二十两,应偿命者,征一十两。《大明令·刑令》:"凡杀人偿命者,征烧埋银一十两。不偿者,征银二十两。应偿命而赦原者,亦追二十两。同谋下手人,验数均征,给付死者家属。"其立法用意在于通过加重民事责任的追究,对侵害行为进行惩罚,并对受害人家属进行安慰。但《问刑条例·刑律·杀人遇赦及收赎条例》补充规定中对贫者量追一半的规定使这种用意大打折扣。(3)断付养赡费。养赡费包括人命案死者家属的养赡费和殴伤致残疾者的养赡费。断付死者养赡费的法定情形主要有"凡杀一家非死罪三人及支解者,凌迟处死,财产断付死者之家"②,"凡采生拆割人者,凌迟处死,财产断付死者之死"③。

殴伤致笃疾者养赡费的断付情形主要发生在斗殴场合,因斗殴致使"瞎人两目,折人两肢,损人二事以上及因旧患令致笃疾,若断人舌,及损败人阴者,并杖一百,流三千里。仍将犯人财产一半,断付被伤笃疾之人养赡"④。从上所述侵害人身的民事责任的追究情况来看,第一,医药

---

① 《大明律·刑律.斗殴·保辜限期》。
② 《大明律·刑律·人命·杀一家三人》。
③ 《大明律·刑律·人命·采生拆割人》。
④ 《大明律·刑律·斗殴》。

费、烧埋银、养赡费的承担都具有刑事附带民事责任的性质。第二，养赡费的断付与医疗费的给付、烧埋银的征收不同，并无法定数额，而只笼统规定断付犯人财产或财产一半给被害人之家，因而实际断付数额视侵权人的经济状况而定……第三，对于过失杀伤人，往往只追赎银，不再拟罪科刑。这体现了"罚则不科""科则不罚"的传统法律思想，这种情况下的追银，实际上已不再是刑罚，而是民事责任的追究。这种思想发展至清代，则成了律例的明文规定。①清代民间，对于伤害，还规定应赔"服药料"②。

  民初，基层法院在审理中仍部分沿袭固有法的习惯，同时运用近代民法法理进行裁判。直隶高等审判厅民事庭于民国三年（1914年）十月二十四日审理了一起涉及生命权的损害赔偿上诉案。主要案情如下：孙恩元之次子二庆，年甫十岁，在外玩耍，恰巧有电车从其玩耍地经过。二庆好奇，试图抓电车后面铁柱爬上去，结果因未抓稳跌落车下，不幸被后挂小车碾压死亡。该案为电车致人死亡的命案，为刑事案件，故由检察厅查验案件事实后提起公诉。检察厅在公诉中控告电车卖票人从宝善、康少珍及当值司机刘厅海等。地方审判厅接受控告后，对犯罪嫌疑人进行询问，查明被害人二庆死亡主要原因系由其擅自抓爬电车而起。但电车卖票人等亦有不可推卸之责，卖票人等对于该命案的发生具有疏忽大意的过失，其在看见小孩爬车时本应第一时间制止，或见小孩二庆跌落地上时第一时间救援，但因其未预见亦未采取有效措施防止二庆身死，故有不可推卸之刑责，应按律处罚。对于二庆身死，电车公司作为运营方负有不可推卸之责任，故判处其给付抚恤金一百元。电车公司认为抚恤金过高向直隶高等审判厅提起上诉。高等审判厅审理认为："孙二庆之被轧身死，虽由于自己之过失，然该车之司机卖票等人，亦未免太不注意。现该卖票人从宝善等既科以刑罪，照该公司惯例原有抚恤之办法，至谓抚恤费太重，以后遇有

---

① 《大明律·刑律·人命·戏杀误杀过失杀伤人》附例。
② 〔唐〕长孙无忌等：《唐律疏议》，第519页。

第二章 清末民初人格权制度之确立

此等事件颇难办理。查人命至重岂难任其常有？即令以后遇有此事，亦应从优议恤，以重生命而保公安。况此次肇祸原因……则由该车司机人等不注意玩忽职守，致令十龄幼童横遭惨祸。原判着公司负担抚恤金一百元并无过重之嫌。"[1]高等审判厅意见中明确指出孙二庆被轧身死有自己的过错，但司机卖票等人未免太不注意，这一意见明显带有近代民法过错相抵的思想，展现出解决民事纠纷的近代法理意识。对于汽车公司宣称的照原有抚恤之办法赔偿，会导致形成先例难以维持的借口，直隶高等审判厅旗帜鲜明地从生命利益维护角度出发反驳，并要求其以后遇到类似纠纷都要提高抚恤标准。直隶高等审判厅裁判中认为生命利益最为重要，指令汽车公司在抚恤金上必须优厚以保障受害人利益，并且要形成新的抚恤赔偿惯例。对于赔偿数额的确定，其进一步从造成侵权损害的原因里进行分析，认为电车公司承担主要责任。原因在于被害人二庆抓爬电车摔落行为系由电车公司职员供词，但目击证人孙三羊却多次陈述并未见到被害人二庆擅自抓爬电车之行为，故造成死亡的主要原因系电车职员过失行为，其承担较高的抚恤金并无不妥之处。

民初直隶高等审判厅审判的这一起损害赔偿上诉案，从性质上属于侵害生命权纠纷，当然严格地从侵权类型看属于特殊侵权中的雇主替代责任。审判厅在审判中表现出对生命权强烈的保护意愿，有了近代的人格保护意识。在审判逻辑中，既有固有法思维，又有近代民法思维。其遵循传统法中的"法、理、情"，客观审视对生命的抚恤金，考虑社会公理、人情对生命利益的尊重。在具体的断案思路中，其首先贯彻民法条理中对生命权的保护，参考侵害生命权救济条款。在衡量赔偿数额时，其结合具体的雇主责任条款，考察双方当事人对损害发生的原因力大小进而判断双方主观上之过错，其实质上参考了《大清民律草案》第九百五十二条、第九百七十三条关于雇主责任的规定。直隶审判厅在对物质性人格权—生命权

---

[1] 直隶高等审判厅编：《华洋诉讼判决录》，何勤华点校，中国政法大学出版社1997年版，第27—29页。

的保护上，法律选择中没有适用"现行律民事有效部分"，而是适用民法条理断案。因其没有大理院法律创制权，在审理中没有明确说明采用民法条理作为裁判依据，但判词逻辑中《大清民律草案》条文隐现。

民初地方法院在生命权保护实践中，既有对近代民法条理的援用，又受固有法刑律解决纠纷的困扰，此种纠结展现了民初生命权保护的层次。民国七年，山东新泰县法院就一起民事纠纷的处理发生极大争议，向上级法院请示。新泰县知事王文斌呈称："窃有赵乙赴李丙家行窃，被丙瞥见，将乙殴伤；乙羞忿服毒自尽。乙父赵甲报县获案审押，经丙造亲友调处，赵甲得钱私和，禀经县署撤销原案。不料事逾半年，赵甲反悔，竟置私和销案于不顾，控经上级检察厅饬县依法审决。赵甲私和所得之钱，应否追还？"关于已经支付的赔偿金的归属，新泰县法院在审理中有两种不同意见：（一）李丙侵害赵乙生命，应负赔偿埋葬费之义务，依《民律草案》第九百六十八条，赵甲私和所得之钱抵作葬费应免追还。（二）李丙伤害赵乙仅受刑事制裁，于民事上不负何等义务，依《刑律》第三百一十三条并无罚金之规定，则赵甲私和所得之钱应追缴给领。山东省法院认为该县法院所陈请之事，属适用法律争议，向大理院请示。大理院复函道："不法行为人对于被害人或其家属，应就其行为于相当之因果关系范围内，负赔偿损害之责。丙仅将乙殴伤，对于乙或其家属，固应赔偿其疗治费，并给与抚慰费（参照本院判前例，本应以具有不可恢复之情形为限），而于其羞愤自尽，则并无直接因果关系。该项私和之费，如果查明并非正当防卫，系应给与抚慰费用，即于其适当限度内，准其由甲领受，否则应行退还。"①

审理中基层法院法官的司法裁判思路颇值得思考。在该案的法律适用中，针对赔偿金的归属，基层法院第一种思路是适用《民律草案》侵害生命救济条款。基层法院法官裁量直接运用《民律草案》，表明《民律草案》

---

① 大理院统字第787号：《大理院判决例全文》，第684页。

作为审判条理依据已经成为法官内在的裁判路径。相对于清末贵阳审判厅审理名誉纠纷、直隶审判厅审理侵害生命权纠纷，无疑是最大的变化。这从一个侧面反映出大理院在判例要旨中对民律草案作为条理适用，对基层法官裁判起了良好的示范作用。但从其对民律草案条文的选择看，其考虑的是侵害生命承担埋葬费义务；进步性表现在把生命作为私权保护，但仍停留在埋葬费的层次，没有从侵害生命权承担慰抚金的层次考虑问题。司法实践中第二种意见则仍是传统的社会秩序的维护，从打击犯罪角度思考问题。大理院在复函中首先从侵害生命权的构成要件分析，指出加害人应于相当因果关系内承担损害赔偿责任。就本案而言，丙仅将乙殴伤，造成乙的身体伤害，自应仅对受害人或其家属承担医疗费与慰抚费。乙的死亡行为与丙的殴伤行为间不存在因果关系，自不负其责。大理院在复函中，严格忠于法律，对未经调查清楚的事实分情况做出处理，如果不构成正当防卫，则给付慰抚费正当，应于适当限度内由甲受领；若乙的行为构成正当防卫，则其行为不具有违法性，自不应承担损害赔偿责任，慰抚金应予退还。大理院关于此案最终形成解释要旨："因伤害所生之抚慰费用，系属损害赔偿，于适当限度内准其领受。"

二、精神性人格权实践

精神性人格权以名誉权、自由权为代表，其蕴含的精神利益体现着法律对人格尊严的尊重。民初社会观念中自由权日盛，民众的名誉感日增。实践中，伴随着报业的解禁，新闻中侵害名誉事件时有发生。通信业的发达，带来了民众日常交流的频繁，但客观上也带来了通信隐私侵害的可能性。

（一）名誉权保护

1.贵阳地方审判厅审理名誉纠纷

对于清末民初名誉保护的探讨以清末贵阳地方审判厅的一起名誉诉讼为研究视角。贵阳地处西南边陲，但随着报业发展，当时已出现报纸为迎合发行量编造虚假新闻之趋向。其时，主妇白女士仆人蒋斌向贵阳地方审判厅控诉，诉状称黔报刊登对其主妇与张铨狼狈为奸等语，白女士投函黔报请求更正，该报置若罔闻，影响恶劣，导致白女士羞愤难堪，投井自尽，虽侥幸得救，但因痛苦已绝食多日。另外，医官孙镜也控告黔报、商报、公报等报纸污蔑其名誉，报纸刊登有其身为医官用药化胎、下指定膏石等语，虽描写情词有别，刊登位置不一，但全属无理污蔑之词。法院审理查明事实后，首先明确法律适用，指出，查《报律》第十一条载"损害人之名誉之语，报纸不能登载，但专为公益，不涉阴私者，不在此限"。《报律》二十四条载："违第十一条，处该编辑人以二百元以下二十元以上之罚金，遇有前项情形，由被害人告诉乃治其罪。"进而结合案情指出本案侵害的对象是当事人的名誉利益，且不符合免除刑罚的法定事由，"今白女士控黔报一案，医官孙镜控黔报、商报、公报等各一案，均系损害他人名誉，并非专为公益，且所载又俱属虚诬，更无公益之可言。依报律二十四条，该黔报、商报、公报各一案，其污蔑言词各报大致相同，唯情节较白女士稍轻，应即斟酌减排。陈延荣兼充商报编辑人，陈延荣罚银一百，共据罚金二百元。公报系吴作荣编辑人，孙镜控公报馆一案，事同一律，亦拟处吴作荣罚金一百元"①。

该案从纠纷属性看，应属报刊刊登虚伪事实损害自然人名誉。从当时法律体系看，《大清民律草案》关于侵害名誉的救济无疑是最佳的选择，但因该草案未经实施清已覆亡，尚未成为有效的法律；现行律"民事有效部分"对此规定缺失；体现传统管制法色彩的《报律》则成为基层法院最佳选择，其着眼点仍在于对违法犯罪行为的打击，维护社会的公共秩序，缺乏私权的救济。地方审判厅的裁判，对名誉侵权人报馆及编辑人员判处罚金，但对受害人名誉损失则缺乏法律救济，没有按当事人请求进行更正、恢复当事人名誉，更遑论对受害人名誉进行损害赔偿。

---

① 汪庆祺：《各省审判厅判牍》，李启成点校，北京大学出版社2007年版，第236—237页。

民初北洋政府时期，《报律》在民初司法适用的案例广泛，相比较而言，大理院对名誉权的保护则是孤立的个案。大理院法官运用《大清民律草案》条理引领社会对人格权的尊重，保护私权之路任重道远。现实基层法院裁判的主流仍是打击违法犯罪行为的公法裁判思维。

大理院统字第一十九号为"报馆损害他人名誉，虽事后更正，不能阻却犯罪之事实"[①]，《报律》第八条为"报纸登载错误，若本人或关系人请求更正或将公正书、辩驳书请求登载者，应即更正或将更正书、辩驳书照登。更正之义务，系为维持公益起见，令编辑人负特种之义务"，大理院解释认为"第八条所谓错误，不专指损害他人名誉而言，范围极广"。大理院的解释仍带有强烈的公法维护社会秩序色彩，报馆的更正被视为刑法上减轻犯罪后果的补救，较少从名誉侵权责任承担上解读。

2. 上海租界法院审理名誉纠纷

清末民初对于名誉和言论自由的关系，学者多有讨论。"名誉一词之观念，随时代发展而不同，罗马法认为名誉是承认市民享有的一种权利，日耳曼法认为名誉是以人格及社会承认为基础，英国更认为名誉是一种财产，一种人类生存的重要工具，要花许多时间精力和资本才能建立的，若稍有破坏即等于毁损了他人的财产，必须加以赔偿。英美有两句流行的谚语是'知道的人愈多，诽谤的罪愈重'，赔偿愈多，愈表示名誉已经恢复。英国绅士们为了保护自己的名誉，不惜在法庭上为了罚金的多少争得面红耳赤，还表示他们不是为了钱而是为了名誉的完整，其精神是深足效仿的。"[②]这是英国人的名誉观。对于言论自由与名誉的关系，"言论自由应该有相当限制，言论界本身更应有一种自我的道德约束。英国是最老的民主国家，报纸所享的自由和任何公民所享的相同，并不多于或少于每一个国民的自由，我们要争取言论自由先要珍重自己的言论。名誉在今日的观

---

① 郭卫编著：《民国大理院解释例全文》，吴宏耀、郭恒点校，中国政法大学出版社 2014 年版，第 264—265 页。
② 《言论自由与名誉保护》，载于《法律评论（北京）》1948 年第 16 卷第 10 期。

念,是一个人在社会上的一种评价,是有关一个人道德智能伎俩的声誉关系,不容任何人侵犯。有人以为只要登报更正道歉就可卸除罪责,这也不对。根据民国二年大理院解释,事后更正不能阻却犯罪成立,因为读者不一定能够看到事后更正,早已先入为主了,纵有更正,为时已晚,因此,下笔前宜有周到的考虑"①。

英国人的言论自由和名誉观既然明了,我们考察民初上海英租界由英国法官主审的言论自由与名誉侵权案,便更有据可循了。民国初年,在上海英租界审理了两起与名誉有关的纷争。这两起纷争都与言论自由有关,涉及名誉侵害,英租界法院做出了相似的判决。其一为德国人希米脱与《晶报》的名誉纠纷案②;其二为北洋政府与《民国日报》的侮辱诽谤大总统案。

民国初年,在上海会审公廨曾审理了一起涉外名誉权纠纷,引起了时人的注意。该案中原告希米脱为一德国医生,被告为《晶报》,《晶报》时任主编余大雄,因《晶报》设在租界内,故由会审公廨审理,主审法官为英国人。原告希米脱为德国医生,吹嘘自己会"返老还童",为推广诊疗,广邀请名人免费做诊疗。邀请的诊疗对象之一是清末民初尊孔代表康有为。上海医生黄胜白、庞京周知晓此事件后,专门写了《圣殿记》的文章,投稿于《晶报》。其文影射康有为,但康有为对此未加理睬。德国医生希米脱认为,此文章发表后对其医疗业务开展大为不利,构成名誉诽谤,因而在上海英租界法院对《晶报》提起诉讼。因被告《晶报》设在英租界内,因而案件由会审公廨审理。租界法院由英国领事担任主审官、一名中国官员参加会审,判决被告余大雄败诉,赔偿原告希米脱名誉损害一元。此案件判决结果颇为蹊跷,英国法官在认定原告希米脱胜诉的同时,仅给予其一元钱的名誉损害赔偿。从文章报道内容看,希米脱涉嫌医疗虚假宣传,其"吹嘘自己会返老还童术,并说一针就可以恢复你的青春腺,

---

① 《言论自由与名誉保护》,载于《法律评论(北京)》1948年第16卷第10期。
② 案情内容系改编自侯欣一教授的《一元钱名誉官司》一文,原文发表在《深圳特区报》。

凡在性事上颇不能兴的，他可以一针使你生龙活虎，永久不衰"①。既然《晶报》对西米脱疗法报道并无明显虚假侵权之处，自不构成名誉损害。况文章之本意意在影射康有为，当事人尚不在乎，何以能追究《晶报》责任呢？本案法官判决为折衷，判决一元钱的名誉损害赔偿重在象征意义。

民国十八年，上海租界会审公堂又审理了一起侮辱诽谤案。原告为当时北洋政府，被告为《民国日报》，其法人代表为邵力子、总编辑为叶楚伧。当时的《民国日报》报馆设在上海的英租界，是宣传孙中山民主共和思想的进步报纸。1919年9月，《民国日报》发表了一篇名为《安福世系表》的文章，其笔端随处可见对当时北洋段祺瑞政府之嘲讽，用类似家族表形式列出了当时北洋安福系众官僚之间关系。文章发表后，引起了北洋安福系众官僚的强烈不满，指令律师穆安素代表政府及诸多政界高层，向上海英租界法院控诉，控告报纸构成侮辱诽谤大总统及政府官员罪。英租界会审公堂审理该案，主审法官为英国副领事。被告方抗辩称其报纸登载文章属实，在民主共和政体下其刊文为行使言论自由，虽有批评政府政策之话语但不构成侮辱诽谤。被告律师则坚持认为原告侮辱诽谤罪成立，并逐一从侮辱罪构成要件上提出控诉。法庭辩论期间，原告还提出文章刊载内容，会影响政府信誉，阻碍南北和谈。被告代理律师林百架抗辩称南北和谈早已因北洋政府无诚意而终，原告所称属无稽之谈。英租界法院判决"邵力子、叶楚伧各罚款一百元"②为一审终审之裁判。该案较为典型地反映出言论自由与侮辱诽谤罪之区别，从侧面反映出民初社会政治之复杂局势。民初北洋政府虽标榜民主共和，保障"言论自由"之行使，但实质上却压制对政府的舆论批评。政府代理律师宣称报社文章构成侮辱、诽谤，损害官员职业名誉，侧面反映出名誉观的复杂性。文章内容客观反映出北洋安福系政府构成之本质，自不构成侮辱诽谤。英租界法官折衷之下做出对被告之处罚实属情理之中。

---

① 侯欣一：《一元钱的名誉官司》，载《深圳特区报》2012年5月15日。
② 陆茂清：《民国时期轰动全国的侮辱大总统案》，载《档案春秋》2006年第8期。

无论是清末贵阳地方审判厅之报馆损害名誉案，抑或上海英租界的两起报刊涉及名誉纠纷案，虽然发生地域一个为西南边陲，另一为开放之通商口岸；虽然一个为本土的贵阳地方审判厅审理，另一为英租界的会审公堂，但在案件审理思路上，却有惊人的相似，其都从刑事制裁上处理纠纷，而不是从受害人名誉保护上解决问题。其解决纠纷的方式仍是刑事法思维，而非对受害人名誉权的救济。名誉权作为精神性人格权，在清末民初的裁判官视野中并没有充分地作为私权去救济。

（二）自由权保护

自由权内涵丰富，但作为人格权，人身自由、通信自由是其应有之义。民初上海地方审判厅曾审理一起涉及当事人通信自由的案例。案情如下：原告徐宝琮、被告顾树森同为上海新民女校的发起人，女校成立后，原告为校董，被告任校长。当时，原告徐宝琮与该校女教师沈瑶正处于婚恋阶段，书信往来频繁。被告于1912年9月7日、9月8日两次擅自拆开并藏匿二人信件，宣告二人通信行为有伤风化，若二人结婚，将撤销二人校董、教员资格。经过多次纷争，最终，校长宣布取消二人校董、教员资格。原告对此决定不服，先以刑事附带民事赴检察厅告诉，检察厅做出不起诉决定。原告又依《大清民律草案》第九百四十五条、九百四十七条、九百六十一条等规定向上海地方审判厅提起恢复名誉和赔偿损害之诉，被告反诉，上海地方法院在审理中根据《大清民律草案》第九百四十五条、第九百四十六条规定审理[①]，认为不构成侵权，判决诉讼不成立并撤销，讼费由败诉人徐宝琮负担。[②]

该案发生在民国初年，按照当时法律规定，《大清民律草案》在江苏

[①] 当时上海地方审判厅就其理案所适用的各种法律亦曾发表通告"查苏省各审判检察厅已逐渐推广，收受案件，所有应用各项法律，亟宜早示一定办法以免纷歧"，"至民法虽未有完全草案，其已编之前三篇，可以查取采用，其未有草案者，应暂依本省习惯及外国法理为准"。汪庆祺编：《各省审判厅判牍》，李启成点校，北京大学出版社2007年版，第288页。

[②] 原载于《法曹杂志》，1913年第15期，第13—24页，转引自俞江《近代中国民法中的私权理论》，北京大学出版社2003年版，第182—186页。

地区生效。①原告在诉讼请求中主张运用《大清民律草案》第九百四十五条、九百四十七条确认被告构成侵权，从法理上讲是较好的法律选择。根据《大清民律草案》立法理由解释，第九百四十五条中的权利包括"人格权"，第九百四十七条之规定则更为恰当，立法理由中明确了"宣扬他人之书札以加害他人"为违反善良风俗的侵权；原告同时要求适用《大清民律草案》第九百六十一条中侵害名誉权的救济条款保护其权益，不可谓不当。从原告起诉书看，不知其为自己书写抑或请律师代笔，其对《大清民律草案》中人格权侵权条款已相当熟悉，诉讼请求颇为恰当。法院在审理中虽然也适用《大清民律草案》侵权条款第九百四十五条、第九百四十六条，但对法律的选择没有适用与通信自由最相关的第九百四十七条之规定。不知是有意为之，还是确实不知，有意为之可能性更大。实质上，《大清民律草案》第九百四十七条规定，"以背于善良风俗之方法，故意加损害于他人者，视为第九百四十五条之加害人。理由：故意漏泄他人之秘密或宣扬他人之书札以加害他人者，应负赔偿之责，以维持适于善良风俗之国民生活，此本条所由设也"。该条款立法理由说明书中明示了对通信自由的保护，但法院在裁判中对此条款漠视，而是解读第九百四十五条、第九百四十六条。从裁判史看，这本是确立民法上通信自由权，进一步而言是展现法律对个人私生活受尊重权的最佳机会。遗憾的是，法院认为顾树森之行为"非故意或过失"，且为依正当之规约而为之法律行为，法律上尚且保护之，维持之，既不发生侵权问题，亦决不发生赔偿责任。当时《临时约法》规定，"人民有书信秘密之自由"，但宪法中这一权利确认条款亦被忽视。

---

① 《大清民律草案》于 1911 年 11 月 21 日被江苏省临时议会批准通过，民国初年在江苏省有民事法规效力。

第五节　社会思潮与差异化的人格权实践

一、最高法院与地方审判厅保护的差异

梳理民初人格权实践，大理院与基层法院在人格权保护案件的数量、质量上都有很大差异。基层法院在审理生命、身体损害案件时，大都停留在对传统法上的刑罚处理上，对埋葬费等固有法的概念较为熟稔。虽然也在尝试运用近代民法的法理，参考《大清民律草案》相关条文断案，但基本上属于"犹抱琵琶半遮面"、遮遮掩掩的状态，其法理的运用更多地展现在案情的分析上，对于出身旧的法律体系的法曹来说，能够接受近代的人格意识已难能可贵，毋庸苛责。

大理院法官，其出身与专业素养均明显高于下级法院。他们大多接受过法学高等教育，有留洋背景，对西方的民主进步观念接受较多，对近代私权保护理念感同身受。这些因素影响了其人格权方面的裁判。加之大理院法官以余棨昌、姚镇为代表，本身又是民法学家，在地方法院的上诉案中，其有意识地运用民法人格权理论解读，确立私权保护。在大理院审理的生命、身体权、名誉纠纷中，当事人诉讼争议时并无明确的私权意识，仅涉及传统意义上的赔偿问题，但大理院法官在裁判中有意识地运用民法法理确认私权规则，具有引领社会私权意识觉醒与保护的意味。大理院时期对人格利益的保护主要围绕《大清民律草案》的相关规定展开，对《大清民律草案》未规定的人格利益则倾向于暂不保护。"如关于妇女名节，

就不可援引名誉权加以保护。"①其关于妇女贞操观念的评价深受传统法观念的影响。大理院五年上字第一〇四八号判例曰:"许嫁女再许他人已成婚者,依律虽以仍归前夫为原则,然法律为维持家室之和平并妇女之节操计,尚希望其女得以终事后夫,故于律文末段特附以前夫不愿者倍还财礼,女从后夫之规定,律意所在彰然甚明。则审判衙门遇有此项诉讼案件,自应体会法律精意之所在,先就此点尽其指谕之责。"②

二、不同类型人格权保护的差异

梳理民初大理院与地方审判厅人格保护案例,可以看到饶有兴趣的现象。总体而言,这一时期人格权保护案例较少,这与同时期的私权保护案例较少原因类似。正如黄源盛先生对民事权利的梳理,"从实际的情况来看,自民国二年以迄九年(1913—1920),几凡有一判决即有一判例,其中尤以七年至九年,三年间所产生的判例为最多"③。梳理大理院人格权判例,大致如此,人格权几乎均为孤案,名誉权、身体权、生命权案例极少,有两个判例已极为罕见。民国三年身体之损害判例;民国五年与民国六年名誉被侵害判例;民国七年人格关系请求权、生命权判例;民国八年慰抚金判例;民国九年生命权、人格关系请求权判例。造成大理院人格权判例较少的原因绝非偶然,这要考虑大理院上诉审案件的属性与民间诉讼意识。一方面,大理院审理的都是上诉审案件,很多人格纠纷在地方法院审理中已经解决。另一方面,民初的社会仍是小农经济为基础的社会,族长或乡绅在农村社会秩序维护中仍充当主要角色,很多生命权、身体权纠纷在乡村通过民间调解机制早已解决,根本就没有产生诉讼。而司法的被动性导致其无法介入这些纠纷。

---

① 俞江:《近代中国的人格权立法与学术研究》,载张生:《中国法律近代化论集》,中国政法大学出版社2009年版,第56页。
② 黄源盛纂辑:《大理院民事判例辑存》(亲属编),犁斋社2012年版,第479页。
③ 黄源盛:《民初大理院民事审判法源问题再探》,载于李贵连:《近代法研究》2007年第一辑,第16—17页。

人格权划分为物质性人格权与精神性人格权，对考察人格权在清末民初的实践有重要价值。数量不多的大理院关于人格权的判例中，对物质性人格权的生命权、身体权的保护数量相对较多，对身体权保护层次最为深入。考察精神性人格权，如姓名权、名誉权、自由权，判例总体数量较物质性人格权数量更少。具体而言，《大清民律草案》与民国《民律草案》对姓名权都做出了详细的规定，其法条数目及法条内容的深度都很周延，但大理院及基层法院现有资料中并未发现关于姓名权的案例，表明大理院只能针对现有的纠纷去进行法律的调整，民初姓名权仍停留在纸面上，民众缺乏姓名权保护意识。对名誉权而言，大理院仅有两个判例，其一为明确名誉为人格权；其二为界定名誉与名节关系。对于人格权中争议较大的自由权，其与民初社会主流思想对自由的追求相一致，民主革命的成果使得自由成为社会中的一种思潮。民初法院的裁判虽然从某种意义上讲很难有准确的自由权保护案例，但实际上大理院的法官有意识地结合男女平等、人格平等的社会思潮在婚姻亲属案件中贯彻自由权规则，保护结婚自主权。在人口买卖问题上，大理院运用前清《禁革买卖人口条例》等法规，使得人口买卖在法律上成为"不可能"，保护公民的人身自由权。对自由权的维护，实质上是民初人格权制度实施的重心所在，其在结婚自由、人口买卖问题上的"进"与"退"正显示出民初人格权保障的困境。

反观地方审判厅的人格权实践，对物质性人格权与精神性人格权的保护的差异性更为明显。地方审判厅对生命、身体权益的保护从民法条理出发，结合社会公理大多能做出正当的判决，虽未能言生命权、身体权保护主旨，但亦能表达对生命、身体人格权益保护之意。对于名誉权，其在审理中大多遵循《报律》中的刑事制裁性条款，缺少对名誉作为私权的救济理念。对于自由权，其审理更为罕见，作为通商口岸的上海审判厅曾机缘巧合地审理了一起侵害通信自由权的案例，审判厅在审理时虽然适用《大清民律草案》断案，但否决了当事人的通信自由权。

清末民初物质性人格权与精神性人格权保护的差异性，绝非偶然，其有着深厚的社会动因,与社会的经济、政治、民众心理等都有密切关系,综合性因素决定了这一现象的产生。清末民初人格权保护案件从整体上看,数量较少,对其成因应考虑到民众的人格权保护意识。司法权救济是一种被动的权利救济方式,其诉讼必须因当事人私权意识发达、人格权观念深入人心、对侵害人格权益的行为主动提起诉讼而起。民众缺乏人格权保护意识、民众权利观念不强烈、大部分纠纷在邻里受乡邻调解解决也是这一时期人格权案件数量较少的客观原因。

三、社会思潮与人格权保护

民初社会变革所引发的积极进步的社会思潮促进了人格权的变化,对于男女人格平等、女性的人格权保护水平的提升有重要意义。民初大理院人格权实践中对女性婚姻自主权的保护便深受这一思潮之影响。

清末民初,女性解放、追求人格独立的思潮历经维新时期、辛亥革命时期、五四时期三个阶段。清末维新变法时期,以康有为、谭嗣同为代表的维新人士对夫为妻纲、男尊女卑的传统伦理进行了深刻的抨击。康有为说:"人者,天所生也,有身体即有其权利,侵权者谓之侵天权,让权者谓之失天职,男与女虽异形,其为天民而共受天权一也。"[1]其反对传统宗法伦理下的包办婚姻,指出"夫妻为终身之好,其道至难,少有不合,即终身之憾,无可改悔。父母别极爱子女,然形质既殊,则爱恶亦异,故往往有父母所好而为子女所恶者,父母所恶而为子女所好者……万不可强制同"[2]。在婚姻问题上反对父母主婚权,指出"婚姻皆听女子自由,自行择配,不须父母尊亲代为择婿"[3]。在夫妻关系上,其主张妻子的独立人格,"法律上应许女子为独立人之资格,所有从夫限禁,悉为删除"[4]。谭

---

[1] 康有为:《大同书》,古籍出版社1956年版,第126—127页。
[2] 康有为:《大同书》,古籍出版社1956年版,第136页。
[3] 康有为:《大同书》,古籍出版社1956年版,第162页。
[4] 《民国丛书·大同书》,中华书局1935年版,第193页。

嗣同强烈反对夫为妻纲，指出"男女同为天地之菁英，同游无量之盛德大业，平等相均"①。在婚姻问题上，其主张双方自愿，不应"强合渺不相闻之人，絷之终身，以为夫妇"②。维新变法，由于时间仓促很快便失败，主要作用是启迪社会思想解放之风气，对社会制度层面的变革未能产生实质影响。

继维新派之后的资产阶级革命派则高举自由、民主、博爱之旗帜，积极追求女性之人格解放与婚姻自主。影响较大的是金一，其在《女界钟》中明确提出了妇女应享有的基本权利，即"入学、交友、营业、掌握财产、出入自由、婚姻自由"③。资产阶级革命派邹容也提出男女人格平等、无贵贱之分。

五四新文化运动时期，以陈独秀、李大钊为代表的知识分子，以《新青年》为主阵地，积极抨击传统的"夫为妻纲"，倡导女性解放，号召女性"各奋斗以此脱离此附属品之地位，以恢复独立自主之人格"④。对于寡妇再嫁问题，认为完全是"一个个人问题"，要按本人的意愿去办，万不能"为了褒奖条例，为了贞节牌坊"⑤。

---

① 谭嗣同："仁学"，载《谭嗣同全集》（增订本下册），中华书局1981年版，第304页。
② 谭嗣同："仁学"，载《谭嗣同全集》（增订本下册），中华书局1981年版，第349页。
③ 金一著，陈燕编校：《女界钟》，上海古籍出版社2003年版，第50—52页。
④ 陈独秀：《一九一六年》，载《新青年》第1卷第5号。
⑤ 中国妇联：五四时期妇女问题文选，三联书店出版社1981年版，第44页。

第三章
南京国民政府时期人格权立法、司法
（1927—1949年）

第一节 南京国民政府时期人格权立法

1927年南京国民政府成立后，面临新的政治、经济与社会文化意识的挑战。"全国性的中央政府实际上早已不复存在。政治权力久已落入地方军阀之手，他们同样也是常常不关心民众的福利，只求依靠军事实力来增强个人的财富和权力。道德社会的意识——既有关文化和社会生活的价值观和适当关系的广泛而深入的共识，它对传统中国的稳定曾做出过重大贡献——已经崩溃，取而代之的是混乱和争斗。甚至传统政治制度的经济基础也已遭侵蚀。"[①]这一时期，传统的小农经济遭到侵蚀，但社会的经济结构仍未有根本的改变。传统法中的"人伦"虽遭遇近代进步思潮的强烈冲击，但仍以新的形式在社会中存在。国民党政权在这一时期，以政党主导的形式，加快了民事立法的节奏。这一时期的立法体现出较强的政党主导性，表现为国民党党纲成为立法的指导思想，立法原则由国民党中央政治

---

① ［美］费正清、费维恺：《剑桥中华民国史》（1912—1949年）（下卷），中国社会科学出版社1994年版，第117页。

会议讨论通过。

在此背景下，南京国民政府时期对人格权制度的立法保护，呈现出阶段性特点。民国民法典颁行前，伴随着国民大革命形势的发展，国民党的党纲越来越重视男女人格平等保护，从而使党纲政策逐渐法律化；民国民法典制定后，人格权制度在近代正式成为生效实施的法律，从而推动了人格保护的发展。

一、民国民法典颁行前的人格保护立法

近代史上，国民党自成立伊始党纲不断发展变化，最初的三民主义纲领中对男女平权的保护力度较低，南京临时政府成立后男女平权由于守旧派的阻挠未能在《临时约法》中规定。伴随着国共合作的推动，国民党党纲发生了重大变化。

伴随着国共合作、国民大革命形势的不断变化，国民党党纲在人格保护问题上，逐步向男女平等的政策目标迈进。一九二四年四月，国民党第一次全国代表大会召开，会议通过的宣言调整了国民党的国内政策，"对内政策第十二条：于法律上、经济上、教育上、社会上确认男女平等之原则，助进女权之发展"[①]。这是国民党第一次明确把男女平等作为其奋斗目标。在随后的国民党第二次全国代表大会上，专门讨论妇女保护问题的《妇女运动决议案》通过。该决议案将国民党党纲中关于妇女问题的对内政策正式上升为法律原则，明确"（一）制定男女平等的法律；（二）从严禁止买卖人口；（三）根据结婚、离婚绝对自由的原则，制定婚姻法；（四）保护被压迫而逃婚的妇女"[②]。《妇女运动决议案》所涉内容涵盖整个民事法律体系中对女性权利保护，为以后的民事立法、司法明确了司法准则。

《妇女运动决议案》不仅是国民党未来民事立法的准则，更是现实裁

---

① 张生：《中国近代民法法典化研究》，中国政法大学出版社2004年版，第200页。
② 张生：《中国近代民法法典化研究》，中国政法大学出版社2004年版，第200页。

判的依据。一九二六年七月,《审判妇女诉讼案件应根据妇女运动决议案之原则令》由国民党司法行政委员会正式发布,明确男女平等原则应为裁判依据。《妇女运动决议案》对民国时期政府的司法实践产生了积极的影响,在实践中作为裁判的原则而为法院所适用。民国十七年,国民党司法部在答复福建高等法院的请示中运用《妇女运动决议案》规定的原则答复,指出:

"结婚离婚绝对自由"经第二次全国代表大会妇女运动决议有案并由司法行政委员会通令:在未制定新法规以前,关于妇女诉讼案件自应依照该法律方面之原则而为裁判……该孀妇如因再醮(再婚的意思)诉讼自可依照结婚自由原则为之判决以符妇女运动决议案精神。[①]

民国南京政府时期,妾在民间是作为习惯而存在,其权利应如何保护成为司法实践的一大难题。最高法院在答复浙江高等法院的请示中同样运用《妇女运动决议案》进行解释。浙江高等法院请示依照妇女运动决议案由女招夫而生之子究属父姓抑或属母姓由不同学说应如何处理,最高法院处理请示时从其与立法的分工出发拒绝做出解释。但对于妾的地位,最高法院答复"妾之制度在现行律民事部分并无明文废止,则依契约已成立之妾虽不能与妻享受法律上同等之权利,但在限定范围以内仍应认其得以享受"[②],再次重申了妾的权利保护。

二、民国民法典中的人格保护立法

(一)民国民法典的编纂进程

南京国民政府建立后,自由、平等、博爱的三民主义的立法精神作为

---

① 《司法公报》第2号,第15页。
② 《司法公报》第三期,第94—95页。

立法原则,在一系列的民事立法中得以实践。在立法过程中,社会各界进行了广泛的立法参与工作,特别是妇女界的参与有力地推动了立法中对男女人格平等的关切。

南京各界妇女联合大会主席团陈逸云等呈为提案三条(一)请令司法部拟草法律须实行党纲第十二条(二)请废除多妻制(三)请废除蓄婢制[①],南京国民政府秘书处对这三项提案按情况分别处理,禁止蓄婢于民国十一年二月二十四日也有明文规定,按照法律继承无须再做重申;该会一二两条提案已交本部编订法典委员会分别审定,列入法典讨论议题。

南京国民政府成立后,国民党作为执政党全力推动民法典各编的编纂工作,重要的立法原则都由国民党中央政治会议决议讨论通过,从而在最大程度上保障了三民主义理念在立法中的贯彻。一九二八年七月,国民政府颁发《改良婚姻制度令》,倡导废除买卖婚姻、纳妾制度,以改变女子"婚姻中的商品"之地位。一九二八年十月,民法亲属、继承两编起草完成,附具立法说明,呈送南京国民政府审议。亲属法草案立法原则较民国《民律草案》,在人格平等上有重大变化,其坚持男女平等原则,增进种族健康原则以提升国民素质,执行奖励亲属互助而去其依赖性原则以建立新型的亲属关系,该草案原则对后续立法有重大影响。一九二九年四月,开始起草《民法总则编》,同年十月十日开始施行。一九三〇年,国民党中央政治会议议决"亲属法立法原则""继承法立法原则"各九点,并交立法院起草委员会依据此原则起草法律条文。一九三〇年通过民法亲属编、民法继承编两编均定于一九三〇年五月五日施行。

《中华民国民法》的起草,借鉴当时世界最先进立法之经验,"采德国

---

① 《司法公报》第 2 号,第 29—30 页。

第三章　南京国民政府时期人格权立法、司法（1927—1949 年）

立法例者，十之六七，瑞士立法例者，十之三四，而法、日、苏联之成规，亦尝撷取一二，集现代各国民法之精英，而弃其糟粕，诚巨制也"①。曾担任国民党顾问的美国社会法学派代表庞德对国民党的法典编纂给予较高的评价，"我盛赞国民政府时期的新法典的管理"，"以后中国的法律不必再追求外国的新学理，中国的法律已经极为完美，以后的职责是阐发其精义，而形成中国的法律"。但从法律实践效果来看，民国法律在立法中关于追求最新之法理未必合适，西方最先进的法理并不必然是适合国情的最合适的选择，"惟欲法制之推行尽利，必须适应国民之要求，然后始能博取大众之信仰，实属不易之理"②。法律只有适应民众的需求，才能获得大众的认可，进而顺利实施。

南京国民政府建立后，国民党以政党名义全面参与民法典编纂，力图实现三民主义的法律化，法典各编的立法原则都先由国民党中央政治会议讨论通过。这种模式下的立法，在一定程度上贯彻了三民主义的立法原则。以民法典总则编人格权部分为例，同样受三民主义之民权思想之影响，"我国外承德瑞民法之余绪，内应三民主义建国之运会。虽三民主义中之民权主义，孙中山先生，仅列举公法中之选举权、罢免权、创制权、复决权等四权。而对于私法中之人格权，未暇言及。然就民权二字之意义诠释之，人格权当然应解为包括在内。选举权等诸种公民权，在宪法中，应受保护；则人之生命权、身体权、名誉权、贞操权、自由权、肖像权、信用权等，即私法上之民权。除应受公法之保护外。私法上更应加以最严密之规定，自不待言。我民法仿德瑞民法先例，对于人格权，详为规定，使民权主义与民法治为一烛，固足引以自豪"。民权思想，保障国民平等的私权，对于促进国民以权利主体心态参与国家治理有着重要现实意义。

（二）民法社会化思潮下的民事立法

19 世纪末 20 世纪初，西方由自由资本主义向垄断资本主义过渡，私

---

① 梅仲协：《民法要义》，"初版序"，中国政法大学出版社 1998 年版。
② 汪楫宝：《民国司法志》，商务印书馆 2013 年版，第 21 页。

法的社会化趋势日趋明显，西方民法出现了社会本位的立法思潮。自民国《民律草案》编纂时，立法者就有意迎合社会化思潮改造法律。当时的《中华民国民法典》在立法时果断地吸收了西方近代民法的这一新潮流，正如史尚宽在论述《民法》的立法基础上谈到："故现今立法既不宜立足于家族制度，尤不宜袭取个人主义之糟粕，而应以全民族之利益为基础，注意农工业并进之民族经济关系……而为全民本位之立法矣。"[①]民国民法典在制定时，有意识地采用了社会本位的立法原则，意与中国传统的"家族本位"思想相结合。

人格权立法作为民法的一部分，其也受"社会化思潮"立法的影响。民法总则编立法中人格权社会化的主要体现是"权利行使的限制条款"，这一条款要求人格权实践中要为社会公共秩序考虑，尽到必要的容忍义务，容忍轻微的侵权行为。

社会本位的立法思潮影响了民法典的编纂，但并未取代近代民法的基本原则，其在某种程度上是基于社会公共利益对近代自由思潮的修正，但未否认自由原则的法律地位。自由原则在立法中表现为"一般自由之保护（民法十六条十七条）。即保护人人之自由，精神上及经济上之自由，皆在保护之列。人格权及姓名之保护（民法十八条十九条）"[②]。其在人格权内容的规定上以私权的确认为视角，明确把自由权作为具体人格权规定，自由既包括身体自由，也包括意思自由。自由原则在亲属法领域首先体现为结婚自由，进而推进到订婚自由、离婚自由。

（三）总则编人格权立法

《中华民国民法》在立法技术上取当时各国立法之所长，"若干部分模仿德国法典，其他部分采纳瑞士法的规定。因为历次草案内容曾将若干德瑞制度生吞活剥地纳入中国法典，终于在起草正式条文时，被立法者摈弃或修改。此外，法国法典的数种良好制度而为德瑞法所无者，我国立法者

---

① 史尚宽：《民法总论》，中国政法大学出版社2000年版，第66页。
② 谢振民编著：《中华民国立法史》（下册），中国政法大学出版社2000年版，第70页。

第三章 南京国民政府时期人格权立法、司法（1927—1949年）

亦予以采纳"①。在比较各国立法同时有选择地予以取舍，确立本国立法特质。就人格权内容的结构安排上，立法者有意识地向当时最新的瑞士、土耳其、暹罗立法学习，在法条比较的基础上制定自己的人格权规范。据表2所列各国人格权条款，可见当时国民政府的人格权立法，既学习欧陆国家民事立法最具代表性的德国法、瑞士法，同时又借鉴新兴民族国家土耳其、暹罗的民事立法，这表明立法者兼收并蓄的立法思路。近代法学家吴经熊在比较民国民法与欧陆各国的基础上，指出现行民法的大部分条款都是继受德意志民法、瑞士民法，这种继受或是直接照抄或是略有改动，较少考虑本国固有习惯。人格权制度作为在当时与中国本土传统文化背离的价值理念，其"照抄誊录"抑或"改头换面"，也在情理之中，无须过分苛责。但历经民国初年大理院的人格权司法实践，中国的人格权制度有了一些新的内涵，立法中有了新的理解。如同俞江所言："观察《大清民律草案》、民国《民律草案》和《民国民法典》这三个20世纪前半期的民法典文献，其中所确立的人格权制度是一脉相承而又有所区别的。将这三个文本中所确立人格权制度理解为抄袭国外民法典，是一种误解。"②

表2 《中华民国民法》总则人格权内容及条款与大陆法系典型国家相关条款比较

人格权部分内容及条款	《中华民国民法》	瑞士债务法（1911年）	暹罗民法	土耳其民法	德国民法典（1900年）
身分、能力条款	第十六条	第二十七条第一款			
自由权	第十七条	第二十七条第二款			

---

① 冉宗柴：《中国民法与德瑞民法之比较观》，载《震旦法律经济杂志》1947年第3卷第9期，第116页。

② 俞江：《近代中国的人格权立法与学术研究》，载张生：《中国法律近代化论集》，中国政法大学出版社2009年版，第84页。

续表

人格权部分内容及条款	《中华民国民法》	瑞士债务法（1911年）	暹罗民法	土耳其民法	德国民法典（1900年）
人格关系	第十八条	第二十八条		第二十四条	
姓名权	第十九条	第二十九条	第四十二条	第二十五条	第十二条

民国民法典在人格权立法中，主要继受的是德国民法典的立法模式，对人格权采取伦理人格的认识，但其伦理人格完全区别于传统法中的宗法伦理人格，而是一种近代民法意义上的人格。由于采取伦理人格，具体人格权种类未给予法定化，导致对具体人格权内容学者意见不一。是否具体人格权只有姓名权一种，学者意见纷纭。有很多学者认为生命权、身体权、自由权为民法所确认，如学者龙显铭认为生命权、身体权、自由权已成为法律上保障的利益，是具体的人格权，其未在总则自然人主体中规定仅是立法技术处理的问题。

民国民法在人格权制度的立法模式上，与《大清民律草案》、民国《民律草案》相比，对人格权的规定既有继承又有创新。在人格权保护体例上，继续沿用总则编和债权编相结合的方式保护人格权，总则编中规定人格权内涵与人格权保护请求权，债权编通过侵权损害赔偿之债确认人格权保护规则。

总则编中，沿袭民国《民律草案》模式，把人格权置于总则"自然人"一节中，强调人格权为专属于民事主体的权利，对人格权的保护条款总则中有四款。

关于人格权的架构，当代学者王泽鉴先生认为，"我国台湾地区民法的三条规定，构成人格保护的规范架构：1.民法第六条规定的权利能力；2.民法第十七条规定的自由不得抛弃。3.民法第十八条规定的人格权"[①]。

---

① 王泽鉴：《人格权法》，北京大学出版社2012年版，第41页。

第三章 南京国民政府时期人格权立法、司法（1927—1949年）

前两条为内在的人格保护，发挥人格保护的基石作用，而第十八条则是人格保护的权利化，属于外在的人格保护。

第十六条规定"权利能力及行为能力不得抛弃"。能力不得抛弃条款，自民国《民律草案》首次规定以来，已成为多数民国学者的共识。第十七条规定"自由不得抛弃。自由之限制，以不背于公共秩序或善良风俗者为限"。这一条款自《大清民律草案》首次确立后一直在民法典中存在，按前述《大清民律草案》立法理由的解释，认为这一条款属于对自由权的规定。其包含两层含义：其一，禁止自然人抛弃自由，以免损害其人格；其二，自由权是一种人格权，侵害自由权应承担相应的民事责任。自由权在特殊情况下可以给予一定限制，但限制不得违反公共秩序或善良风俗。自由权作为一种内涵较为广泛的精神性人格权，结婚自由是其内涵的核心部分，伴随着民国时期男女平权运动的推动及民国政府男女平等立法，结婚自由在民法亲属编中得以落实。

第十八条是关于人格保护的权利化条款，其规定了人格权受到侵害时的诉权及救济方式。从法律继受看，其源于瑞士民法规定。该条款作为瑞士民法人格保护的一般条款（瑞士民法第二十八条规定），明确规定人格权作为法律保护的对象。自清末《大清民律草案》引入以来一直被立法所继受。其在民国时期争议焦点在于如何认定人格权受侵害。1982年台湾地区"民法"修正案中关于第十八条增加"有受侵害之虞时，得请求防止之"[1]，其理由为适应人格尊严维护的需要，对于未来发生的侵害，应赋予妨害预防请求权。这一思路在民国《民律草案》姓名权保护条款中曾有体现。

民国民法对姓名权规定给予相当的重视，把其与男女平等的立法原则相联系。民国民法在起草时，明确立法原则由中央政治会议决定。在总则编制定时，中央政治会议第一六八次会议决议通过了立法原则十九条，其

---

[1] 黄源盛：《晚清民国民法史料辑注》（四），梨斋社2014年版，第1253页。

中包括:"……8.姓名权受侵害者,被害人得请求法院禁止之……16.享受权利之能力不得放弃……"①当时立法机关对姓名权的财产权属性虽有疑问但普遍认为姓名权保护已为近代国家之通行做法。民国南京政府中央政治会议最终通过了"《民法亲属》《继承编》立法原则",关于夫妻及子女姓氏问题曾专门从男女平等及操作性上专门阐述,其指出"第六项办法(即妻冠夫姓,子女从父姓),妻得保存本姓,而夫亦不易其姓,在实际上似较为易行"②。其在比较各种姓氏立法模式后,指出过于在姓氏上纠结如何体现男女平等不是最佳的选择,关注男女平等理念如何在经济、政治、私权上得以贯彻才是最现实的问题。姓氏选择问题,"惟当于可能范围内,企合于平等之旨而已"③。

民法第十九条是关于姓名权救济方法的规定,是继受《德国民法》第十二条规定的具体人格权,同时与《瑞士民法》第二十九条条款极为类似。其关于姓名权的救济条款相比,《大清民律草案》、民国《民律草案》颇为简约,在立法技术上存在较大问题。与民国《民律草案》第十九条规定相同,但没有规定防止侵害请求权和损害担保请求权。民国民法典在姓名权保护上,防止侵害请求权的缺失,不利于对侵害姓名权行为的预防。在我国台湾地区民法修正案里结合人格权保护条款的修正得到完善。我国台湾地区现行民法(1982年)修正时在第十八条增加了"防止侵害请求权"。姓名权作为一种具体人格权,自然也适用于"防止侵害请求权"的法律救济,从条款沿革来说,这属于民国《民律草案》姓名权保护中"防止侵害请求权"的意旨的回归。姓名权受侵害时采用与侵害人格权相同的救济方法,从另一侧面佐证了姓名权的人格权属性。

姓名权在民国立法体例中与人格保护的一般条款并列,在侵权条款中并未列入与生命权、健康权等并列的侵权对象,如何看待姓名权的权利属

---

① 谢振民:《中华民国立法史》(下册),中国政法大学出版社2000年版,第754页。
② 谢振民:《中华民国立法史》(下册),中国政法大学出版社2000年版,第780页。
③ 谢振民:《中华民国立法史》(下册),中国政法大学出版社2000年版,第780页。

性，如何看待立法技术的处理，当时的学者间有很大争议。关于姓名权立法技术处理问题，有学者认为民国民法规定合理。如学者黄右昌主张"惟姓名权系人格权之一种，前条已就人格权受侵害之保护方法，与本条为同样之规定。本条何以重为规定？盖因（一）前条之损害赔偿请求权，以法律有特别规定者为限，而民法第一百九十二条至第一百九十五条各规定，未涉及姓名权受侵害之损害赔偿。（二）前条之受害人，只得请求法院除去其侵害，而请求损害赔偿，则须有法律之特别规定。此其所以有本条之特别规定者也"[1]。也有学者对民国民法关于姓名权的规定提出批评，如胡长清认为"惟我民法既于第十八条设有保护人格权之规定，而于第十九条又复规定姓名权之保护，实有重复之嫌。或谓瑞民及土民（指土耳其民法）亦系就此二者分别规定，我民法从之，似无不当。不知瑞民及土民所定之保护方法不同，故须分别规定之也。至我民法独于总则就姓名权规定其得构成侵权行为以发生损害赔偿请求权，有谓系因债编内一般侵权行为无规定者。此说系误解民法第一百八十四条第一项前项所谓权利，系专指财产权而言，有以致之，其无不当，无待深论"[2]。由此见解出发，胡长清认为姓名权的保护方法应在一般人格权之内，不需要做出特别规定。从我国台湾地区"民法"修正案看，人格权保护请求权与姓名权条款缺一不可。

民国民法典债权编中通过侵权损害赔偿之债从反面保护人格权益。其内容主要涉及民法第一百八十四条、一百九十二条、一百九十三条、一百九十四条、一百九十五条之规定。对于民法第一百八十四条的设计，由于其源于德国民法，在学者理解上存在较大的歧义。有学者认为："《中华民国民法》第一百八十四条之设计，主要依据德国民法，但其关于'权利'之规定，却与法、日民法，瑞士债务法一样，采概括主义，然德国民

---

[1] 黄右昌：《民法诠解·总则编》，商务印书馆1947年3月沪第3版，第155页。
[2] 胡长清：《中国民法总论》，中国政法大学出版社1997年版，第87页注1。

法仅采例示主义。这势必导致'权利'一词在理解上出现分歧。"①民国民法在债权编中沿袭《大清民律草案》与民国《民律草案》，对人格权益通过侵权行为的方式保护，民法第一百八十四条第一项为民事权利保护的弹性条款。至于权利之范围，民国学者胡长清认为包括财产权、人格权两种，"而人格权，包括生命权、身体权、健康权、名誉权、信用权、自由权、贞操权、姓名权、肖像权"②。民国学者戴修瓒则对人格权的范围持狭义的法定说，认为仅包括民法中规定的姓名权、身体权、健康权、生命权、名誉权、自由权等。当代学者王泽鉴则认为，"此所称权利，指一切私权，包括人格权，体系上属'民法'第十八条第二项所称法律有特别规定，从而凡人格权被他人不法侵害者，均得依此规定，请求损害赔偿"③。这一解读与《大清民律草案》第九百四十五条中立法理由的说明一脉相承。《民国民法典》第一百八十四条规定中"故意以背于善良风俗方法加损害于他人"实质上与《大清民律草案》第九百四十七条规定类似，但后者在立法理由列举了侵害善良风俗的类型，"故意漏泄他人之秘密或宣扬他人之书札以加害他人者"实质上体现"个人私生活受尊重权"。民国民法并无这方面的解读，表明民国民法立法者完全继受德国民法模式，对这一人格权缺乏必要的关注。

民法第一百九十五条规定了侵害人格权损害赔偿之方法与范围，该条规定相比较民国《民律草案》的规定，有两大突破：其一，通过侵权行为的方式，明确了具体人格权的权利类型，包括身体权、健康权、名誉权、自由权，相比前两部民律草案，在具体人格权保护类型上增加了健康权，为一大突破；其二，在侵害人格权请求慰抚金的规定上采取列举方式，明确了行使慰抚金请求权的权利范围，限于身体、健康、名誉、自由。慰抚

---

① 蔡晓荣：《中国近代侵权行为法学的理论谱系：知识立场的回顾与梳理》，载《法制与社会发展》2013年第1期。
② 胡长清：《中国民法债编总论》，商务印书馆1935年第2版，第127—133页。
③ 王泽鉴：《人格权法》，北京大学出版社2013年版，第5页。

金请求权采用列举方式，客观上有助于司法实践中的适用。但慰抚金适用对象的限定化，不适合人格权益未来不断发展的新趋势。我国台湾地区"民法"后来对民法一百九十五条的规定进行修改，在慰抚金的适用对象上采概括原则，以应对人格权益未来扩展的趋势。台湾"民法"第一百九十五条修正案在人格权保护范围上增加了信用、隐私、贞操等具体人格权益，并采用弹性条款为未来需要保护的人格权益预留空间。其采用具体加概括的方法实现人格权益的保护，对概括的人格权益施加限制，限定为不法侵害且情节重大。这种立法模式既扩大了人格权益的保护范围，又防止私权的滥用。民国时期人格权学说中建议立法保护的人格权成为社会保护的现实，表明人格权权益范围不断扩大的趋势。

（四）民法亲属、继承编中的人格保护立法

民国民法编中的人格制度不仅体现在总则和债权编的规定中，而且在亲属、继承编中根据平等、自由、博爱的立法精神加以贯彻，从而构建全方位的人格权制度保护体系。

《大清民律草案》在立法中，亲属法部分交由京师同文馆主持编订，保持本国固有法特色；南京国民政府成立前后，国民党的党纲不断调整，在人格平等、人格自由上逐步推进。特别是民国民法典的亲属、继承编在国民党的"妇女运动决议案""改良婚姻制度令"的指导下，在法律继受、立法原则上较以前的民事立法有了重大突破。《大清民律草案》亲属、继承编更多偏重本国国情，而民国《民律草案》侧重德、日较多，而德、日民法由于国体的问题在亲属、继承编的封建残留较多，带有较强的身份色彩。民国民法在亲属、继承编的编订上，立法上学习较新的苏俄民法、暹罗民法，同时借鉴英美判例法基础上的亲属法，在打破人身束缚、贯彻人格平等上有了很大的推进。在婚姻制度上，总则人格权制度规定的自由权内涵有了较大的扩展，确立了婚姻自由的原则，包括打破主婚权的订婚自由、离婚自由。在人格平等的内涵上，男女平等的原则在总则中确立，亲属、继承编中关于家庭身份关系的规定上尽可能实现平等。"男女平等"

在民国南京政府立法实践中，首先被《妇女运动决议案》所采纳，后渗透到民国民法典编纂中，行为能力规定男女平等、离婚原因上不再偏袒夫权，实现了夫妻享有同样情形的离婚请求权。

民间习惯中的妾制作为我国的固有法规范历史悠久，明显与男女平等、一夫一妻制不符，其如何处理涉及立法的考量。关于妾制，国民党在其政党纲领中曾提出贯彻男女平等，消灭妾制。但南京国民政府建立后，在法律上对妾采取回避态度。1930年7月民国南京政府中央政治会议最终通过了《民法亲属》《继承编》立法原则。立法原则中指出妾的问题毋庸规定，立法说明中指出"妾之问题，亟应废止，虽事实上尚有存在者，而法律上不容承认其存在，其地位如何，无庸以法典及单行法特为规定"[①]。立法中对妾的规定的缺失，虽有其法律的理由，但为司法实践中妾的保护带来了众多的困扰。妾这一社会弱者，在南京国民政府的司法实践中其人格保护是通过自由权的解读实现的。

（五）民国民法典人格权立法特点

1. 人格观的变革与男女人格平等原则的全面贯彻

人格观上，人格由抽象人格向具体人格转变，不再单纯强调形式意义上的人格平等，承认社会现实中的人格差异。这一变化适应了社会本位立法原则的要求，从社会公共利益出发关注现实的人格差异，不仅在民事基本法中保护弱者人格，而且在民事特别立法中开始关注具体的弱者的保护。人格权的转变，是民国民法典中人格权立法的显著特点。立法中对具体人格的关照，使得人格立法不单纯体现为总则中有限的人格保护条款，更多的立法资源投入到亲属编人格平等的制度规范上。民法总则中的自由权条款不再是孤立的抽象意义上的自由，在亲属法中通过结婚自由、离婚自由条款的规范得以真正确立。

贯彻男女人格平等保护原则。男女一体享有权利能力，男女私权上的

---

① 谢振民：《中华民国立法史》（下册），中国政法大学出版社2000年版，第786页。

平等自《大清民律草案》开始便已提出，历经民国《民律草案》，终在《中华民国民法》中成为立法的现实规范。

2.人格权立法重心在债权编，强化侵权对人格权益的保护

在对《大清民律草案》、民国《民律草案》继承的基础上，参考当时最新国家的立法体例，在形式和内容上有所改变。从人格权后来的发展趋势看，既有进步的可取的，又有不当的改变。

（1）人格权立法重心转向债编，在侵权行为之债中强化对人格权益的法律救济，全面完善侵害人格权损害赔偿的方法与范围。

（2）人格权权利保护类型增加，增加了"健康权"的保护。这与民国南京政府对健康的重视紧密关联，《亲属法草案》采取具有革命性的原则要求"增进种族健康"。民国时期社会上国民健康意识觉醒，民众健康与国家强大关系日益为公众认知，从而演变为立法需求。民法中对"健康权"的规定，促进了国民健康意识的觉醒。在后来制定中华民国宪法的大讨论中，要求增加"健康权"的呼声颇为强烈。众多学者呼吁把民法中的"健康权"条款上升为宪法中公民的基本权利条款，与身体自由条款并列，以适应世界公民基本人权保障扩大之要求。

（3）姓名权保护条款中，取消了姓名权防止侵害请求权的规定。从形式上与民法第十八条人格权条款相一致。其与民国《民律草案》相比，对姓名权的保护弱化。从后来的人格权立法趋势看，我国台湾地区现行"民法"后来实质上又恢复了姓名权有受侵害之虞时的预防请求权。这一预防请求权条款没有在"民法"姓名权法条中增加，但人格关系请求权已增加预防请求权。姓名权作为具体人格权，其权利救济自应符合人格权之救济，故为变相地、实质地增加了曾被删除的"预防请求权"。

3.立法主要继受德国民法，对人格保护的权益范围相对保守

法律继受中未充分考虑到来源国法律体系的复杂性，仅单纯地单一继受。以肖像权为例，德国民法中确没有把肖像权作为人格权保护，但在艺术及摄影作品著作权法中却把肖像权作为人格权保护。当时，作为立法后

发的中华民国，本有系统学习国外先进立法技术之优势，却仍停留在单纯的法律移植上，不失为一立法缺憾。

《大清民律草案》制定时，人格权保护条款中确有单纯照抄国外最新立法例之嫌，但其立法理由书中对人格权保护的说明不可谓不周延，法国法中的个人私生活受尊重权在立法说明书中以善良风俗形式保护。但《中华民国民法》人格权中缺乏对"个人私生活受尊重权"的保护条款，其根源在于德国民法没有规定私人生活受尊重权（隐私权）。德国1896年民法典第823（1）仅仅将他人的生命、身体、健康、自由作为该条保护的利益范围。与德国保护体例不同，法国民法一千三百八十二条关于过错责任的规定则包含了个人私生活受尊重权，这一点也为法国法官裁判所确认。"法国的法官认为，行为人侵犯他人私生活的犯罪行为也构成《法国民法典》第一千三百八十二条规定的一般过错侵权行为，在符合该条规定的侵权责任构成要件的情况下，行为人应当就其侵犯他人私生活受尊重权的行为对他人承担赔偿责任。"[①]《中华民国民法》主要继受德国民法的规定，个人私生活受尊重权并未纳入人格权保护范畴。中国传统文化中对个人私生活一直漠视，民法人格权中未做出对个人私生活的尊重，不失为一缺憾。隐私后来在我国台湾地区"民法"修正案中列入了保护对象，为当时立法缺憾之弥补。

三、宪法性文件与人格保护

民国南京政府时期，先后制定了两部宪法性文件，分别是1931年公布的《中华民国训政时期约法》与1946年公布、1947年实施的《中华民国宪法》。《中华民国宪法》第七条确立了当时中华民国人民的平等权，第八条确认了身体自由权，第十条确定了"居住迁徙自由权"，第十一条规定了"言论、讲学、著作及出版自由"，第十二条规定了秘密通讯之自由

---

① 张民安：《法国人格权法》（上），清华大学出版社2016年版，第206页。

均为对公民基本权利的保障；第二十三条则对限制公民自由权利的情形做出限制，防止政府肆意干涉公民的自由权利。1946年制定，于1947年实施的《中华民国宪法》对公民基本权利做了较为广泛的形式上的规定。然而，这些民主自由权利都受到严格限制，以致无法全面享有。

第二节　民国民法典颁行前的人格保护实践

诚如南京国民政府时期的立法，南京国民政府时期的司法实践也以民国民法典的颁行为时间点。

1928—1930年民国民法颁行之前，南京国民政府的民事裁判法源是国民党党纲、北洋政府时期的"现行刑律民事有效部分"、大理院的判例规则。这一时期人格保护总体上延续大理院时期的判例规则，但在物质性人格权与精神性人格权保护方面有较大差异。物质性人格权保护延续大理院时期规则，人格保护规则进一步细化。对于精神性人格权，在男女人格平等保护上做出折衷，保护女性的结婚自由与离婚自由。在司法裁判中，《妇女运动决议案》成为裁判的直接法律依据。在法律适用上，大理院的判例规则得以继续适用，但对有违《妇女运动决议案》精神的判例，则废弃大理院判例规则，以《妇女运动决议案》作为法律适用的依据。这一时期整个司法系统包括司法院都已开始用国民党党纲解释适用法律。

一、物质性人格权实践

民国南京政府时期，新的民国民法颁布生效前，对身体权、生命权的保护仍沿用民律草案中相关条文法理裁判，保护规则深入化。

民国十七年六月十九日，南京最高法院审理了一起因侵害身体权的上告案。上告人沈阿来（住浙江鄞县戒子桥）与被上告人黄可清（住浙江鄞县郎前街）二人为同乡，在斗殴中黄可清将沈阿来殴伤左目成废，双方曾因赔偿损失诉至浙江高等法院。沈阿来对浙江高等法院于中华民国十六年十二月二十六日所为第二审判决不服提起一部上告。最高法院审理认为:

> 上告人被被上告人殴伤左目成废,业经刑事判决确定,虽右目完好不致完全丧失视能效用,然无论何项职业,莫不赖双目并用,若废弃一目,究不免作事滞碍,因此所受之一部损失,加害人不能不负相当之赔偿责任。至赔偿程度,应斟酌被害人年龄职业及受损害情形、并加害人之财力以为判断,原判仅以上告人右目依然完好,素业行贩不致受何等影响,遂不问上告人所主张二十年间每年四十元之一部损失费是否相当,乃不加审究遽将上告人附带上诉及其余之诉均予驳斥,殊欠允洽,本件上告不能不认为有理由。①

故裁判:原判决除赔偿医药及五个月家用等费银一百二十元外,废弃发回浙江高等法院更为审判。该案在法律属性上属于对身体权的侵害,在法理适用上仍属于《大清民律草案》第九百六十条规定之法理。但不同于大理院时期裁判对条理的说明,最高法院在裁判中已把民律作为规则直接适用。在事实审理中,最高法院同样认可刑事裁判作为民事证据的有效性,指出"上告人被被上告人殴伤左目成废,业经刑事判决确定",确认了侵害身体权造成损害事实的因果关系的存在,对于上诉双方争执的损害的大小,最高法院在判例要旨中明确"伤废一目不能谓绝无影响于生活能力,至赔偿程度,应斟酌被害人年龄职业及受损害情形、并加害人之财力以为判断"。在对受害人损害的补救中,斟酌学理与案件具体情况,做出了条理清晰的判决。身体权的保护规则更加具体化、深入化。

---

① 郭卫、周定枚:《最高法院民事判例汇览》,上海法学书局1933年版第一期,第117—118页。

第三章　南京国民政府时期人格权立法、司法（1927—1949年）

二、精神性人格权实践

在民国民法亲属继承编颁行前，根据国民党新党纲通过的《妇女运动决议案》在民初的人格平等保护中充当重要角色。当大理院判例规则与《妇女运动决议案》冲突时，无论是最高法院的裁判还是司法院的解释，都开始用《妇女运动决议案》进行法律调整。

（一）直接适用《妇女运动决议案》精神阐释法律精神

《妇女运动决议案》在民初的人格平等保护中充当重要角色。民国十七年上告人吕芸芝与被上告人徐骍荣因请求离异一案不服浙江高等法院判决提起上告。在事实认定部分，上告人认为被上告人殴打虐待习以为常，并有诬奸侮辱等情，按修正民事诉讼律第三百四十条规定，当事人就其所主张事实应负有举证之责任，但法院认为"该上告人所谓就被上告人殴打虐待即属无人目视又未经验有伤痕，是否确有不堪同居之情况上告人既未能举提确证自难谓其主张为真实，又被上告人在第一审辩诉状称（虽有桑间濮上之传言民不敢轻信）云云，既名言不敢轻信何能指为诬奸"，故认为其证据举证不充分。在对关键的重大侮辱的情节认定上，法院主张"夫妇不睦涉讼以致在涉讼中相互诋毁事所常有，纵令故甚其词亦不过一时之气愤，究不能指为重大侮辱，况被上告人状述各节尚未至显然诋毁之程度，犹不能指为行同义绝而为离异之请求，且夫妇婚姻关系一经成立苟无法律上之原因自不得由一方任意请求离异，若仅空言不堪同居即据为离异之理由则凡男女一造希图离异一经涉讼即无准驳之余地，是直视婚姻之离合为一种任意行为而毋庸为法律上之审究"。对于第二次全国代表大会妇女运动议决案第九条第一款载制定男女平等的法律、第四款载根据结婚离婚绝对自由的原则制定婚姻法，法院解读为：

男女两方及其婚姻应采取平等自由之精神以制定法律，依此原则解释则离婚结婚自应尊重男女两方之自由意思断不得容第三者干涉，若以男女之一造自由主张而置他造之利害于不顾当非该议案之本意，现在婚姻法尚未制定法院依照该法律方面之原则以审究其法律上之原因而予以适当之裁判自无不可，原审据事实上之调查及法律上之见解驳斥上告之主张尚非不当，上告论旨以空言攻击原判自难认为有理由。①

在论理部分，法院明确提出"现在婚姻法尚未制定，法院依照该法律方面之原则以审究其法律上之原因而予以适当之裁判自无不可"，表明妇女运动决议案在婚姻立法缺失时足以充当法律裁判原则。

（二）适用《妇女运动决议案》对不符合其规则的大理院裁判规则进行调整

民国南京政府建立后，大理院的判例作为裁判准则仍具有一定的指导效力。但如其准则与《妇女运动决议案》冲突时，法院的裁判就需要做出调整。民国十八年，浙江永嘉律师公会上报"大理院判例七年上字第四九一号现行律例所称嫁与奸夫者妇人仍离异等语系专指因奸而被离异之妇而言，民法草案第一千三百三十七条载有因奸而被离异者不得与相奸者结婚之明文，此项条文原系专为妇女失节而设，但值此妇女平权贞操义务夫妇共守之时可否将该条文适用于男方实一问题"，浙江高等法院就此"妇人不得与相奸者结婚条文可否适用于男子一案"请示，司法院指出：

现行律例嫁与奸夫者妇人仍离异等语，显与第二次代表大会妇女运动决议案相抵触，依照男女平等原则凡夫妻一造与人通奸均不得为请求离异之原因，至离异以后则结婚离婚绝对自由自无不得与相奸者结婚之限制。②

---

① 《浙江杭鄞金永律师公会报告录》第一百零四期，第1051—1053页。
② 《司法公报》第二十八号，第111页。

第三章　南京国民政府时期人格权立法、司法（1927—1949年）

北洋政府时期，大理院运用民法法理对现行律"民事有效部分"进行适当的司法调适，以适应民初追求人格平等的社会思潮。但大理院在进行司法裁判时，在维持社会秩序和促进社会进步之间需要进行价值的平衡，在女性权利保护特别是结婚自由的维护上相对保守。民国南京政府建立后，"妇女运动决议案"在很大程度上成为司法机关进行法律变革的依据。

这一时期，人格平等特别是男女平等原则成为法律解释的基本原则，司法院运用男女平等规则解释。民国十七年，山东高等法院请示：

> 兹有甲乙为离异涉讼，查甲与乙虽会立有婚柬并未举行婚礼仪式，过门数月之后甲已有正室，乙因不愿为妾诉甲重婚，经刑事判决认甲为纳妾论无罪确定在案。乙又提起民事诉讼请求离异，于此有两说焉，甲说按国民党党纲在法律上确认男女平等之原则，乙既不愿为妾应准予离异；乙说妾之制度在现行法令尚属存在，非有法律上原因不得任意解除妾与家长之关系……

民国十八年，司法院在答复山东高等法院关于"妾请离异应否准许"的请示时，认为"妾之制度虽为习惯所有，但与男女平等原则不符，基于此点，若本人不愿为妾应准离异"[①]。就请示内容来说，法官对现行法令的效力仍有很大的疑虑。国民党党纲对旧律令的调整已成为法官的裁判因素。男女平权在教育领域也获得了法律上的平等对待。民国十八年，司法院在答复福建高等法院关于"书田、书义子女应否同一享受案"时，指出"此项书田、书义原为奖励求学而设，现在男女既均受同等教育，自无歧视之理"[②]。

（三）结婚自由

《妇女运动决议案》明确了结婚自由的原则，但如何协调主婚权与结

[①] 郭卫：《司法院解释例全文》，上海法学编译社1946年版，第5页。
[②] 郭卫：《司法院解释例全文》，上海法学编译社1946年版，第9页。

婚自由的关系仍需要法官在裁判中具体考量。

民国十七年，最高法院审理了刘有清与黄显秀因解除婚姻预约涉讼上告案。该案中，刘有清与黄显秀年方二岁时由其父母订结婚约，黄显秀于成年后不愿再履行该婚约。刘有清仍欲黄显秀履行，因而诉至法院，法院一、二审均从婚约应为当事人自由意思出发判令解除婚约，刘有清不服向最高法院提出上告。在上告中，其主要理由为婚姻自由系为良善女子而设，并援引父母订婚之习惯及关于离婚之判例主张不服。被告人黄显秀非道德上良善女子，不应享有婚姻自由权。法院对其上告请求逐一反驳：其一，区分道德与法律的界限，指出女子良善与否系属个人道德问题，并不因此丧失其婚姻之自由，自然人人格具有平等性；其二，对民间习惯与法律原则的关系，其重申习惯与现有法律原则冲突时无效；其三，上告人主张离婚的判例应适用于解除婚约的主张，法院明确指出二者的不同适用情形。最终法院认为上告人上告理由均不足采，做出驳回上告请求的判决。法院关于本案的判例要旨是"父母本于主婚权之作用为其幼小子女订立婚姻预约，虽为吾国旧律所允许然与婚姻自由之原则显相违反，在现行婚姻之自由之制度下根本上不能容其存在，故子女之一造如于成年后不愿履行该婚约自可诉请解除"①。

（四）离婚自由与人格损害慰抚金

在民国"亲属继承法"草案生效前，最高法院调整婚姻、继承领域的民事纠纷，仍沿用民初大理院时期的做法，把《大清民律草案》作为条理适用，作为裁判的依据。

1928年，最高法院审理了一起涉及离婚诉讼中人格慰抚金的案件。上告人会水珍与被上告人萧礼顺原系夫妻，后因感情纠葛提起离婚诉讼，浙江高等法院于中华民国十七年二月二十七日第二审判决，判决离婚成立，并判决萧礼顺给付会水珍慰抚金。判决后，萧礼顺对离异部分、会水珍对

---

① 《司法公报》第七号，第13页。

第三章　南京国民政府时期人格权立法、司法（1927—1949年）

于抚慰费部分不服，双方均向最高法院提起上告。该案审理时，民法"亲属继承法"草案尚未颁行，法院的审理依据只能是沿用大理院时期做法。最高法院审理后查明：会水珍提起离异之诉，其指摘上告人萧礼顺虐待及侮辱各节，虽在原审中无确切证据证明。但法院查明，双方当事人感情不和已久，会水珍已久返母家，在母家家中曾吞金求死，有浙江病院诊断书证明，对上述事实均已认可。会水珍吞金行为虽不能解释为不堪受虐待，但女方宁可求死也不愿与其生活显示其离婚意愿强烈。在一审、二审中法院都曾试图调解二人和好，但女方誓死不从。最高法院认为强以复合非特无以维持家室之和平亦徒增双方之痛苦，故认为二审法院判决离异适当。

关于慰抚金部分，最高法院认为按民事条理请求离异之一造如离异之原因不能归责于他一造者对他造应负抚慰之义务。其适用的法律依据依然是《大清民律草案》条理，沿用了大理院时期对民法条理适用的准则，其实质上是《大清民律草案》第一千零五十六条等所规定。关于这一条款的人格慰抚性质，民国时期民法学者史尚宽先生认为"至于损害赔偿或慰抚金之请求，则以法律有特别规定时为限。盖不欲一切人格权之侵害，皆得为金钱上之赔偿请求也。所谓法律上有特别规定者，即民法第十九条、第九百七十九条、第九百九十九条、第一千零五十六条等所规定虽非财产上之损害，亦得请赔偿是也。盖非财产之损害范围，受损害人不易证明，而依侵权行为之规定受害人有证明其损害之责。故法律特为规定，以免除其举证之责。然侵权赔偿，原则上以侵害人有过失为前提，如人格权之侵害构成侵权行为之要件（民法一百八十四条），即受害人能证明侵害人为故意或过失并能证明其所受之损害者，不受民法第十八条第二项之限制"[①]。在本案中法院审理认为：

> 会水珍请求离异虽因双方情义乖离故不愿继续婚姻关系，然

[①] 史尚宽：《民法原论总则》，大东书局1946年版，第67—68页。

被上告人萧礼顺既为加以何等虐待及侮辱，且迭经表示自愿担负养赡费用暂为别居始终不愿离婚是本案离异原因。被上告人自不任其责，上告人即应负有抚慰义务。原审以上告人代理人在诉讼上会有贴还财礼一百五十元之陈述，又据孙茂发（两造缔婚时媒妁）供称被上告人结婚时约用去四百元，因而衡情酌定上告人应贴还财礼一百五十元，其余即以未取回之妆奁作抵，按之上开说明自可认为抚慰费之一种。上告论旨谓离婚之妇无论由何原因妆奁应听携去。惟上告人既应给付抚慰费则原审判令以妆奁作抵实含有代物抵偿性质，要无不服之余地，原审此项判断虽未尽洽，然其判决结果究无不当。

法院从离婚自由视角审视双方当事人的诉求，结合精神性人格利益保护对案件做出裁判，判决两造上告均驳回，上告审诉讼费用两造各自担负。最高法院通过该案审理，确立判例要旨"请求离异之一造如离异之原因不能归责于他一造者对他造应负抚慰之义务"[①]。

第三节　民国民法典颁行后的人格保护实践

《中华民国民法》颁行后，人格权规范第一次正式成为有效的法律规范，在人格权裁判中发挥制定法的功能。这一时期的人格保护，最高法院严格遵循制定法规范，采用规范分析的方法保护人格权。

这一时期的人格权保护，与民初大理院裁判实践相比，在精神性人格权保护上全面展开。精神性人格权与人的尊严紧密相关，其发展代表着人格保护的层次在逐步提高。传统宗法伦理观念与这一时期的精神性人格权

---

① 《司法公报》第二号，第8页。

第三章　南京国民政府时期人格权立法、司法（1927—1949年）

保护产生了较为激烈的碰撞。这一时期的姓名权、自由权、名誉权保护较民初有了大的发展。最高法院在裁判实践中明确参考姓名权、自由权法条审理案件，实现了民法学理中尚有争议的人格权的实定化。这一时期的人格权实践，有了对人格尊严的明确保护，标志着人格权内涵中的人格尊严权成为裁判的现实。

一、物质性人格权实践

民初北洋政府时期，大理院通过一系列裁判，确立了对生命权、身体权的保护。民国民法在立法中增加了健康权的保护，物质性人格权内涵进一步扩大。

关于健康权的独立法律地位，民国学者尚有争议。"惟于此有一问题，即健康是否应包括于身体权之中，抑应独立成一权利是也。夫在瑞士债务法四十六条、澳大利民法一三二五条、日本民法七百十条虽未明白标明健康之用语，然其学说之解释，皆包括于身体侵害中以说明之。反之在德国民法八二三条一项，虽以之于生命、身体等并列，然其保护之效果，亦不异于身体权之保护，即我国民法亦然。（一九三条一九五条）故就事理上言，健康侵害，原不外为身体之侵害，就法律观念言，对于两者又非有区别之规定，实不若以之包括于身体权中为当也。"[1]民国民法典立法中将健康权列为与身体权、生命权并列的物质性人格权，除了对《德国民法典》立法体例的继受外，还有着深深的提高国民健康素质的情怀。其将"健康权"列为私权之一种，希望通过权利的法定化，提高国民的健康权意识，摆脱"东亚病夫"之称谓，借以实现民族复兴。这一情怀体现在《中华民国宪法》制定讨论时，媒体普遍呼吁宪法中增加"健康权"。"健康权列为人民的基本权利，和身体、居住、信仰、言论集会结社……等权利同等重要，这是近十几年社会思想进步的产物，也是人类对于本身社会地位的一

---

[1] 曾志时：《人格权之保护论》，载《朝大季刊》1931年第1卷第3期。

种新发现。因为近代思潮认为人们都有生存的权利,不仅应生存,且须健康愉快的生存。若是不能维护并增进其健康的话,已失其生存的重要意义……国民大会不久就要举行了,宪法也即将制定了,在这人民世纪的时候,将健康权规定在宪法中,取得宪法的保障,这是最重要不过的事。既顺应世界潮流,又适合国内需要,且有其他宪法成例可循,非自我作古。"①虽然,最终的《中华民国宪法》没有把健康权列为公民的基本权利条款规定,但健康权保护思潮之兴起已成当时舆论界、司法界讨论新风尚。

  这一时期的物质性人格权实践中,对健康权的保护主要通过对身体权的保护实现。一般而言,侵害身体权必然造成健康权的损害。对其救济,"此除如我民法规定之劳动能力丧失或减少之赔偿;生活费增加之赔偿;慰抚金赔偿等外(一九三条一九五条),在外国判例中,尚认有一种'婚姻希望减少'之赔偿也"②。民国法院司法实践中虽并没有直接采纳"婚姻希望减少"的赔偿,但在确定赔偿额时在具体案件中也会斟酌造成的生活机会的损失。

  从权利保护的广度、深度看,对身体权、生命权的保护向纵深发展,不断扩大损害的认定规则,强化对受害人人格权受侵害的法律救济。民国十九年上字第九一六号判决中,最高法院判例要旨"法条民法一九三:不法侵害他人致死者,被害人之父母子女及配偶虽非财产上之损害,原得对于加害人请求给付赔偿相当之金额,但须他人有不法加害之行为方得对之为此要求"③。关于侵害生命权之慰抚金赔偿请求权,各国立法上曾有争议,"遗族精神上之痛苦,亦为损害之一,故虽非财产上之损害,亦得成为一种慰抚金以请求之,此近世立法例之倾向也。德国在普通法时代,亦

---

  ① 刘冠生:《人民的"健康权":宪法中急应增列的一项》,载《红十字月刊》1946年第7期。
  ② 曾志时:《人格权之保护论》,载《朝大季刊》1931年第1卷第3期。
  ③ 《最高法院判例要旨》(全一册 第一辑)(民国十六年至二十年),大东书局印行,第14页。

第三章 南京国民政府时期人格权立法、司法（1927—1949年）

承认此种救济制度，然至民法制定时，以其与所谓身体、健康、自由等精神的利益相混，反削去不取。瑞士旧债务法，亦与德民同，新债务法则增加规定之（五十四条）。法民法虽未见诸明文，然解释上已一致承认此种无形损害之请求。日民法及我国现行民法，对之亦有规定（日民七一一条、我国民法一九四条）"①。最高法院在裁判实践中，强调慰抚金请求权行使需要对方的行为为不法加害行为。关于立法中的生命权保护条款，学者多持褒扬态度，"我民法对于生命权之侵害，应为赔偿之权，规定至为详尽。民法第一八四条、第一九二条，规定直接之损害赔偿以及遗族之救济。而民法第一九四条，则规定精神之慰抚金，较之，德、法、瑞士之立法先例，殊无逊色。至于神而明之，曲尽其当。尤有赖于司法家之活用焉。"②民国南京政府司法实践中对身体权、健康权的损害的认定持宽松态度，以实现对受害人权利救济。民国十九年上字第一一五二号，最高法院判例要旨"法条：民法一九四不法侵害人之身体或健康并不限于因此丧失或减少劳动能力始负赔偿之责任，即其侵害程度尚不至因而有财产上之损失亦得请求赔偿相当之金额"③。

这一时期，物质性人格权的保护受到其他配套法律的制约。从司法裁判现实看，生命权、身体权、健康权等物质性人格权的保护，除了单纯的对生命、身体、健康权益的损害外，更多地与其他类型的特殊民事侵权交融。受害人的物质性人格权益保护，要依赖其他类型侵权纠纷的最终处理，也要依靠法律体系的完善进行保护。

民国二十六年最高法院审理了林克勤与牟晋川等因请求赔偿损害事件上诉案。该案中，法院查明"上诉人林克勤在牟晋川家充当厨役，牟晋川失去珠宝，初不知系其子携去，其告诉上诉人有窃盗嫌疑，系以开保险柜

---

① 曾志时：《人格权之保护论》，载《朝大季刊》1931年第1卷第3期。
② 彭时：《人格权之研究》，载《法律评论（北京）》第六百一十期。
③ 《最高法院判例要旨》（全一册 第一辑）（民国十六年至二十年），大东书局印行，第14页。

时曾为上诉人所目睹，因而疑其行窃"，报警行为并无不法侵害他人权利之故意或过失。警方以有作案动机为由将上诉人拘押，拘押后受刑导致伤残。上诉人认为其身体受到伤害的原因系由被上诉人错误报警而起，故应对其损害应承担赔偿之责任。法院审理：

> 上诉论旨犹以上诉人被押多日受刑伤残实由被上诉人当时不肯状陈原委所致，不能谓无因果关系为词，殊不知窃盗并非告诉乃论之罪，本不得由告诉人声请撤回，且在牟晋川告诉以后，该管官署如何处理纯属职权范围，非告诉人所得过问，则牟晋川当时纵未具状陈明原委，究于上诉人所受之处分毫无影响可言，即上诉人所称久押刑场等情，纵非尽属子虚亦自不能使牟晋川负损害赔偿之责任，此项上诉论旨殊不足采。①

从法院裁判书考察，法院在审理中针对上诉人的上诉请求，从侵权的构成要件逐一驳斥。从侵权因果关系考察，其指出被上诉人的损害系因受刑伤残，与被上诉人的报警控告行为并无因果关系；从一般侵权的过错构成要件看，其认为该案中被上诉人并不存在主观的故意或过失，其报警时认定系上诉人盗窃有合理的怀疑，在法庭审理时其并无虚假陈述，故不应对被上诉人的身体伤害承担赔偿责任。实质上，该案上诉人的损害确属身体权受到伤害，其也应得到相应的赔偿，但承担赔偿的主体应是国家司法机关，承担的是国家赔偿责任。但在相关的法律配套之前，完全的物质性人格权保护很难成为裁判的现实。

二、精神性人格权实践

精神性人格权包括姓名权、名誉权、肖像权、自由权、贞操权等，其

---

① 陈天锡：《中华法令旬刊》，1940年第1期第6号，第1—2页。

第三章 南京国民政府时期人格权立法、司法（1927—1949年）

与人的尊严密切关联，是人格尊严受尊重权的体现。精神性人格权的发展水平，能较充分地反映一个国家不同时期人格权保护的层次与水平。民国民法典中对姓名权、名誉权、自由权有明确规定，对于肖像权、贞操权未做出立法确认，但这一时期民法学者多认为其亦应受到保护。司法实践中法院也通过"搭便车"的方式，对某些人格利益给予一定的保护。

（一）姓名权实践

姓名权在近代民事立法中，其权利性质中人格权属性的确定是一发展的过程。"至十九世纪之立法，虽已承认姓名权之存在，然一般之见解，多以此为人格外之生活货物，与人格权并立而保护之，即瑞士民法最初立法之意旨亦然。直至近世，始见觉此见解之非，学说上莫不视之为一种人格权矣。我国民法总则关于姓名权保护之规定，亦以之与一般人格权之保护并列，（十九条十八条）其立法之意旨，是否以姓名权为人格权外之一独立权利，抑恐适用上关于人格权之解释，有不包括姓名权之虞而设，虽不易推知，然实际上其保护之方法，固与一般人格权，无甚区别也。"[①]

清末民初，《大清民律草案》及民国《民律草案》中虽对姓名权做出了详细的规定，但司法实践中无论大理院还是地方审判厅裁判都未见到相应的案例，表明纸面上的人格权并未成为社会现实诉争点。法律的变革须与社会的需求呼应，方能转化为现实的动力。清末民初的姓名权规定更多的具有象征意义，未能发挥预期的法律效果。1917年至1923年，处于中国资本主义的黄金发展期。这一时期，由于受到国内外市场需求的刺激，生产增加，沿海城市的现代企业获得了大的发展。国民政府完成形式上的国家统一后，商业活动进一步发展。城市上商业活动的发展、商业竞争的加剧使得商事纠纷增多，商业企业之间竞争加剧使得侵害商号的事件屡有发生，这一时期的姓名权纠纷，主要表现在法人名称权领域。民国民法典实施后，民众的人格意识进一步觉醒，权利救济意识增强。传统宗族习惯

[①] 曾志时：《人格权之保护论》，载《朝大季刊》1931年第1卷第3期。

所覆盖的领域，其内部与人格相关的纷争，当事人也诉之法院。

1. 姓名权与商号

民国南京政府建立后发生的姓名权纷争以"孙才迪呈称山石梯以本人姓名作为商号请撤消注册"案为典型。苏俄国人现犹太籍孙才迪（英文姓名为 S.M.Sanzotti 又为 S.M.Livshitz Sanzetti）认为前工商部核准商号注册之山石梯照相馆（注册时附注英文名称 Sanzetti）以本人姓名作为商号，侵害了其本人的姓名权，要求停止侵权、撤销山石梯照相馆之商号。南京国民政府实业部认为：

> 查我国习惯以名为号即可认为侵害姓名权呈请转咨解释等情到院，查民法第十九条姓名权受侵害时得请求法院除去其侵害并得请求损害赔偿，原则上虽系指整个姓名权而言，但姓名之全部或一部如系用为营业商号，在业务上与其本人之信用或商业主业有密切之关系，自应与普通姓氏不同。如他人在未得本人同意以前遽以其姓氏作为商号注册自应认为侵害姓名权……查该山石梯照相馆曾由前工商部于十八年十二月开核准商号注册发给部照，有案该商号英文名称 Sanzetti 既经认为侵害孙才迪姓名权，自应撤销其注册。[1]

该案中原告孙才迪身份为外国人，因姓名权被侵害依照民法中姓名权规定请求排除侵害，实业部予以认可。姓名权作为民事主体的人格权，对于非中国公民亦加以保护，展示姓名权平等保护的人格观。在该案中，法院对姓名权被侵害进行了扩张解释，强调姓名对商誉的重要意义，"姓名之全部或一部如系用为营业商号，在业务上与其本人之信用或商业主业有密切之关系，自应与普通姓氏不同"。

---

[1] 《实业公报》第十九期，第 19—20 页。

第三章 南京国民政府时期人格权立法、司法（1927—1949年）

这一时期的姓名权实践主要表现为涉及商号的司法纠纷。其一，1931年上字第二四〇一号判例确认："已经注册之商号如有他人冒用或故用类似之商号，为不正之竞争者，该号商人得呈请禁止其使用。"[①]其二，根据民法第十九条姓名权的规定，对商号类似做了明确的法律限定，指出"所谓商号之类似者原指具有普通知识之商品购买人施以普通所用之注意犹有误认之虞者而言"[②]。对于最高法院把商号纠纷列入姓名权下的分类，对于上字第二四〇一号判决中的法律适用，有学者持反对意见，认为"姓名系辨别自然人异同之符号。名称系辨别法人、团体、商业或其他事物异同之符号，作用迥异。姓名与名称，在法律上系属两事，不能混为一谈。该判例成立于1931年，该判例所载之事实，必发生于1931年以前，依当时施行之'商业注册暂行规则'（1928年12月10日'工商部'公布，同日施行）第三十三条规定'本规则施行后，凡从前颁布关于商业呈请注册之一切法令，一律废止，在商法未制定前，仍时有旧商人通例'，而商人通例第二十条第一项规定'业经注册之商号，如有他人冒用或以类似之商号为不当之竞争者，该商人得呈请禁止其使用，并得请求损害赔偿'。与上开之判例之文字，可谓相同，足见该判例系就当时之商人通例第二十条而为判示，其内容系指侵害商号之情形而言，非就侵害自然人姓名之情形而言，事极显然。'最高法院'将该判例编列于规范自然人姓名之民法第十九条之下，导致上述之误认，不无遗憾。从而不得以该判例为据，而谓民法第十九条之规定，当然应适用于自然人以外之法人、团体及商号"[③]。这一看法从当今民法理论看，自然人的姓名权与法人的名称权属性确有不同。姓名权与法人名称权权利主体属性有很大差异，最高法院把其列为侵害自然人的姓名权确有不妥之处，但我们更应相信这是南京国民政府时期

---

① 《最高法院判例要旨》（全一册 第一辑）（民国十六年至二十年），大东书局印行，第2页。

② 《最高法院判例要旨》（全一册 第一辑）（民国十六年至二十年），大东书局印行，第2页。

③ 姚瑞光：《民法总则论》，中国政法大学出版社2011年版，第49页。

民法颁布后法院更愿把姓名权保护条款加以实践的尝试，是有意为之之举。当然，这也从侧面反映出这一时期法官对民法中人格权条款的行使要件欠缺足够的认识，人格权具体内容尚未被裁判官完全认识。

这一时期，伴随着商品经济的发展，市场上假冒他人商号的行为频发。这一背景下，姓名权成为维护公平竞争秩序、打击不正当竞争的重要法律手段。最高法院1938年上字第七号判例进一步认为"判断两商号是否类似，应以交易上有无使人混同误认之虞为标准。上诉人所使用之'安美思'商号，与被上诉人已登记之'安眠思'商号，首尾两字均属相同，中间之'美'字与'眠'字，读音复相近似，在交易上显有使人混同误认之虞，自不得谓非类似"①。

纵观民国南京政府建立后的姓名权实践，基本上围绕法人展开。这与当时社会商业生活的发达，商业之间竞争的加剧相关联。民国民法第十九条关于姓名权的规定，在学理上应如何理解学者间有不同诠释。从体系解释来看，姓名权的规定属于民法总则中自然人一节，属于自然人专属的人格权，不应当适用于无人格的团体及商号。但民国最高法院在裁判实践中，连续有两个关于团体的姓名权案例，表明法院实践中认可姓名权主体的扩张性。最高法院二十年上字第二四〇一号判决重申"姓名权保障本人使用及排除他人不正当之使用。姓名权受侵害时，无论其侵害行为作为或不作为，或为冒名影射或其自己使用被侵害，均得请求法院除去其侵害"②。

2. 自然人的姓名权

民国时期，关于姓名权的法律属性有多种学说，有"所有权说""无体财产权说""亲属权说""人格权说"等。当时通说认为姓名权为人格权，这一主张自《大清民律草案》开始，一直为我国民事立法所采纳。

中国传统伦理中，姓氏代表着相互间的血缘关系，与宗法等级制有着

---

① 王泽鉴：《人格权法》，北京大学出版社2013年版，第119页。
② 史尚宽：《民法总论》，中国政法大学出版社2000年版，第128页。

第三章 南京国民政府时期人格权立法、司法（1927—1949 年）

密切的关系。古代法中，姓氏在某种程度上代表着身份的高低贵贱，是身份的象征，近代法上对姓名的理解，更多地强调姓名把个人与他人区分的意义，强调特定人的人格的个性。在中国人观念中，姓与名有着不同的区分意义，"姓名之为用在区别各个人而明其身份，姓区别人之家世及亲属，使某一集团之人别于他一集团之人；至若区别同一亲属、集团之各个人，则有名以明其身份，故吾人对姓名可定义'姓名者以由他人区别自己为目的之人（狭义则单指自然人）之以文字语言为表现手段的永久的记号。'此定义中所称永久的并非指一成不变乃指非临时的，但将来仍不妨其变换。由是以观"[1]。简单讲，姓名为"表征吾人之文字的记号，为重要的生活货物之一"[2]。姓名权作为近代民法所公认的具体人格权，在救济方式上与人格权之规定相互呼应。"姓名权之行使，为维持吾人个性之所必不可缺，其性质与生命自由名誉信用等之维持个性者同，故为人格权。吾民法第十九条规定与规定人格权之第十八条第二项相呼应，共为人格权也，更无容疑。"[3]

狭义的姓名权仅为自然人享有，为维持自然人的个性所不可缺少的权利。民国南京政府时期，自然人姓名权的实践主要围绕基础理论完善及男女平等展开。对于自然人死亡后是否享有姓名权，最高法院确认，"民法第十九条所谓姓名权受侵害者系指生存人之姓名权受侵害者而言（三十二年）"，从而确认了自然人姓名权权利能力终于死亡。男女平等原则下的姓名权，在立法时就有很大争议。在姓名权司法实践中，如何贯彻也成为司法难题。民国二十五年，湖南高等法院向司法院请示"兼祧两姓改用复姓是否合法"，司法院回复"养子女从收养者之姓，既为民法第一零七八条所明定，则养子女自不得兼用本姓，如以本姓加入姓名之中，其本姓只能认为名字之一部，而不得视为复姓。至兼承两姓宗祧，虽无禁止明文，

---

[1] 陈忠诚：《姓名权论》，载《新法学》第 2 卷第 1 期。
[2] 胡长清：《名誉权之本质》，载《法律评论（北京）》，1929 年第 6 卷第 14 期。
[3] 陈忠诚：《姓名权论》，载《新法学》第 2 卷第 1 期。

但参照同法第一零八三条之趣旨,仍不生法律上之效力"①。

3.姓名权行使限制立法

民国民法典在立法时采用社会本位的立法原则,规定了"权利行使的限制"规则。姓名权作为具体人格权,在实践中也不得侵害他人的利益擅自使用。这在学理中已成为共识,并且民国时期的姓名权已经扩展到商标法中的商号及著作权法。"姓名权的行使及其限制:权利之行使,依民法一四八条所定不得以损害他人为主要目的,姓名权之行使自应受其限制。惟姓名权行使之限制有更进于斯者,如商标法第十四条,不许于商标注册后以恶意使用同一之姓名商号而表明自己之姓名,又如著作权法第八条,对于以笔姓名别号声请著作权之注册,设有限制,即必须呈报其真实姓名是也。"②

社会生活中姓名权纠纷越来越多,使得立法中对姓名权行使的限制逐渐提到立法层面。《限制姓名权提案原文》指出,查民法第十九条规定:"姓名权受有侵害者,得请求法院除去其侵害,并得请求损害赔偿。"民法第十九条修正案"非载入户籍之姓名,不得为权利之主体。姓名权受有侵害者,得请求法院,除去其侵害,并得请求损害赔偿"。从姓名权的绝对权属性出发,增加"非载入户籍之姓名,不得为权利之主体"之条款。1948年7月17日,国民政府复对姓名使用之限制以单行法规立法,《姓名使用限制条例》出台。

(二)名誉权实践

"在19世纪初叶之立法,以名誉非买卖之标的物,不能为金钱的慰藉赔偿,故私法上关于名誉侵害之保护,均负缺如。其后如德奥之民法,虽于信用权之侵害,有相当之规定,而名誉权之保护,而未见诸明文者,盖亦基于此种见解之影响所致也。法国判例关于其民法一三八二条中所谓之dommage之解释,向取广泛之意义,虽无形之损害,亦不免于赔偿责任,

---

① 《司法公报》第8号,第12页。
② 陈忠诚:《姓名权论》,载《新法学》第2卷第1期。

第三章　南京国民政府时期人格权立法、司法（1927—1949年）

于是名誉侵害之私法上保护，始因之确立。瑞士一八八一年之旧债务法，于其五十五条中，有明文之规定，新债务法四十九条之解释亦然，我民法一九五条一项，既仿照日本民法第七百十条之规定，于身体、健康、自由等外，更定有名誉之保护，则名誉权之能独立成一权利，自无问题矣。"①

民国时期的名誉权诉讼，主要集中在两大领域：其一离婚诉讼中当事人的相互攻击；其二所谓上层社会的名誉之争。而且，名誉经常同一些"公案"相联系，展现出当时新旧交替社会思潮的纷繁性。虽然名誉权作为人格权制度在立法中确认，司法实践中也出现了类似的纠纷。但这些纠纷主要发生在上层社会的名人之间，民间民众的名誉意识并未觉醒也未诉至于法庭诉讼。但在裁判技术上，这一时期的名誉权的审理越来越专业化。

1. 逝者名誉保护

生存之人享有名誉，在民国民众已形成社会共识。死者是否享有名誉，则众说纷纭，其与社会伦理价值观有着密切的关系。中华法系以家族本位、伦理入法为特色。以家族为本位，宗法血缘关系有着很强的约束力。封建统治者基于统治需要，在统治策略中把家族作为一个整体对待，家族被视为政治、法律的基本单位，对国家负责，故法律中有株连九族、族诛之法。家族内部，家长或族长要以家族名义维护家族秩序，因而中国人重祖尚祖，重视家族传承。"中国的家族是着重祖先崇拜的，家族的绵延，团结一切家族的伦理，都以祖先的崇拜为中心——我们甚至可以说，家族的存在亦无非为了祖先的崇拜。"②因崇拜家族祖先，家族的名誉和利益高于一切。家族成员内部有违家族名誉的人和事，要受到家法族规的严厉制裁；进而，家族外部有人做出侵害家族名誉利益的行为，也会遭到强大家族势力的集体反抗。对于历史上的名门望族来说，维护祖先的名誉与荣耀更成为家族成员的第一要务。由于儒家思想长期是社会统治的主流思

---

① 曾志时：《人格权之保护论》，载《朝大季刊》1931年第1卷第3期。
② 瞿同祖：《中国法律与中国社会》，商务印书馆2010年版，第6页。

想,孔子在中国长期占据圣人角色。维护孔子名誉,自是孔氏后人第一要务。民国时期,关于孔子的地位社会屡有争论。

民国初年,民主、科学等进步思潮对传统的封建伦理造成了极大冲击。民间、官方层面传统文化的维护者也进行积极反击。从官方层面看,民初北京政府教育部曾将孔教定为国教,孔教入宪问题也被屡屡谈起。民国南京国民政府时期,"在蒋介石的支持下,正式恢复了尊孔,宣布孔子诞辰为国定节日"[①]。在此背景下,1929年,一场搅动中国的孔子名誉权官司从某种意义上讲是个标杆,展现了中西方两种价值体系的冲突。

孔子名誉权案情[②]如下:1928年小说家林语堂创作发表《子见南子》剧本,以幽默笔法描述了一个有血有肉、不同于以往古板正经的圣人形象。1929年6月在位于曲阜的山东省立第二师范学院礼堂内由学生排演了这部新编历史剧。演出之时,扮演孔子的学生的滑稽举动使得台下观看演出的孔府族人颇为愤怒,从而拉开了孔子名誉权之争的序幕。演出结束后孔府族长孔傅靖以学生演出丑化孔子形象、二师时任校长宋还吾管教学生不力为由呈文教育部,要求查办校长、维护先祖名誉。时任教育部部长蒋梦麟初始处理认为这是对学生话剧表演的小题大做,不予理睬。随后孔府族人找到同为孔家后裔的工商部部长孔祥熙求助,孔祥熙随之呈文蒋介石,在蒋介石批复下,教育部命山东省教育厅负责调查此案。调查后认为学生排练剧本系来自林语堂创作,在演出时并未丑化孔子形象,且校长当时因公出差不应负监督不力责任,校长本人以及学生会对演出行为都进行了辩解。此事被媒体跟踪报道后,在舆论上形成了声援学生与校长的巨大压力。在媒体看来,这场风波表面上是孔子名誉之争,背后涉及如何评价新时期孔子地位的问题。在媒体的声援下,教育部认可了山东省教育厅的调查报告,驳回孔府族人的控告。孔府族人不服调查结论,继续上告,孔

---

① [日]费正清、费维恺编:《剑桥中华民国史》(1912—1949年)(下卷),中国社会科学出版社1994年版,第145页。

② 黄欢:《孔子名誉权官司》,载于《时代教育(先锋国家历史)》,2007年第20期。

第三章 南京国民政府时期人格权立法、司法（1927—1949年）

祥熙也借机要求弹劾山东省教育厅厅长，在此压力下，省教育厅做出妥协，将二师校长宋还吾调回另有任用，对主持排演话剧的学生给予开除学籍的处分。这场风波展现了民国南京政府内部在尊孔与排孔、鼓励新思想的矛盾，表明传统文化在民国南京政府时期仍彰显了巨大的历史惯性。

该纠纷从本质上讲是名誉权纠纷，争论的是逝者是否享有名誉权。"人虽死亡，其名誉仍不可蔑视。不必名垂竹帛之伟人，苟系人类，其死后之名誉，仍非尊重不可。刑法上，亦规定毁损死者名誉者。放于某种情形，应加处罚。刑事诉讼法亦规定遇有此等情形，亲属遗族后裔得告诉。由此可见死者尚有名誉权。此权操于何人之手，固属疑问，但有所谓死者之名誉权之存在，则可断言也。"[1] 普通人死后尚有名誉权，作为圣人的孔子死后享有名誉权也应无疑问。但该案从解决路径上未遵从司法解决争议的方式，其仍试图用行政手段从政府管理层面解决问题，从侧面反映出对名誉保护的人格意识已经具备，但司法层面的选择并未成为当事人的首选。从法理上讲民法对死者名誉是否应保护，当时法学界并未深入研究，对人格权的研究主要翻译国外学说，人格权理论相对幼稚。幼稚的人格权理论，对人格权实践的指导意义相对弱小。

2. 刑事法中的名誉保护

自名誉权在近代法律中确认，一直采取民事救济与刑事保护并用的方式。诚如名誉权在近代德国的保护，民事权利救济与刑法制裁手段相结合。当时社会民众在遭遇名誉权侵害后，选择的首选救济方式并不是名誉权的损害赔偿，而是寻求刑法上的侵害名誉罪抑或行政手段干预，这在一定层次上展现出民众的私权救济意识有待进一步觉醒、提高。名誉具有多重含义，在民法和刑法上的内涵不同。"是我现行刑法所谓名誉，乃专指社会的声价而言，正如辞源所谓名誉者吾人所以起社会之信用者也。现行刑法既以名誉为社会的声价，自与有无内部的真价，毫无关系，即纵无内

---

[1] 谢光第：《死后之人格》，载《法律评论（北京）》，1928年第246期。

部的真价，如外部的声价致被毁损，亦为名誉之侵害。反之，于被害人之内部的真价是否发生影响，在所不问。"①刑法上的名誉保护与民法上的名誉权保护相互配合，刑法中对侵害名誉的认定可构成民法上名誉权侵害的成立要件。学者指出"刑法自其独自之立场，规定对于名誉信用之犯罪之成立要件（参照刑法三〇九条以下），民法则就为侵权行为之名誉侵害之成立要件，未特别设何等规定，从而两者之关系，不可不明。原来，为侵权行为之名誉侵害，其成立要件应依侵权行为法之特殊目的定之，认其本质与刑法之规定无关系，亦无不可。惟在刑法上成立对于名誉信用之犯罪时，虽可认定有违法性之存在，故得成立为侵权行为之名誉侵害"②。

这一时期，围绕名誉的刑事保护和新闻自由的冲突，司法院一再做出解释。上虞县县长吴云啸呈称：

> 兹有某甲因某报馆登载新闻妨害其名誉，状控某报馆编辑及访员妨害名誉前来，该报馆编辑及访员可否迳以书面答辩或委托代理人出庭。再查报馆为言论机关有绝对自由权，其所登载之新闻如有不实之处本可由当事人向报馆请求更正，如该当事人并不向报馆请求更正径向法院提起妨害名誉之诉，该编辑及访员应否负刑事责任……

地方长官在请示中考虑到了民事纠纷与刑事的区别及民事权利的冲突。一方面报馆作为言论机关享有新闻自由权，如其登载之新闻有不实之处，当事人可向其要求其更正，毋庸提起刑事上妨害名誉之诉，民事上的名誉权侵权纠纷完全可以通过民事赔偿方式解决；但如果放弃民事方式保护而采用刑事救济，则如司法院指令"刑事被告除刑事诉讼法第二七二条情形外不得仅以书面答辩及委托代理人出庭。报关编辑及访员妨害他人名

---

① 胡长清：《名誉权之本质》，载《法律评论（北京）》，1929年第6卷第14期。
② 龙显铭：《私法上人格权之保护》，中华书局1948年版，第72页。

第三章　南京国民政府时期人格权立法、司法（1927—1949年）

誉在法律上并无免除刑责之规定，除刑法第三二七条情形外仍应负刑事责任，至请求更正与否系另一问题"①。司法院在批复中肯定了名誉权民事救济与刑法制裁并存的二元化，并对报刊职员在名誉刑律中是否免责做出清晰的阐释，强调"报关编辑及访员妨害他人名誉在法律上并无免除刑责之规定"。

对报刊编辑人员妨害他人名誉信用的刑事责任在司法院指令院字第一一四三号（二十三年十二月一日）②中得到进一步确认，其指出"报馆编辑人，妨害他人之名誉信用，在法律上既无免除刑事责任之规定，除合于刑法第三百二十七条情形外，仍应负刑事责任。（参照院字第五二九号及第七四八号解释）如其所登载之事件，确系妨害他人名誉信用，并已指明地名住址姓氏各项，足以推知其被害者之为何人，无论所登载者，系自撰文字，或转载他人投稿，均应负刑事上之责任"③。该指令重申了报刊编辑人员对其刊载文章的真实性负责。"如其所登载之事件，确系妨害他人名誉信用，并已指明地名住址姓氏各项，足以推知其被害者之为何人，无论所登载者，系自撰文字，或转载他人投稿，均应负刑事上之责任。"

3. 名誉的民事保护

名誉作为人格利益，有积极功能和消极功能两方面作用。名誉的积极功能是借助于社会声望、社会评价感的提升获取更大的精神满足、获取更大的物质利益。而名誉的消极功能则会影响其社会声望，影响社会对其的认可度。侵害名誉，造成受害人社会评价降低，影响其就业社会生存，造成物质损失，也应承担民事赔偿责任。"在具体的情形，是否侵害名誉而为侵权行为，虽为法律问题，但名誉侵害结果现实存在与否，应参酌被害人在社会上地位状况等，以审查其行为是否足以毁损其人之名誉，以为决定。据此审查，若不认他人人格之社会的评价降低。则名誉侵害不

---

① 《司法公报》第十二四号，第10页。
② 《司法公报》第九号，第32页。
③ 《司法公报》第九号，第32页。

成立。"①

民国二十二年发生的贺耀生与史菊生因请求赔偿损害事件上诉案便是名誉消极功能保护的体现。这一案件的审理，充分展现了民国民法实施后，法院严格按照法规范分析法，解决纠纷。该案中，最高法院裁判理由如下：

> 因故意或过失不法侵害他人之权利者，他人苟因之而受有损害并与其侵害权利确有因果关系，则侵害人自不能不负赔偿之责。本件上诉人向被上诉人请求赔偿名誉损害，系谓被上诉人告诉其为盗匪致耗费四百余元，并因名誉丧失而受有失业之损害，是其请求赔偿者原为因侵害名誉所生之财产上之损害，自应先审究被上诉人之告诉是否为因故意或过失而不法损害上诉人之名誉，上诉人是否因之受有财产上之损害以及有无因果关系，而后方能断定被上诉人应否负有赔偿责任。②

最高法院认定侵害名誉权承担赔偿责任的构成要件要求有三：其一，加害人的过错行为；其二，受害人的损害事实；其三，加害人行为与损害事实间的因果关系。据此，最高法院认为第一审判决对侵害名誉权的构成要件未结合案情具体审理，就做出令被上诉人赔偿上诉人名誉损害银八百元之判决过于草率；第二审江苏高等法院在审理中"仅以被上诉人告诉盗匪一案已由检察官认为犯罪嫌疑不足予以不起诉处分即谓上诉人之名誉并未受有损害，变更第一审该部分原判，将上诉人之诉概予驳回"，最高法院认为江苏高等法院其法律上见解亦显欠允。这一点是本案的关键，其实质上涉及对是否造成名誉损害的认定。被上诉人告诉检察官上诉人为盗匪，检察官审查认为上诉人贺耀生的犯罪嫌疑不足予以不起诉处分决定，

---

① 龙显铭：《私法上人格权之保护》，中华书局1948年版，第72页。
② 《司法公报》第二十二号，第27—28页。

第三章 南京国民政府时期人格权立法、司法（1927—1949年）

表面上未对贺耀生造成损害，但社会评价降低已经造成，已构成对贺耀生的名誉损害，从客观效果看，造成了受害人的失业。二审决定未能客观区分民事法上的名誉与刑事法上的不名誉罪，不失为一种缺憾。故最高法院裁定本件上诉为有理由，依民事诉讼法第四百四十四条第一项、第四百四十五条第一项，原判决废弃，发回江苏高等法院更为审判。本案裁判要旨"因故意或过失不法侵害他人之权利者，他人苟因之而受有损害并与其侵害权利确有因果关系，则侵害人自不能不负赔偿之责"。其通过对名誉侵权的认定，重申一般过错侵权规则。该案件标志着民国时期对名誉权的保护进入实质操作性阶段。通过名誉侵权行为保护名誉，表明名誉保护的深化。民初大理院确认名誉权为人格权，但对名誉的内涵缺乏明确界定。而南京国民政府时期则在实践中通过确认侵害名誉权的构成要件与赔偿责任，深化对名誉权的保护。

民国南京政府时期，对于侵害名誉财产损害赔偿额的确定，最高法院把裁判的自由裁量权交给了法官。民国十九年上字第一六一八号最高法院裁判要旨细化了侵害名誉的损害赔偿，"法条民法一九五 名誉被侵害者虽许被害人请求以金钱赔偿但其损失原非如财产损失之有价额可以计算，究竟如何始认为相当自得由法院斟酌情形定其数额"[①]。

4.离婚中的名誉保护

名誉一词作为近代欧洲国家传入之新话语，与传统中名誉一语不可同日而语。"名誉可分为三种：一曰一般的人格的名誉；一曰职务的名誉；一曰男女两性对互的名誉，范围过广。概括言之，则为尊重人间相互的权利，若必欲取得自己权利时对于他人或社会不肯用不正当之手段，此为人格的名誉必要之起点也，故人格的名誉为社会平和交际之必要之件。"[②]"法律上名誉一概念，与其他法律上概念相同，仍受历史的制约，因民族

---

① 《最高法院判例要旨》（全一册 第一辑）（民国十六年至二十年），大东书局印行，第14页。

② 玄玄：《名誉论》，载《民国》1914年第1卷第1期。

因时代而异趣，同时即在同一民族同一时代，亦因阶级或身份而异趣。"①同理，这一时期，婚姻法中对名誉的理解发生变化。民事上的名誉，确属社会上的评价，但社会评价的降低不一定产生当事人预期的法律效果，是否产生效果要以法律规定为依据。民国时期广西高等法院请示：

> 按最高法院十九年上字第二零九零号判例认吸食鸦片为离婚正当理由，惟查二十年五月五日民法亲属编施行后当事人吸食鸦片自甘堕落虽属不名誉之行为而非法定离婚原因，即或因此而受科刑处分，然刑法第二七五条最重本刑仅科千元以下罚金，尚未达于徒刑程度，此项判决似与该编第一零五二条各项离婚条件不符，现在是否仍可援用颇滋疑义。

司法院就请解释离婚案件援用判例疑义一案批复"民法亲属编施行后请求离婚者应以民法第一千零五十二条所列情形为限，该编施行前之判例与该条不合者均不得援用"②。民法亲属编对不名誉行为构成离婚事由进行限定；吸食鸦片构成社会道德评价的降低，是一种不名誉行为，但并不构成离婚事由。简而言之，最高法院十九年上字第二零九零号判例认吸食鸦片为离婚正当理由；二十年五月五日民法亲属编施行后当事人吸食鸦片自甘堕落虽属不名誉之行为而非法定离婚原因，认定原判例失效。

传统伦理中，离婚是不光彩的行为，女性要"从一而终"。民国时期贞操与女性名誉关系仍盛行，"何谓男女性对互的名誉，盖女子未嫁以前其身不可污，既嫁以后唯托身于一姓，男子既冠执行婚礼，有终身保护其妻室不使其丧失贞操之义务，反是则不名誉或受制裁或废婚约"③。社会观念中对女性道德义务的约束，要求南京国民政府在离婚诉讼中要特别保

---

① 龙显铭：《私法上人格权之保护》，中华书局1948年版，第70页。
② 《司法公报》第一百零三号，第7页。
③ 玄玄：《名誉论》，载《民国》1914年第1卷第1期。

护女性的名誉利益。如因当事人一方过失解除婚姻关系，无过错一方的社会评价也会降低，损害其名誉，最高法院在裁判实践中确认了离婚诉讼中对无过错女性名誉及精神利益的保护。民国二十二年最高法院审理了任仲文与任郎氏因请求撤销婚姻及返还妆奁事件上诉案。该案中，上诉人任仲文因请求撤销婚姻及泛黄色妆奁事件，对于中华民国二十二年五月二十六日河北高等法院第一分院第二审判决不服向最高法院提起上诉。法院审理中首先确认了重婚案件中"重娶之妻"的撤销婚姻权：

> 按夫与人重婚时惟其前妻得依民法第一千零五十二条第一项之规定请求离婚，若重娶之妻只得依第九百九十二条请求撤销婚姻而不得依该条规定请求离婚，此经本院判决著有先例。又撤销婚姻之请求权除在前婚姻关系消灭后不得行使外并无其他限制，此见于第九百九十二条但书之规定亦无疑义。

进而在审理中查明双方争议的重婚事实，对事实进行法律的解读，指出：

> 本件两造结婚在民国二十年十二月及上诉人在是年以前已娶有李氏为妻均为两造不争之事实，上诉人在原审抗辩虽谓其与李氏之婚姻早已离异，但经原审调查证据之结果认定该婚姻继续存在，上诉人就此亦无不服，是原判关于重婚之事实已经确定，上诉论旨徒以重婚为离婚之原因谓被上诉人仅得依据民法第一千零五十二条请求离婚，而不得依据同法第九百九十二条请求撤销婚姻，原判准予撤销未免违法云云，按之前开判例既属误会，其所称被上诉人知悉重婚后已逾六个月一节无论是否属实即与撤销婚姻之请求权毫无影响，此部上诉不能认为有理由。

关于妆奁部分，法院审理查明了妆奁的占有事实及返还请求权，指出"又被上诉人之奁物存在上诉人家中者于两造撤销婚姻后应由上诉人如数返还乃属当然之事。至妆奁数额仅据被上诉人所开之附单纵难认为属实，而以之与上诉人不争之礼单互相核对既足以认定附单内所载奁物之件数品质及其批注之价值均尚相当，而上诉人所称过礼时有以男家所有之物品列入女家礼单及被上诉人有将奁物带走各节又毫无证明方法，原审因此判令上诉人按照单载妆奁如数返还，如不返还时应赔偿其单载之价额委无不当"。对该案的审理，最高法院明确了重婚时的解除婚姻关系请求权，即判例要旨中所申明的"夫与人重婚时惟其妻得请求离婚，若重娶之妻只得请求撤销婚姻而不得请求离婚。撤销婚姻之请求权除在前婚姻关系消灭后不得行使外并无其他限制"[①]。

对于无过错方因离婚造成的名誉及精神损害，最高法院旗帜鲜明地判决给付损害名誉、精神利益的慰抚金。法院认为"两造婚姻之撤销系基于上诉人一方之事由，被上诉人于婚姻撤销后精神上及名誉上当然有所损害六百元。原审依同法第九百九十九条第二项之规定，本于被上诉人之请求判令上诉人赔偿洋六百元，按其身份地位不得谓非相当，故上诉论旨关于上述两部亦非有理"[②]。最高法院二十二年度上字第二六九六号判决对于离婚诉讼中无过错方的名誉、精神利益保护，表明法院对名誉的理解充分考虑社会现实道德标准，也从侧面反映出名誉利益内涵的复杂性。正如学者对名誉分类演进的解释，"近世学说之解释，除关于名誉本身之分类，有所谓人类名誉；年龄名誉；性之名誉；市民名誉；职业名誉等外，其他就名誉持有者之感情方面，复分为名誉感情上之表示侮辱及名誉感情上之态度侮辱两种，其认定之范围，盖有驾乎刑法解释之上矣。被他人不法侵害时，除得请求通常之所谓慰抚金之赔偿外，其他若回复请求之诉、陈谢请求之诉亦得成立之。特就我民法之解释，其救济之方法，则惟回复处分

---

① 《司法公报》第一四五号，第8页。
② 《司法公报》第一四五号，第9页。

第三章　南京国民政府时期人格权立法、司法（1927—1949年）

及慰抚金之请求二者而已"[①]。对名誉的分类，民国时期学者意见大致相同，"名誉之种类，有所谓人类名誉、年龄名誉、性名誉（即守贞操）、市民名誉，以及职业上之名誉，均包含在内"[②]。

在众多的名誉中，性名誉在民国时期名誉保护具有特殊的意义，是法律纠纷的高发区。性名誉，即要求女性为男性保守贞操名誉，是传统伦理中根深蒂固的观念。女性不守贞操，其社会道德评价会显著降低；同样，对于丈夫而言，妻子不守贞操与人通奸，更会导致夫的社会评价显著降低，损害夫的名誉。在男女平等法律观影响下，夫与人通奸也会对妻子造成精神损害，有法律保护的必要。民国南京政府时期围绕性名誉产生了众多纠纷，各有特点，展示了名誉利益保护的新趋向。

婚姻关系诉讼中，对女性名誉的侮辱成为离婚的重要事由。传统伦理观中，对女性不守贞操的宣扬会严重影响社会对该女性的评价，导致其名誉受损。顾张氏与顾文彬因请求同居暨反诉离婚事件上诉案体现了对女性性名誉的保护。下列案件中，上诉人顾张氏与被上诉人顾文彬（即文斌）原系夫妻，上诉人在第一审提起反诉请求与被上诉人离婚。二审由江苏省高等法院审理，上诉人不服判决提起上诉，最高法院审理查明：

> 二十年十月初二日结婚，至初三日早上他说我不是处女，骂我打我，我到楼上去告诉婆婆。他将两个媒人叫来要他们验看，致闹得邻舍媒人均晓得，报纸上亦登载过。十一月初七日又说我在娘家有不端的事，要我拜四方跪在地上发咒，如此终日以毁人贞操妄言侮辱为事，夫妇情义已断绝请求法院判令离婚各语。媒人王李氏在第一审亦供称："十月初三早上顾文彬叫我去，说是顾张氏并非处女要我验看，我说顾张氏是我看他长大的绝没有不规矩事情。"又在原审供称"我去后到了三层楼他母亲房里，他

[①] 曾志时：《人格权之保护论》，载《朝大季刊》1931年第1卷第3期。
[②] 彭时：《人格权之研究》，载《法律评论（北京）》第六百一十一期。

母亲说少姐不是处女生过孩子，子宫凸出来了，要我验看。我说这事不能瞎说。少姐我看她长大，她家底细我都晓得，绝没有不规矩情事。我叫少姐脱下裤子验看后，子宫略为红肿。我说这不是子宫凸出，你们不能诬说她。当时少姐同她母亲要请医生检验，我劝他们不必十二分决裂，后来他们认错就作罢"的各等语（见二十一年十二月二十四日、二十二年四月二十六日笔录）。①

从判词看，其夫经常言词侮辱其妻，言其不守贞操，导致其妻不堪受辱，无法忍受精神痛苦，承受巨大的人格伤害。据此事实，最高法院认定上诉人主张被上诉人诬其非处女呼媒脱裤检验证据较为充分，上诉人精神上受被上诉人之虐待已达于不堪同居之程度，依民法第一千零五十二条判决原判决废弃，发回江苏高等法院更为审判。本案中，原夫妻双方当事人纠纷的焦点实质上是贞操，最高法院巧妙地把它转移到民法一千零五十二条"不堪同居之虐待"情形的适用，如同判例要旨中申明的"夫妻之一方受他方不堪同居之虐待者得向法院请求离婚。所谓不堪同居之虐待云者，不仅以身体为限，即其精神上感有不堪同居之痛苦亦不能谓非受不堪同居之虐待"②。把贞操观与性名誉关联，对性名誉严重侮辱构成不堪同居虐待之情形，从而实现了对名誉利益的保护。

性名誉，要求保守贞操。通奸行为是对贞操的严重破坏，该如何保护，是否要给予受害人人格慰抚金，其依据何在，学说有不同意见。但一般认为"赋予慰抚金之适当依据，是第一百九十五条之名誉权。配偶与第三人通奸，受害配偶感到悲愤、羞辱、沮丧、受人讥笑或鄙视，可谓为系名誉权遭受侵害，虽非财产上之损害，亦得请求相当之慰抚金"③。在民

---

① 《司法公报》第一一八号，第 11—12 页。
② 《司法公报》第一一八号，第 11 页。
③ 王泽鉴：《民法学说与判例研究》（第一册），中国政法大学出版社 2001 年版，第 352 页。

第三章 南京国民政府时期人格权立法、司法（1927—1949 年）

国时期的婚姻诉讼中，因通奸行为而发生的离婚案件较多，法院在判决离婚的同时一般给予受害人人格慰抚金，其保护的是受害人的名誉利益。在郑惠臣与郑蒋氏因请求离婚及赔偿损害事件上诉案审理中，法院根据民法第一千零五十六条规定判决了人格利益受侵害时的慰抚金。该案中，郑惠臣与郑蒋氏原系夫妻，后发生离婚诉讼，中华民国二十二年八月二十一日湖南高等法院第二审判决判决双方离婚，并判决上郑惠臣应给付郑蒋氏慰抚金，郑惠臣对慰抚金部分不服提起上诉。最高法院审理查明：

> 其离婚之原因在于上诉人与人通奸，此不但有该上诉人之自认可稽并有长沙地方法院检察处不起诉处分书可证，上诉论旨以未经证明之新闻记事指被上诉人亦有过失殊无可采，损害赔偿之责任与给付赡养费之责任性质迥不相同，苟应赔偿即当设法向权利人给付，给付资力之有无在所不问，上诉人于离婚之原因既不能谓无过失，被上诉人因判决离婚丧失扶养利益又不能谓一无损害，则第一审依被上诉人生活状况判令赔偿被上诉人损失五百元，原审斟酌上诉人经济状况命上诉人分期给付尚非不当，上诉论旨徒以衡州并无分店及营业所入甚属微细为理由请求废弃原判，驳回被上诉人损害赔偿之诉更难认为正当。①

该案审理中，最高法院认为上诉人有通奸行为，上诉人也认可此事实。基于民法第一千零五十六条规定，其因过失应向被上诉人给付人格慰抚金，以慰抚受害人之人格利益损害。但上诉人主张被上诉人也有过失，但其以未经证明之新闻的事件作为证据被法院否认。法院同时申明人格损害慰抚金与给付赡养费之责任性质不同。在给付标准上，给付赡养费应考虑行为人的给付能力的可能性，但人格损害慰抚金具有损害赔偿的制裁性

---

① 《司法公报》第二十五号，第26——27页。

质，不考虑有无给付资力，从而强化了对人格利益的法律保护。

这一时期的名誉利益保护，经常与其他人格利益保护并举。民国二十二年最高法院审理的奚文美与宋厚清因请求返还妆奁及交付慰抚金事件上诉案则既涉及贞操，又涉及离婚纠纷中人格损害慰抚金的法律适用。该案中，奚文美与宋厚清原系夫妻，江苏省高等法院于中华民国二十一年十一月十五日第二审判决离婚。上诉人奚文美对于判决中返还妆奁及交付慰抚金事件不服向最高法院提起上诉。本院查明：

> 查上诉人主张离婚责任属于被上诉人，无非谓被上诉人于本件诉讼以前曾以上诉人与人通奸等理由提起离婚之诉，因恐于己不利始将该诉讼撤回另行提起同居之诉上诉人拒绝同居并提起离婚之反诉，实因被上诉人无意同居兼以捏词侮辱上诉人亦不能再与同居云云。按夫妻之一方因一时愤激致成诉讼，其指摘对方之事实无论为误会抑为真相要与平时捏词侮辱可视为虐待行为者有别。被上诉人前次起诉之状词是否捏造事实因诉已撤回本不必论，且自其提起同居之诉以后被上诉人之目的明明在于同居而不在离异，如果上诉人亦愿同居即不致有离异之判决，乃竟自请离异复将离异之责任诿之于被上诉人虽属无据，其因离婚之结果向被上诉人请求给付八千余元之慰抚金，按照前开说明自难谓当，至谓被上诉人纵不应给付慰抚金亦应给付赡养费一节。①

法院在法律适用上认为"夫妻之一方因判决离婚而受有财产上或财产外之损害者虽得向他方请求赔偿，但以他方却有过失为限，若所受者为财产外之损害并限于受害人却无过失以为请求权成立之要件，此征之民法第一千零五十六条第一、第二两项可无疑义"。结合事实认定，最高法院判

---

① 《司法公报》第九十九号，第5—6页。

令驳回上诉。在本案审理中,最高法院确认判例要旨"夫妻之一方因一时愤激致成诉讼,其指摘对方之事实无论为误会抑为真相,要与平时捏词侮辱可视为虐待行为者有别",这一要旨显示在南京国民政府政府时期权利行使已经受到民法社会化思潮影响,注重民事权利行使的限制。民事权利的行使受到限制的趋势在众多的离婚诉讼中得以重申,南京国民政府时期最高法院1934年上字第四五五四号判例谓:"夫妻之一方受他方不堪同居之虐待,固得请求离婚,惟因一方之行为不检而他方一时忿激,致有过当之行为,不得即谓为不堪同居之虐待。"

这一时期的离婚诉讼中,离婚事由充分展现了民国时期家庭关系的现状。家庭关系中,男尊女卑,夫权仍有一定的实施空间。生活中,夫对妻的人身虐待及精神虐待依旧客观存在。最高法院在民国二十三年审理刘引第与赵本亮因请求离婚事件上诉案(上字第九〇号)中,明确了对妻名誉利益的保护。该案中,上诉人刘引第因请求离婚事件对于中华民国二十二年十二月十二日湖北高等法院第二审判决不服,向最高法院提起上诉。最高法院在案件争议事实部分查明:

> 上诉人主张被上诉人于民国二十一年十月间因病逼嫁等情,徒托空言、毫无证明方法;其所称二十年六月间勾通李丙伢逼奸逼嫁将伊殴伤,二十二年二月间空信骗卖,六月间纠强抢变卖各节,虽以沈世昌、董之祥及被上诉人致刘汉卿之信件为证。然据沈世昌称逼奸逼嫁不知道打伤没有我未注意等语,显难证明被上诉人有勾通李丙伢逼奸逼嫁殴伤上诉人情事,被上诉人信件仅称有病望上诉人回家亦难据以认定被上诉人有骗卖之行为,至于董之祥所称看见被上诉人带人来抢纵属实在,究竟当日被上诉人是否将上诉人抢去变卖,该董之祥并不能有所证明,原审认上诉人此项主张为不可信自难谓为不当。

法院在法律适用上对不堪同居之虐待做了精神利益损害的解读，指出：

> 夫如诬称其妻与人通奸实足以使其妻受精神上之痛苦，不得谓非不堪同居之虐待。本件被上诉人前在武昌地方法院、检察处告诉刘汉卿妨害婚姻，虽未列上诉人为被告，但既据状称，"伊岳母周氏与刘汉卿苟合成家，伊妻因与刘汉卿往来惧刘汉卿人面兽行与伊妻勾搭成奸"。并在本案第二审供称，"他（即上诉人）同刘汉卿有苟且所以不肯回去"、"刘汉卿与伊岳母皮绊现在又同伊妻通奸娘做大女做小"，云云。如系虚构事实并无证据足资证明，则上诉人指为不堪同居之虐待即非无斟酌之余地，原审未注意及此，遂以被上诉人非意图使上诉人受刑事处分及上诉人对于被上诉人所称之犯奸不能证明其为污蔑等词将其上诉驳回，自不足以资折服。①

对于家庭内部的身体虐待，法院结合案情做出界定，指出"再查被上诉人于民国二十一年十一月二十五日原法院审讯完毕后，俟上诉人出门将其扭打成伤，经岗警扭送武昌地方法院检察处验明伤痕提起公诉在卷，虽据被上诉人称当时系要上诉人跟伊一路回去云云，然夫妻间常因家庭细故辄将他方殴打致伤已不能谓毫无虐待之情形，况两方既在诉讼中，他方应否回家自应静候法院解决，另一方竟以非法手段欲剥夺他方之行动自由，尤与夫妇间平常因一时气愤将他方致伤者情形有别，原审就此未加审酌亦有未合，上诉论旨尚非全无理由"。综合上述因素，最高法院裁决：原判决废弃，发回湖北高等法院更为审判。在判例要旨中其明确了不堪同居之虐待中的身体虐待与精神虐待。关于精神虐待其强调"夫如诬称其妻与人

---

① 《司法公报》第四十一号，第19页。

第三章　南京国民政府时期人格权立法、司法（1927—1949 年）

通奸实足以使其妻受精神上之痛苦，不得谓非不堪同居之虐待"①。夫诬其妻通奸，在社会伦理中会给人以妻不守贞操、道德败坏的形象，严重损害其社会评价，侵害了女性的贞操利益、名誉利益，会造成妻的严重精神痛苦，故符合"不堪同居之虐待情形"。关于身体虐待，最高法院强调"夫妇间平常因家庭细故辄将他方殴打致伤已不能谓毫无虐待之情形，况两方既在诉讼中，他方应否回家自应静候法院解决，另一方竟以非法手段欲剥夺他方之行动自由，尤与夫妇间平常因一时气忿将他方致伤者情形有别"②。其将身体伤害与限制人身自由情形混合来判定身体之虐待，身体权与自由权保护并重，展示了这一时期法院对人格利益保护的重视。

这一时期的名誉保护与民初大理院裁判已有很大差别，其名誉保护涉及领域众多。既有生者的名誉保护，又有死者的名誉保护。从社会主体的身份看，既有普通人的名誉损害纠纷，又有围绕名人的名誉纷争。从名誉纷争的类型看，既有职业上的名誉感纷争，又有性名誉的纷争，展示出这一时期名誉权保护的全面化。

但从纠纷类型看，民国南京政府时期离婚诉讼中，涉及性名誉的纠纷颇多，出现这种现象的原因绝非偶然。侵害名誉权意味着受害人的社会评价降低，而社会评价与社会的传统观念紧密关联。对女性贞操观念的要求是一客观的现实存在，"夫妻虽各有人格，但妻与人通奸，将贬低夫在社会上的评价，乃传统社会的价值理念"③。即使在半个世纪之后的今天，虽然强调男女平等，但在涉及性名誉的具体侵权案件中，仍应考虑社会对女性守贞观念的影响。台湾台北地方法院 2005 年做出的一个民事判决就是在人格权裁判中尊重传统观念的典范。"所谓名誉权，其权利内容系以人在社会上应受与其地位相当之尊敬或评价之利益，而传统社会认为家庭为社会组织之基础，婚姻之目的，在于传嗣祭祖或奉养父母，因此男女之

---

① 《司法公报》第四十一号，第 18 页。
② 《司法公报》第四十一号，第 18 页。
③ 王泽鉴：《人格权法》，北京大学出版社 2013 年版，第 152 页。

间无婚姻关系而发生性行为,将不见容于乡里;又因为男尊女卑观念之影响,女子与不具婚姻关系之男子发生性关系,将导致该女子在社会上所受评价遭致贬抑。虽然随着时代变迁与文明发展,现代社会则以个人之结合为结婚之目的,因此社会对于两性关系之认知态度,已可容忍未婚同居并发生性关系之情形;惟由于固有伦理观念之影响,女性与无婚姻关系之男性发生性关系,仍然会遭受社会评价贬抑之后果……确实已侵害原告之名誉权。"①当代裁判中对社会传统伦理观的尊重,表明人格权的近代化绝非单纯的立法变革就可实现,其是缓慢的渐进过程。民事的立法可能是激进的,认为男女人格平等,享有全面的自由权。但现实的司法裁判却仍要考虑社会民众的心理,稳妥地做出裁判,实现法律的救济功能。

(三) 自由权实践

自《大清民律草案》首次在立法中规定自由权后,中华民国《民律草案》《中华民国民法典》都在人格权中规定了自由权。对于自由权的具体内涵,法学界有多种学说。"法律对人之生命、身体,既有保护之必要,则于由此等肉体上或精神上所发生之行动,自更当保护之,乃不待言者,此私法上自由权之所以成立也。虽然,其保护之对象如何? 学说上之意见,亦极分驰。有云以身体的动作即肉体的运动为限者;有于身体动作之自由外,更包含意思表现之行动者;有除上述两种以外,更包含未表现之内部意思决定者;亦有包含右述者外,于非意思决定之内心的活动,如意恣、感情、思索等,亦概括于自由范围之内者。据现今一般之通说,则以前三说所认定之范围过狭,应以第四说包括一切内心的活动为当。"②由此可见,清末民国时期,学术界及司法界尽力扩充自由权的内涵,扩大对民事主体人格利益的保护。

民国学者史尚宽将民国民法第十七条"自由不得抛弃"解释为"精神上经济上之自由,皆在保护之列。例如信教之自由……结婚之自由等,皆

---

① 王泽鉴:《人格权法》,北京大学出版社 2013 年版,第 152 页。
② 曾志时:《人格权之保护论》,载《朝大季刊》1931 年第 1 卷第 3 期。

第三章 南京国民政府时期人格权立法、司法（1927—1949年）

在保护之内，其抛弃为无效"①。作为民国民法主要的立法者，史尚宽先生把婚姻自由作为自由权内容的解读无疑具有较大的权威性。婚姻自由在近代中国的实现，与主婚权的突破、婚约制度的完善紧密关联，其展现了人格权司法实践的渐进性。民国民法亲属编在制定时较充分地贯彻总则中的自由原则，确立了结婚自由的法律制度，进而确立了订婚自由和离婚自由制度。从此，结婚自由和离婚自由在司法裁判中有了明确的依据。对于民国社会中客观存在的妾而言，其脱离与家长的关系是实现妾的结婚自由的前提，在人格权保护上具有特殊的意义。

史尚宽先生认为精神自由属于自由权的重要内涵，学者王泽鉴也把精神自由视为人格权重要内容，"自由指身体活动自由，学说及实务上有认其保护范围应扩大及于精神活动自由"②。民国时期的最高法院的几个典型判例都在重申精神活动自由的保护，在1940年上字第七四〇号判例中，最高法院申明：

> 上诉人明知被上诉人之所在，竟主使被上诉人之夫甲以生死不明已逾3年为原因，诉请离婚，并利用公示送达之方法，使被上诉人无法防御而取得离婚之判决，致被上诉人受有精神上之损害，对于被上诉人自应负赔偿责任。③

这一判决被称为诈骗离婚判决，其实质上侵害了离婚案件中当事人的自由意志，属于对精神自由人格利益的保护。《中华民国民法》施行后，离婚自由得到了立法及裁判的明确确认，但离婚自由权的行使不得侵害当事人的自由意志。意思自由作为精神自由人格利益的保护，不仅表现在离婚中的自由意志，更表现为结婚中的自由意志。民国二十八年上字第一一

---

① 史尚宽：《民法总论》，中国政法大学出版社2000年版，第124页。
② 王泽鉴：《人格权法》，北京大学出版社2013年版，第110页。
③ 《最高法院判例要旨汇刊》（民国二十一年到第二十九年），第22页。

七二号，最高法院判例要旨"甲与其子乙共同对于某女以正式婚姻相许骗使与乙同居，致某女受有损害即不能不对某女共负赔偿之责"。该判例要旨的法律依据是民法一百八十四条、一百八十五条，结婚意思上的欺诈，侵害了某女的意志自由。其法律依据应解释为一百八十四条中的"以背于善良风俗之方法"损害他人，这一条款作为弹性条款，能适应人格权益扩大保护的现实需要。

自由权的行使不是绝对的，在民法社会化思潮中也要遵循权利行使的限制性规则。"惟其自体，须受下列限制，即（1）须非其他权利行使之活动；（2）须非违法之活动；（3）须非违反契约拘束之活动；（4）须非背于公序良俗之活动；（5）须为社会观念上，有保护价值之活动是也。盖权利行使之活动，应包含于其权利内以保护之，非此之所谓单纯自由权，自不待言。不法或违反契约之活动，他人或其相对人合法干涉之，原非法律之所不许。社会观念上无保护价值之活动，如日常琐细之行动等，若亦认为自由权，则殊非法律秩序之评价上所当许可者也。又自由乃为人类在社会活动之根据，一方固与其权利之本人有关，一方亦与社会有关，故近世之法律，不特不许他人不法侵害，即权利之本人，亦不许其自由抛弃或限制也。其救济之方法，则除如或民法第一九五条一项所规定之慰抚金赔偿外，其他若因回复其自由所需要之费用，及因此而妨碍其劳动之收益，据各国判例之解释，皆认为得以请求赔偿焉。"[①]民国民法中在规定自由权的同时，也明确了权利行使的限制。

自由权被侵害时应当如何承担赔偿责任，各国规定不一。"被害人（一）对于回复自由之费用，得请求加害人赔偿。（二）妨害劳动收益时，其妨害期间所应得之利益，亦得请求赔偿。至于精神上之慰抚金，除奥、普外，在立法例上如法之判例，撒克逊民法及德国民法，均承认之。至慰抚金之多寡则应参酌被害人痛苦之程度，加害人过失之程度，当事人间之

---

① 曾志时：《人格权之保护论》，载《朝大季刊》1931年第1卷第3期。

身分，经济状况等由法官自由裁量定之。我民法第一九五条有自由之列举而同法第一九三条，则无自由之规定，似乎自由受侵害，只能受非财产上之慰抚金，而不能请求赔偿，按之立法精神，未免疏漏。以视日本民法第七一〇条及法义债草第八五条第一项之规定，殊有逊色。"①《中华民国民法典》在侵权损害赔偿之债中明确了侵害自由权益所应承担的赔偿责任，实现了自由权的全面保护。民国司法实践中对自由权的保护主要通过离婚诉讼中的精神利益慰抚金实现。民国时期自由权的实践较之民初有了更大的突破，在如下领域全面展开。

1.结婚自由实践

（1）结婚自由实践

民国南京政府时期，婚约作为民间习惯依然存在，在民法典中也给予了合适的定位。司法中对婚约的解读，越来越倾向于保护婚约当事人的自由意志，保护结婚自由。与民初大理院裁判中对婚约的态度比较，这一时期的裁判态度鲜明，对违反婚姻自由的民间婚约习惯坚决废弃，确立了订婚自由原则，尊重未成年人对于婚约的态度，保护结婚自由。

对于民间未成年人婚约的履行，法院从维护未成年人人格自由角度给予保护，以民国二十二年张树敏与于氏因请求履行婚约事件上诉案为典型。该案中，上诉人张树敏主张被上诉人于氏之父曾与其父为两造订立婚约尚未被上诉人所否认，两造均未成年不在民法第九百七十二条规定之列，且乡间习惯婚姻均由父母做主等情，请求最高法院认定一、二审法院判决违法，应继续履行婚约。最高法院申明：

> 按民法第九百七十二条，所谓婚约应由男女当事人自行订立并非专指男女当事人已成年者而言，未成年人订立婚约依民法第九百七十四条固应得法定代理人之同意，然同条只认法定代理人

---

① 彭时：《人格权之研究》，载《法律评论（北京）》第六百一十一期。

于未成年人自行订立婚约时有同意权，并非认其有迳为未成年人订婚约之权。①

其解读明确否认了传统法上父母的主婚权，保护婚约当事人的意志自由，从而维护结婚自由，这一点为最高法院裁判要旨"民法所谓婚约应由男女当事人自行订立并非专指男女当事人已成年者而言，未成年人订立婚约依法固应得法定代理人之同意，然所谓应得同意者只认法定代理人于未成年人自行订立婚约时有同意权并非认其有迳为未成年人订婚约之权"所确认。未成年之子女成年后，对于父母代订的婚约的如果不同意，"未成年之子女，不同意父母代订之婚约，其婚约当然无效，不生解除问题"②。

对于违反婚约的损害赔偿，民国南京政府司法院通过指令加以确认。江苏扬中县法院请解释"民法第九百七十五条疑义"，指出：

查婚约不得强迫履行。民法第九百七十五条有明文规定，设有甲男与乙女订有婚约，嗣乙女并无正当理由违反婚约不肯履行，甲男依法起诉请求履行应如何判断。记分两说（子）说乙女无正当理由而违反婚约虽有未合，但甲男只可依民法第九百七十八条请求赔偿损害不得请求履行，应依民法第九百七十五条将其请求履行婚约之诉驳回（丑）说乙女违反婚约既无理由，甲男请求履行自属正当应判令乙女履行。至民法第九百七十五条所称云云系指判决确定后仅可听其任意履行不得强制履行而言。参照民事诉讼法执行规则第八十八条第二项规定即可明了两说均不无相当理由，究竟孰是。殊滋疑义理合呈请解释。

司法院指令"婚约当事人之一方，无民法第九百七十六条之理由而违

---

① 《司法公报》第一四五号，第 12—13 页。
② 《司法公报》第十五号，第 59 页。

反婚约者，仅得依同法第九百七十八条对之为损害赔偿之请求。其诉请履行婚约，既有同法第九百七十五条之限制，自应予以驳回"①。这一解释是对大理院时期"婚约不得强迫履行"规则的延伸。"婚约不得强迫履行"成为婚姻近代化的第一个实质性标志。②

（2）孀妇与妾的结婚自由

民国初年对于孀妇改嫁，伴随着大理院判例的确立，尊重女性在婚姻中的意思自决；结婚自由的确立，彻底打破了传统法中的尊长权，对于人格解放而言是一极大的进步。南京国民政府时期，民初大理院时期关于孀妇改嫁、妾的结婚自由的判例要旨进一步继承发展，但不同于民初运用民法条理的解读，这一时期最高法院旗帜鲜明地从自由权保护、男女人格平等保护视角确认孀妇与妾的结婚自由。

1944年上字第六三三五号判决写道："关于精神利益：自由信仰、感情生活及其活动，不得转让，婚姻关系因配偶一方之死亡而消灭，妻于夫死后即得自由改嫁，如遇有阻止情事，即得诉请命其自由改嫁，勿加干涉（民国三十三年上字第六三三五号判决）。"该判决确认了结婚自由遇到非法干涉时的诉权，孀妇可以寻求排斥他人非法干涉的司法救济。

对于妾扶正为妻，最高法院确认"夫于妻死亡后，以妾扶正，为民法亲属编施行前法例所不禁，则妾于正妻死亡后有确已扶正之事实，即可因之而取得妻之身份，修谱时自应载为某之继室"③。妾升为妻，其实质是对妾结婚自由的保护。妾扶正为妻，抛弃身份差别的歧视，尊重当事人的结婚自由，在民初大理院判决中首次确认，南京国民政府时期的司法裁判中对妾的结婚自由的保护得以延续。

---

① 《司法公报》第七号，第40页。
② 王新宇：《民国时期婚姻法近代化研究》，中国法制出版社2006年版，第124页。
③ 郭卫：《最高法院判例汇编（第二十四集）》，会文堂新记书局1933年5月版，第8—9页。

(3) 妾与家长脱离关系的自由

对于妾而言，其行使婚姻自主权的前提是脱离与家长的关系。从这一意义上讲，妾与家长脱离关系的权利便具有了更强的现实意义。北洋政府时期，妾请求脱离与家长的关系须有"不得已事由"。南京国民政府时期妾可自由脱离与家长的关系，但家长解除与妾的关系时却须具备一定条件。同时在妾脱离亲属关系后如生活困难仍享有向家长的慰抚金请求权。这一时期对妾与家长脱离关系的法律调整以民法亲属编的施行为分水岭。

a. 民法亲属编施行前：妾不愿为妾时"自由脱离关系"

在高惠贞与严友生因请求脱离家属关系涉讼上诉案中，最高法院判例要旨明确"为人妾者不愿为妾时准其自由离异系基于男女平等原则，俾向处不平等地位之女子得脱离其继续为妾之拘束至若家长欲与其妾脱离关系则仍须有正当理由方能准许"[①]。其指出为人妾者不愿为妾，准其自由离异的法律依据是"男女平等原则"，着眼点是保护处于不平等地位之女子。在民国民法对妾的问题选择性回避时，法院参考民法第一千一百二十七条"家属已成年或虽未成年而已结婚者得请求由家分离"、民法第一千一百二十八条"家长对于已成年或虽未成年而已结婚之家属得令其由家分离但以有正当理由时为限"规定，通过类推适用，确立妾的自由脱离与家长关系之准则。

民国二十二年，最高法院在审理沈福田等与沈顺源因请求离异及给付赡养费事件上诉案时，再次重申了妾不愿再做妾时可随时脱离与所嫁者关系这一点。该案中，上诉人陆蕙芳于民国十四年嫁与被上诉人为室，被上诉人沈顺源未明白通知已有妻室，"凡在民法施行前嫁人为室而居以后娶地位者仅取得妾之身份"[②]，因而不能以重婚为原因诉请离婚。

b. 家长令妾脱离家庭关系的限制与赡养费给付

南京国民政府时期，妾的地位低下，法律及裁判基于男女平等原则对

---

① 《司法公报》第三十五号，第89页。
② 《司法公报》第一一六号，第6页。

第三章 南京国民政府时期人格权立法、司法（1927—1949年）

其特别保护已成为共识。在民法典对妾的规定缺失的情况下，司法实践中不断提升对妾的人格保护。通过确认妾的家属身份，为妾的人格保护提供可参考的亲属法规范。实践中确认妾对其所生子女享有亲权，湖北高等法院"解释请求同居事件疑义一案"，司法院议决"甲在外纳妾乙，（如在民法亲属编施行后所纳妾者不得谓之妾）生子丙方在襁褓，甲即死亡，则丙自应由其行亲权之母乙为之指定住所。至甲妻丁对于丙，不过为直系一亲等姻亲尊亲属，而其对乙，因不同居，自不生家长家属关系，其请求乙丙回籍同居，乙自可拒绝"[①]。同时，为维护妾的人格，努力降低家长对妾的人身束缚，青海高等法院曾请示"解释妾犯和奸家长能否告诉疑义一案"，司法院议决答复"家长与妾，既非配偶关系，妾与他人通奸，其家长自无告诉之权"[②]。

司法实践中，家长令妾脱离关系，表面上有利于妾的自由权行使；但实质上，对此问题必须看到妾形成的深层根源及家长令妾脱离关系后妾的现实困境。对女性为妾的社会原因，学者郁嶷认为主要是经济地位的差异与传统的女性价值观养成。传统女性缺少个人独立之思想，对男性有天然的依赖，由于缺乏谋生手段，经济上对男性更为依赖。"妾之名分地位，尤与妻殊。而吾国女子甘居下流，实经济压迫，有以致之……女子社会亦无相当职业，足以容身。除仰男子之鼻息外，生计即难维持。"[③]传统女性的价值观使其难以在社会中找到合适职业谋生，因而使其无法获得独立的生活来源，在很大程度上迫于生活压力而委身于夫，委身于夫后若家长因喜新厌旧等因随意解除与妾的关系，妾如何生存、如何保持其人格成为司法关注的焦点。

司法实践中，为维护妾的利益，一方面对家长解除与妾的关系施加限制，要求有"不得已之事由"；另一方面要求在家长解除与妾的关系时给

[①] 《司法公报》第一百二十二号，第25页。
[②] 《司法公报》第九号，第27页。
[③] 郁嶷：《妾制之研究》，载《法律评论（北京）》1928年第259期。

予赡养费。民国二十一年王巨卿与张氏因请求脱离关系涉讼上诉案中，上诉人王巨卿请求脱离与被上诉人张氏关系，最高法院在审理中首先明确张氏身份，"被上诉人纵令非上诉人之妻亦必有妾之身份，迥非姘度者可比"，进而明确指出"家长令妾脱离关系须有正当理由与妾之对于家长得自由离异者不同"①。对于妾脱离家属关系后生活困难时家长的救助义务，民国法院也在裁判中予以确认。民国二十二年张启瑞与彭淑娥因请求脱离家属关系事件上诉案中，法院认定上诉人彭淑娥为上诉人张启瑞之妾，故在裁判要旨明确"在亲属编施行前所置之妾苟无过失而因与家长脱离关系致生活陷于困难者，其家长从无过失亦应给与相当之赡养费免致该妾骤然无以生存"②。这一点在民国二十三年度最高法院裁判阎李氏与闫文华等因请求给付赡养费事件上诉案中进一步确认，"妾与家长脱离家属关系得准用夫妻离婚之规定，请求给与赡养费者以妾与该家长脱离家属关系为限，其他家属对于家长请求由家分离自属不能援用"③。

c. 亲属编施行后的妾脱离与家长的关系暨妾的扶养费

民国二十三年十一月二十三日司法院答复广西高等法院呈请解释民法及民诉法各疑义，指出：

> ……至妾之制度，在民法亲属编施行后业已废止，如非在该编施行前所纳之妾，既无家长与妾之关系，自不生脱离之问题……④

民法亲属编施行后，妾的亲属关系的处理有了新的评判依据。民国二十八年，实阳县司法院代电请解释民法亲属编施行后纳妾诉请脱离关系应

---

① 《司法公报》第三十五号，第9页。
② 《司法公报》第八十号，第11页。
③ 《司法公报》第八十一号，第28页。
④ 《司法公报》第八十三号，第77页。

第三章 南京国民政府时期人格权立法、司法（1927—1949年）

如何办理疑义一案，司法院统一解释法令会议议决：

> 妾之身份，既为民法所不认，则妾不愿继续为妾时，自得自由脱离，无须诉请法院为准许脱离之形成判决，惟其诉讼如由男方不许脱离而起，可认为确认同居义务不存在之诉者，应即予以确认。①

亲属编施行后，司法实践中对妾脱离与家长关系请求给付抚养费的态度发生变化，明确妾与家属不同居一家则无扶养费之请求权。民国二十三年度，最高法院审理涂闵氏与徐邬氏因请求别居暨给付抚养费事件上诉案中，查明上诉人在亲属编施行后由被上诉人之夫涂彤泉纳其为妾，上诉人纳妾之年七月间即逃回娘家，因非以永久共同生活为目的而同居一家，故上诉人乃向被上诉人请求给付抚养费自非法所允许。民国二十四年，最高法院在审理席熙贞与唐柳英因请求脱离家长家属关系暨给付赡养费诉件上事案中，再次重申"至民法施行前之妾与家长虽无婚姻关系，然就其因脱离家属关系以致陷于生活困难之情形则与夫妻离婚无异，故其脱离之原因纵非由于家长之过失，亦应给与相当之赡养费俾资生活"②。

民国南京政府时期，婚姻自由权的行使是渐进的过程。对于特殊身份的妾、孀妇而言更是如此，其婚姻自由权的发展路径是曲折的。这一路径的曲折不仅展现在法律变革上的循序渐进，深层次的原因更在于背后的经济动因。以妾脱离与家长的关系为典型，妾的脱离虽有了法律上的依据，但现实地横亘在妾与家长间的经济压力、生存压力仍是妾行使自由权的最大阻碍。"虽然民国18年有纳妾制度与男女平等之原则不符，故凡不愿作妾而诉请离异者，法院应予照准的判例。实际上，除非为妾者及其家人能够筹出相当资金归还雇佣契约中预支的工资，或纳妾者愿意遣散姬妾，为

---

① 《司法公报》第三五二号，第35页。
② 《司法公报》第一百五十三号，第25页。

妾者并不容易脱身，由于妾与夫之间近乎主从的关系，纳妾并非结婚，因此一旦为妾，很难再有婚姻的机会，更遑论行使婚姻自由权。"①诚然，从现实判例来看，妾摆脱与家长的关系，经常以家长的虐待为理由。从人格保护的角度看，虐待行为无论是身体的还是精神的，属于典型的对身体健康抑或名誉权的侵害，但作为妾仅能寻求摆脱家长权的束缚，获得新的独立地位。

2. 贞操自由

贞操在古代法中多以女性承担的道德义务出现，在某种意义上是男女不平等的体现。"贞操权在私法上之保护，不惟因德民第八百二十五条规定之结果始确定之，即在十九世纪以前之法律，亦有所谓嫁人之诉，以为个人贞操之保护。盖中古法律，受当时教会法之影响，私法上关于贞操之保护，重视被害者将来婚姻困难之点，科加害者对于被害者为正式之婚姻，或赔偿被害者以相当之嫁妆，提高其与他人结婚之可能，其保护之由来，固已久矣。特至近世，以贞操权既认为一种独立之权利，则其本质，原不仅在于将来婚姻之困难，且若依嫁人之诉，于一般已婚之女子或性业妇，亦不能达到完全之保护，故自德国民法以来，立法上之解释，乃另变更其方向，即女性之贞操，被人不法侵害者，基于其自身权利之保护，得请求一切之损害赔偿或慰抚金，并不以将来婚姻之困难，请求一种嫁人之赔偿而已。"②贞操在欧洲法律中向人格权益的发展，本身也是人格权益的发展过程。

我国古代法中，宗法伦理思维中守贞是女性基本的道德义务，女性对夫权的义务。女性若不守贞，要遭受严酷的宗法惩罚。贞操对于女性来讲更多以一种道德约束面貌出现，其并包含权利内容。清末西风东渐，女性自觉意识提高，但民国时期，民法中并无贞操权之规定。对于贞操权，民

---

① 梁惠锦：《婚姻自由权的争取及其问题（1928—1930）》，载吕芳上主编《近代中国的妇女与国家》（1600——1950），中央研究院近代史研究所2003年版，第125—126页。

② 曾志时：《人格权之保护论》，载《朝大季刊》1931年第1卷第3期。

国学者曾志时认为："我民法关于贞操权未有明文之规定，窥诸立法之意思，盖包括于自由权之内以保护之也。"①这一观点在今天仍为众多民法学者所接受，贞操权是性自主权的表现，侵害贞操，实质是对权利人性自由权的侵害。民国时期学者彭时也认为："我国民法对于贞操侵害之赔偿请求权，并无如德国民法第八四七条第二项之规定，（注）对于妇女之保护，固欠周密，然在民法第一八四条之解释，其精神与德民法毫无二致也。"②对于侵害贞操权的法律救济，民国学者通常认为贞操权的侵害与身体权的侵害相伴生，"因失贞操发生之损害，当然得请求赔偿。例如因侵害有害女子之身体或健康者，得请求治疗费，因妊娠得请求分娩费，固为法所许可，即因此休业而发生之一切应得利益，亦应解为得以请求也。其次，对于精神上之痛苦，得请求慰藉金，法之判例法，及瑞士之旧债务法认之。德国原则，虽否认慰藉金，然对于贞操侵害，则例外予以许可。奥国承认得请求赔偿，要即变相之慰藉金。又慰藉金之请求，不限于本人。即被害人之父母，亦得行使之"③。

《中华民国民法典》颁行后，在男女平等原则指引下，女性地位提高。法律上虽未明确贞操权，但离婚案件中与贞操有关的纠纷频发。最高法院法官在裁判时开始运用精神损害保护女性贞操利益，在裁判中运用人格保护的规则保护女性人格利益。司法实务中，违背女性意志的性行为多被视为侵害自由、身体、名誉等人格权益。但贞操权的法律保护直至我国台湾地区"民法"1999 年修订时才正式确认。

3. 对人口买卖的法律控制——对人身自由权的维护

南京国民政府关于人口买卖的法律规制，较民初大理院时期有明显的突破。除了在刑事法律上通过刑罚打击外，在民事法律上首次明确了人口买卖侵害了"自由权"，同时直接运用"公序良俗"原则判定人口买卖契

---

① 曾志时：《人格权之保护论》，载《朝大季刊》1931 年第 1 卷第 3 期。
② 彭时：《人格权之研究》，载《法律评论（北京）》第六百一十一期。
③ 彭时：《人格权之研究》，载《法律评论（北京）》第六百一十一期。

约无效。

(1) 民国南京政府对人口买卖的刑事法规制

1926年1月国民党第二次全国代表大会通过的《妇女运动决议案》督促国民政府制定法律：从严禁止买卖人口。① 其后，内务部发文咨告严禁买卖人口，指出："本党革命之目的，为求人类之自由平等。故对于买卖人口，久已应为历禁。现刑律对于和诱略诱，定有专章，立法已甚严。乃近查各地对于此项违背人道之恶习，迄今犹为革除尽净，根本固由于奸民之牟利，要亦官厅查禁不力，有一致之，言之至堪痛心！兹值全国即将统一，训政开始之时，此项恶习，亟应严行禁止，以重人道。……"②

内务部的公告在当时得到了各级省政府的积极响应。浙江省民政厅训令（第一四五八号）：要求严禁买卖人口以重女权。③

民国南京政府建立后，鉴于"《暂行新刑律》施行以来，颇多疑义，而最滋口实者，则刑名用等级制，而法定刑期又极广漠，法院援用无一定标准，遂得自由裁量，任意出入，致有畸轻畸重之嫌"④。因而着手起草刑律，1928年9月1日施行的《中华民国刑法》（即《二八刑法》）以北洋政府1919年的《刑法》第二次修正案为基础，在内容上大量沿袭北洋政府刑法的规定。《二八刑法》关于人口买卖的规定主要表现在：以和诱略诱未满二十岁之男女，为侵害亲权和监督权（刑法第二百五十七条），规定于妨害婚姻和家庭罪中；以略诱成年妇女（三百一十五条）为侵害妇女之自由，于使人为奴隶（三百一十三条）及贩卖人口出国（三百一十四条）并定为妨害自由罪。该规定在当时引起了很多学者的批评，如学者马存坤在《买卖人口之刑法观》中指出，"父母卖子女与监护人卖被监护人

---

① 《增订国民政府司法例规》第70页，转引自黄源盛：《晚清民国民法史料辑注》（四），犁斋社有限公司2014年版，第1871页。
② 《民政：内政部咨告严禁买卖人口》，载《江苏省政府公报》1928年第41期，第15页。
③ 《浙江民政月刊》1929年第22期，第194—195页。
④ 谢振民：《中华民国立法史》（下册），中国政法大学出版社2000年版，第903页。

依刑法二五七条'和诱略诱未满二十岁之男女'一项'意图营利或意图使被诱人为猥亵之行为或奸淫'而和略未满二十岁之男女（二项）规定，本罪之构成既以脱离享有亲权之人与监护人为基本条件……比照妨害自由罪章观之，立法本意，似与未成年人之自由无关，然如父母自愿抛弃其亲权而卖其子女（其抛弃原因姑不论），监护人自愿抛弃监督权而鬻卖被监护人，则就该条（三百五十七）之文理或论理解释，均不能构成犯罪，实不能谓非遗漏也……（一）买卖成年妇女：我国乡村今日犹有古代掠夺婚及买卖婚之遗俗，故鬻卖妻孥之事不一而足，依刑法三百一十五条之规定，构成犯罪之手段为略诱，而买卖系有金钱的对价关系，二者根本既异，则被卖人之归宿若何？无庸诘论，此种怪俗，实属野蛮，亟应严加禁止，实无可疑。（二）以贩卖人口为业者，我刑法亦无相当规定，尤为疏漏"[①]。

《二八刑法》明显存在与民国政权大量不相适宜的规定，迫使南京国民政府只能通过制定刑事法律的特别法来弥补，从而促使民国立法院在1931年12月成立刑法起草委员会，着手新的刑法典的制定，于1935年1月1日正式公布了《三五刑法》。该部刑法宣称受"三民主义"指导，在人口买卖的法律规制上有了很大改变。《三五刑法》[②]第十七章规定了妨害婚姻和家庭罪，其进步性主要有以下几方面：（1）旧刑法未区分和诱、略诱，同等的刑罚处罚失当。《新刑法》对略诱罪施加刑罚惩罚的范围扩大，并加重刑事责任，更符合罪刑相称原则。（2）贯彻男女平等原则。和诱有夫之妇与和诱有妇之夫，均破坏家庭组成。旧刑法无处罚明文新刑法特增定之（第二百四十条）。（3）加强对未成年人的保护，未成年人由于年龄幼小，缺乏足够的表达意志的能力，因而《新刑法》规定和诱未满16岁之男女，以略诱论（第二百四十一条）。（4）注意法律适用的现实效果，发挥法律规范对当事人的引导作用，为鼓励犯罪当事人悔过间接保护受害人利益，规定犯和诱、略诱罪，于裁判宣告前，送回被诱人或指明被诱

[①] 马存坤：《买卖人口之刑法观》，载《法律评论（北京）》，1932年第10卷第2期。
[②] 《山东民政公报》，1935年第222期，第35—36页。

之所在地因而寻获者，《新刑法》特增设减轻其刑之规定（第二百四十四条、第三百零一条）。

(2) 民国南京政府对人口买卖契约的民事裁判

民国南京政府时期，伴随着民众人格意识的觉醒，司法机关主动地运用近代民法原则规范人口买卖契约，解决契约效力与契约无效后的法律后果问题。这一时期的法院在人口买卖契约效力的判断上已经运用公序良俗原则进行价值判断。

民国十八年，山东高等法院受理了一起民事第三审案件，因在法律适用上产生了疑义，特向最高法院请求解释，最高法院采纳了第二种学说。

> 有某甲以某乙违反押妻（未婚妻年十六岁）为娼之契约请求判令返还押金。查某甲以人身体供抵押使为娼妓营业一次给付押金若干以作报酬，此种契约违反公共秩序善良风俗法律上当然不生效力。惟某乙应否返还押金现有两说（甲）不当得利说谓押妻为娼妓之契约，既经认为无效，某乙收受某甲之押金即无法律上之原因应负返还之责（乙）不法给付说。谓某乙所订押妻为娼契约系违反现行法令，其押金为一种不法之给付不得请求返还。①

研读该案例，山东高等法院首先明确押妻为娼契约在法律上是无效的，但认定其无效的根据与大理院时期有了很大差别，法院主动适用公序良俗原则认定契约的无效。民初大理院时期是采用刑事法律规范制裁性后果宣布人口买卖契约无效，而南京国民政府时期，对人口买卖契约的效力判断明确回归契约的私法属性，运用契约效力的认定标准进行裁判。裁判中适用了公共秩序善良风俗作为判断标准，有两种社会效果。从法院裁判视角看，法院审理的裁判技术在提高，运用民事法律裁判民事案件已为裁

---

① 《司法公报》第三十九号，第23页。

第三章 南京国民政府时期人格权立法、司法（1927—1949 年）

判共识；从社会民众道德风尚视角看，这一时期人格平等意识普遍觉醒，人口买卖与善良风俗不容表明人格自由观念已成社会观念共识，社会道德观念中已不再认为把人身视为商品买卖是自然之事。对于法律行为无效后的法律后果，最高法院采取了不法给付说，认为押妻契约中的押金违反了现行法的强制性规定，是通过不法行为获取的利益应予以返还。

南京国民政府时期，民众人格权利意识进一步具体化，对强卖人口罪侵害的权利内涵有了进一步的认识，自由权作为独立的人格权已进入了法官的视野。民国十七年浙江义乌发生了一起刑事案件，浙江高等法院以强卖人口罪及诱拐罪和卖罪等于法律苦无依据请予解释。据查：

> 知县受理甲生有女儿乙，于未行满月之前给丙抚养成年，不得乙女同意主许与丁为妻。甲以丙违法强卖等情告诉到院。经知县侦查终结认丙之行为不成犯罪，纵系强卖刑律补充条例亦已明令废止，又无犯罪之可言，依法宣告不起诉之处分。

浙江高等法院审理认为：

> 查刑律虽无强卖罪规定，实已包括于第三百五十一条之内。概诱拐罪系对于（一）被拐人之自由权（二）夫权或家长权（三）尊亲属之监督权。三者侵害其一即可成立，惟行使主婚权过当者——能否即构成略诱罪自应就具体事实审认。①

这一时期，对人格尊严的保护使得司法机关更娴熟地处理民法和刑法的衔接问题。作为人格权的自由权成为刑法保障的权益，诱拐罪侵害公民的人身自由权宜得到法律的确认保护。民国十九年湖南常德地方法院请湖

---

① 《司法公报》第五十四号，第 32 页。

南高等法院解释押女为娼擅自带回是否构成罪刑由,湖南高等法院向最高法院请示,最高法院答复称:

> 押女为娼之契约在法律上不能生效。设有母因贫立约将其幼女押与他人学习为娼,在约定期限前自将其女带回不能成立刑法第二百五十七条之罪。①

民国时期,人口买卖在民法上被宣告为无效,其依据是:"法条民法七一一八〇之四 买卖人身契约当然无效,其权益关系无从发生。买者既无请求交人之权,其因找人支出之费用亦不能认为因侵权行为所生之损害而责令相对人赔偿。"②从法理上讲,其认为人口买卖无效的依据在于违反了民法第七十一条,违反了法律的强制性规定因而无效。进一步而言,不仅人口买卖在法律上被宣告无效,以人身为抵押标的的契约也未无效,"法条民法七一 以人身为抵押标的之契约根本不生效力,即不得据以责令相对人负交人之义务"③。宣告人身抵押契约的无效,使得人身不能成为抵押权的客体,出于双重考虑,其一,以人身为抵押客体是对人格尊严的严重侵犯;其二,抵押权存在行使的问题,以人身为抵押客体,就会使人身成为交易对象,就会违反前述人口买卖合同无效规则。民国时期人口买卖被法律宣告无效,在买卖人口作为娼营业时更是如此,其在刑法上构成犯罪,在民事上人口买卖的价款因其违法不得请求返还。"法条:民法第一百八十条第四款 上诉人以法币三百五十元向被上诉人等价买某女在其所开堂班内为娼藉以谋生业由,本院维持一二两审有罪之判决确定在案,是其交付被上诉人之身价实为基于不法原因所为之给付,依民法第一百八十条

---

① 《司法公报》第六十七号,第120页。
② 《最高法院判例要旨》(全一册 第一辑)(民国十六年至二十年),大东书局印行,第3页。
③ 《最高法院判例要旨》(全一册 第一辑)(民国十六年至二十年),大东书局印行,第4页。

第四款之规定上诉人自不得请求返还。"[1]

4.通信自由权的保护

民国初年,上海地方审判厅审理了一起原告徐宝琮、被告顾树森的侵害通信自由的案件,但法院并没有从通信自由权角度保护原告的诉求。民国南京政府成立后的判决则明确了对通信自由权的法律保护。最高法院民国十八年上字第八七五号判例要旨为:"邮政局员所为开拆信件、抽换内容之侵权行为,邮局应否负赔偿责任,既为邮政条款及邮局章程所未规定之事项,当然依普通法则,应负赔偿之责。"该判例虽为民法第一百八十八条雇用人之责任的确认,但雇用人责任成立的前提首先是雇员的侵权行为。该案中,判例要旨首先明确邮政局员所为开拆信件、抽换内容之行为为侵权行为,其从公法上讲侵害了宪法中保护的公民的通信自由;从私法上讲,侵害了自由权中的通信自由权。当然,从邮政相关管理法看,邮政局职员的行为违反了法律的强制性规定,其行为自然为侵权行为。

5.人身自由权

由于《中华民国民法》第十七条对自由权的内涵并未做出完全明晰的界定,实践中经常认为自由权不是具体人格权,很难作为裁判的依据。但最高法院三十二年度上字第三二九号判决明确把法条第十七条关于自由权条款作为裁判依据,实现了自由权的明确的确认。

该案历经一审、二审、最高法院上诉审三级审判,表明自由权保护颇为曲折。该案上诉人为民妻某氏之父亲,被上诉人为民妻某氏之夫,二人因民妻某氏之自由权发生纠纷。民妻某氏申请与其夫解除婚姻关系,由尚书乡乡公所主持调解。调解期间,某氏之父亲把民妻某氏领回了娘家居住。某氏之夫则要求其返回夫家,要求某氏之父交出其妻。某氏之父因疼爱自己的女儿,不愿交出。一审法院认定某氏确由其父从尚书乡乡公所带回家,为保护夫权判令上诉人应将某氏交付给夫家。上诉人某氏之父亲不

---

[1] 《最高法院判例要旨》(全一册 第一辑)(民国二十一年至二十九年),大东书局印行,第21页。

服，上诉至二审法院。二审法院以同样理由维持原判。某氏之父亲对二审法院判决同样不服，向最高法院提起上诉。最高法院认为某氏之行动自由，不是任何人可以随意约束的。某氏由其父亲领回娘家虽属实，但因其有自由行动权，故应受法律保护。原审判决维持上诉人应将某氏交付不当，判决驳回。故发布判例要旨请求交人与拘束他人自由之许否："据被上诉人主张民妻某氏于投请尚书乡乡公所调解离婚时，业由伊父即上诉人领回母家云云，虽经原审查据尚书乡乡公所覆文，审认无异，然某氏之行动自由，既非他人所得拘束，则该事实纵属实在，亦何足为被上诉人请求上诉人交付某氏之根据，乃第一审竟判令上诉人应将某氏交付，原审亦予以维持，自均不能认为适当（三十二年度上字第三二九号，参考法条民法第十七条）。"[1]

法院在裁判中明确参考民法第十七条裁判，确认自由权，其与民法法理中不得违反善良风俗限制自由相一致。女儿与其夫离婚期间，不愿在夫家居住，愿意回娘家得到情感慰抚，为民间善良之风俗。娘家人心疼女儿，让其回家符合情理，其妻既为成年人，自应享有行动自由权，不受夫家随意约束。对该案自由权的解读，实质上应放在更大的视角解读。民国民法典中确立了男女平等原则，限制男性夫权，提升女性在家庭中的地位，以免在离婚阶段受夫家之虐待，有强烈的身体权、健康权、生命权保护的考虑。

（四）肖像权实践

1896年的德国民法没有确认对肖像权的保护。肖像权作为人格权在德国法律中的确认是通过1907年制定的《艺术和摄影作品著作权法》。该法第二十二条使用的标题就是"肖像权"，它明确规定：除非获得了他人的授权，否则，行为人不得公开或展示他人的肖像。[2]民国民法立法中学习德国法模式，也没有在民法中确认肖像权。

---

[1] 《法律评论（北京）》，1947年第15卷第1期，第32页。
[2] 张民安：《法国人格权法》（上），清华大学出版社2016年版，第200页。

第三章 南京国民政府时期人格权立法、司法（1927—1949年）

但德国在著作权法中对肖像权的规定，当时的清政府和民国政府在立法时也没有继受。从清末制定著作权律开始，我国确立著作人格权之规定，但无肖像权之规定。1910年秋，中国历史上首部版权法《大清著作权律》通过。1915年，北洋政府参政院代行立法院制定重新修订《著作权法》，并于同年11月7日公布。1927年南京国民政府成立后对著作权的管理机构进行调整，于1928年通过了修正后的《著作权法》。1944年民国南京政府重新修订《著作权法》颁行。民国著作权立法中，国民党"三民主义"的政治纲领是著作权法发展的法理基础。对待著作权的立法思路与政权的性质紧密关联，专制集权下的封建政府，其人伦以忠孝为基础，政府的统治策略是以思想文化控制为中心，维护身份差等的社会秩序。把著作权作为"民权"、作为私权去保护，是近代民主政治的产物，是对宪法中"出版自由"条款的落实。

肖像权，系限制肖像之陈列、复制及颁布之权利。"侵害肖像权，即未得本人之同意而将其肖像陈列、复制及颁布者。所谓之侵害，不但第三人，未得本人之同意，而为上项行为者为侵害。即著作人，未得本人之同意而为上项行为者，亦应为肖像权之侵害。不过肖像权人，只有消极的禁止权，而无积极的请求权耳。"[1] "何谓损害赔偿的请求，即肖像权人，请求除去妨害，而为原状的回复，即自然的回复之意，例如中止陈列，收回复制之类是也。慰藉金之请求，惟瑞士民法认之，德国及瑞士民法均无此规定。我民法则采德日先例，亦根本无肖像权之规定，未免遗漏。"[2]

南京国民政府时期，虽然民法典与单行法《著作权法》都未对肖像权做出明确规定。但民法学者仍多认为肖像权是具体人格权，应立法保护。学者曾志时主张通过立法或判例解释引入肖像权。关于肖像权的发展，学者指出："非依法令或契约之规定，不法对于他人之容姿，加以描写（如绘写、雕刻、摄影等）、陈列、复制、公布者，为侵害他人之肖像权，应

---

[1] 彭时：《人格权之研究》，载《法律评论（北京）》第六百一十二期。
[2] 彭时：《人格权之研究》，载《法律评论（北京）》第六百一十二期。

负损害赔偿之责任,此 20 世纪以来立法之趋势也。至 1907 年 1 月 9 日,德国公布其关于肖像上著作权之限制法律后,于是所谓肖像权之保护规定,始确立焉。我民法上关于此种权利之规定,虽未见诸明文,然将来苟无其他特别保护法则之规定,则判例之适用解释上,自不容忽视之也。"①

南京国民政府时期,最高法院二十三年上字第九〇五号判例谓:"未得他人同意,擅将其肖像改换姓名,为自己售业之广告,致使社会上发出不良影响,明系合于民法第一百九十五条不法侵害他人名誉之条件,在被害人请求赔偿此项非财产上之损害,亦即民法第十八条第二项慰抚金之一种,并不以财产上受有实际之损害为要件。"学者陈瑾昆认肖像权之存在,并认其得为侵权行为之客体,但其解释肖像权之侵害,应包含于侵害身体自由或名誉之中。有学者持反对意见,认为"侵害肖像权,如同时侵害名誉权者,虽得请求赔偿非财产上之损害,然只能以名誉权受侵害为理由,而非可以肖像权受侵害为理由,反之,如仅有肖像权之侵害,则只能请求排除侵害,不得为损害赔偿之请求"②。

对法律暂时未规定的人格权通过"搭便车"的方式进行保护,是我国民事立法、司法的传统,虽为权宜之计,但在特殊情形下也不失为一较佳的司法选择。民国南京国民政府时期,民事立法中对贞操权、肖像权缺乏明确的法律规定。在人格权理论上、司法实践中通过"搭便车"的方式,通过对自由权、名誉权等的扩大解读,进行一定意义上的贞操、肖像保护,成为一现实的选择。我国改革开放以后颁行的《中华人民共和国民法通则》没有规定隐私利益的法律保护,司法实践中也是经常借助于名誉权进行保护。侵害隐私的行为经常被视为侵害名誉权,虽然从构成要件上讲,隐私权与名誉权有着很大的差异,二者从权利性质、救济手段上不能相提并论,但如果没有法律适用的适当扩大解释,侵害隐私在法律缺乏明确规定的情况下就无法得到相应的保护。权衡之下,民国南京国民政府时

---

① 龙显铭:《私法上的人格权之保护》,中华书局 1949 年初版,第 104 页。
② 龙显铭:《私法上的人格权之保护》,中华书局 1949 年初版,第 104 页。

第三章 南京国民政府时期人格权立法、司法（1927—1949年）

期的人格保护方法在当时确有一定的可取之处。

三、人格权保护的新趋势

南京国民政府时期，伴随着人格意识的觉醒，人格尊严日益得到公众的认可。这一时期的法院开始运用人格保护的一般条款，对自然人的人格尊严进行保护。从人格保护的深层内涵讲，这意味着法院的人格保护实践进入新的阶段。

古代社会，每一宗族往往都有自己的祠堂，并把祭祀祖先作为一种神圣的宗教仪式进行。通过对祖先的祭祀，凝聚宗族人心，进行道德教化。祭祀由宗祠的掌管人——祠首负责，并掌握家长权，在家族内部有至高的威望。宗祠的管理，古代法上属于宗族的内部事务，属于习惯的范畴，基于对儒家伦理的尊重，国家法律很少介入。古代法所维护的是防止外部对家族的破坏，以维护农村社会的宗法秩序。

民国南京政府时期，最高法院在裁判中仍然尊重族规、谱例在家族内部治理的法律效力。最高法院在审理阮清璧与阮五芳因请求入谱事件上诉案时，判例要旨明确"谱例为全族修谱时所应共同遵守规约，故除与现行法令显相抵触者外全族均应受其约束"[①]。虽为民国时期，但政府在农村社会治理中对维护家族秩序的谱例仍给予足够的尊重。

民法实施后，围绕着"充当祠首之争"，当事人以人格权纠纷为由上诉至最高法院，法院予以审理。祠首本为家族内部纷争，各级法院均予受理，从侧面反映出法治的理念已在法官心中形成初步共识，司法是解决民事纠纷的最终途径。最高法院在审理中首先查明案件事实，认为该诉讼的上告人与被上告人为同一宗族，家族族规中对族人何种情形下应予记过及何种情形不能充当祠首并无规定。在族规中缺乏惩戒条款时擅自惩戒族人为不当行为，会导致族人在家族内的人格尊严受到侵害。该案中，上诉人

---

① 《司法公报》第一零四号，第5页。

等认为被上诉人在管理祠堂时有折耗等情形,给予训斥,但上诉人却不服教化因此应予惩戒,在祠簿内明确记载记大过一次以教育族人,并剥夺其充当祠首的资格。上告人认为这一惩戒不合族规,使其在家族内名誉严重降低,人格尊严受到严重侵犯,请求法院给予保护。法院认为上诉人主张成立,应予保护,故于民国三十三年做出判决:"两造为同族,其族规并无对其族人可以记过及如何情形不得充当祠首之订定,既为上诉人多不争,则上诉人等以被上诉人管理祠谷有折耗情事,且以被上诉人不服理论,即于祠簿内载明记大过一次,世不许接充祠首字样,显系非法侵害被上诉人之人格权,原判决依上诉人之声明,判定此项记载,应予除去,按之民法第十八条第一项之规定即无不合。(三十三年度上字第三八二六号,参考法条民法第十八条第一项)。"①这一侵害人格权的典型案例,当代台湾地区民法学者姚瑞光持不同主张:"特定团体之构成员,对于该团体其他构成员,所为有损于其他构成员在该团体之尊严之言行,应不生侵害人格权之问题。人格权乃自然人以社会构成分子之资格,从事一般社会(非特定的团体)活动,为维护或保障其权利能力、行为能力、个人之身份、地位、尊严及法益之必要,而应受法律保护之非财产上之权利。某特定团体与自然人同为社会之构成分子,并非即为社会。该特定团体纵令定有章程或规约,亦仅止于得拘束该团体之构成员,与该团体以外一般社会之人,不生任何影响……故 1944 年上字第三八二六号判例谓应属误认侵害人格权之判例。"②笔者认为,此观点并不可取。人格尊严是人格之基础,不论何人侵害都会导致其精神利益受损,自应视为侵害人格权,应当给予法律保护。

---

① 《法律评论(北京)》第四百一十期,第 32 页。
② 姚瑞光:《民法总则论》,中国政法大学出版社 2011 年版,第 49 页。

第三章　南京国民政府时期人格权立法、司法（1927—1949年）

第四节　南京国民政府时期地方审判厅裁判

一、物质性人格权实践

《中华民国民法典》颁行后，对生命权、身体权的保护有了切实的法律依据，裁判中案例明显增多，且基层法院在裁判实践中对法律规则的运用也愈来愈娴熟。以江苏江宁地方法院民事判决（二十三年度诉字第二七五号）为例，地方法院对生命权的救济越来越切合实际。该案中，诉讼起因为原告张陈氏之夫生前在国货商场设摊卖货谋生，并于去年生有一男孩尚未周岁，同年十一月二十九日上午因事行至中山路三牌楼地方，被防空学校军士黄宗水驾驶第一号摩托车（内坐防空校长黄汉勋）将张陈氏夫撞倒，送医院救治因伤重毙命，经警备司令部将黄宗水判徒罪刑并由防空学校给付殡葬费二百元。原告认为其母子生活困难，如其夫未亡，以二十年计之尚可得一万两千元，应请判令黄汉勋、黄宗水如数赔偿以资慰抚等语。被告黄宗水请求驳回原告之诉，认为张陈氏故夫张文横穿过街对车祸发生亦有过失，其生活困难无力承受更高赔偿，且其已受刑事责任。法院审理后查明确有侵害生命权之行为发生，原告故夫受被告黄宗水所开三轮摩托车撞伤身死，有警备司令部刑事卷宗可供改核。从民法法条看，原告母子两人所受精神上之苦痛依民法第一百九十四条之规定可得请求赔偿相当之金额。从本案侵权行为发生之过错分析，原告故夫于横穿过街当时未曾注意前后开驶车辆亦难说无过失之咎，依过失相抵规则应适当减轻被告的责任。"被告家垂恒产充当，防空学校下士每月仅有十四元之薪金而家中老母及妻子又均赖之以维持生活。原告请求被告黄宗水赔偿巨额之金钱则被告黄宗水之生计必受重大之影响。爰依民法第二百十八条之规定斟酌情形看，被告黄宗水赔偿原告银币五百元以资慰抚。"①法院从侵害生命权构成要件、比较过错与侵权损害赔偿责任、精神损害赔偿等诸因素裁判案件，展示基层法院对生命权的民事司法保护处理日渐娴熟。

二、精神性人格权实践

南京国民政府时期，名誉权、姓名权、自由权案例在地方审判厅仍不多见。究其因，除了与社会经济发展水平尚未达到发达，民众的人格意识尚未完全觉醒外，还与立法有着直接关系。民国学者龙显铭对民国司法实践中人格保护匮乏的原因的阐释是："推原其故，实由于我民法专就人格权所设之规定。仅寥寥二三条，一般法学著述均未加详细研讨，遂不为习法之士所注意，而法官对于人格权之保护所知极少，办理诉讼时，自不免但凭一时不正确之主观见解，不知尚有客观之法律规范存在；易言之，谓其由于在我国大多数法官之心目中无所谓关于人格之法律，亦无不可也。"这一分析较好地阐述了近代中国人格权司法困境的立法原因，近代中国司法实践中人格权保护案例匮乏，客观上与人格权立法简约、法官对人格权缺乏足够认识有较大关联。

离婚诉讼中，从地方法院对人格慰抚金的适用可以看出对人格权的裁判水平相比较民初，裁判意识不断提高。江苏高等法院于民国十九（1930）年曾审理一起慰抚费纠纷。该案中，上诉人金阿友因慰抚费涉讼一案，不服松江县法院于民国十九年9月24日所为第一审判决，提起一部上诉。法院审理认为："被上诉人金张氏在原审提起离婚之诉系请求消灭妻之身份，而妻之身份消灭在上诉人一方于法即不负养赡费之责，故被上诉人请求养赡费以及原判决断给养赡费实际即为慰抚费，其用养赡名称均系用语错误，本院自应予以纠正。"高等法院在审理中对婚姻法的养赡费与离婚诉讼中的人格慰抚金的区别，相当明了，展示出对1930年5月5

---

① 《民国时期江苏高等法院（审判厅）裁判文书实录》（民事卷）第二册，法律出版社2013年版，第399页。

第三章　南京国民政府时期人格权立法、司法（1927—1949年）

日实施的亲属法已相对熟稔。在裁判中，其认为"复查上诉人关于离婚之诉既经撤回则原判决关于离婚部分效力自属完全存在，故原判决释明关于离婚原因系上诉人加以虐待即不得谓为失效。兹上诉人主张无虐待事实因谓离婚原因在于上诉人不安于室希冀免除慰抚费责任殊无足采"。法院通过诉求与审判事实认为上诉人的虐待行为构成离婚的事由，故应适用民国民法人格损害慰抚金的条款，"惟查慰抚费性质系构成离婚原因之一方出资慰藉对方之意，其数额原无一定标准，非若具有何种身份应负养赡之责者尚须顾全受养赡人生活与地位给予一定之数额，故上诉人应给慰抚费若干应以其资力定之。本院查上诉人所称迫于穷困娶此哑看守门户尚属可信，是上诉人之资力既属薄弱自难命其负担较巨之慰抚费，原判决计及被上诉人终身生活状况命上诉人给付五百元未免过当，上诉意旨除一百元慰抚费为无理由外其余部分理由尚能成立，故判决原判决关于养赡费五百元部分废弃，上诉人应给付被上诉人慰抚费一百元。"该判决与民国二十二年度最高法院判决（上字第一六三七号）[①]"损害赔偿之责任与给付赡养费之责任性质迥不相同，苟应赔偿即当设法向权利人给付，给付资力之有无在所不问"[②]有很大差别，展示出地方审判厅在法律理解上同最高法院尚有一定差距。

南京国民政府建立后人格权司法实践以《中华民国民法典》的颁布为分水岭。民国民法典颁布前，大理院确立的人格保护规则作为裁判指导得以延续，同时，各级法院以《妇女运动决议案》为指导，对与该法案相冲突的规则进行必要的司法调整。地方法院遇有类似的纠纷也是通过逐级请示寻求指导，男女人格平等保护成为法官司法裁判的价值观。《中华民国民法典》颁行后，地方法院人格权审判实践与清末民初有了很大的差异。这一时期物质性人格权的审理，根据具体的人格保护条款断案已成为裁判的共识。法官对法条的理解已相当娴熟。精神性人格权的案件，地方法院仍然较少，裁判实践中仍以离婚中的人格慰抚金为主。

---

① 《司法公报》第二十五号，第26—27页。
② 《司法公报》第二十五号，第26页。

第四章
清末民国时期人格权制度的学理阐释

清末民国时期,中国社会通过吸收、引进西方的民法理论和体系,建立了中国近代民法学。当时的法学家以西方法理为依据,对人格权制度从学说上进行了完整的改造,努力将当时欧陆国家先进的立法引入中国。民国时期的民法学家,从其在法律职业共同体的角色看,在理论研究和法律实务之间穿梭。从《大清民律草案》的起草者松冈义正,到民国《民律草案》的起草者余棨昌等,再到《中华民国民法典》的起草者王宠惠、史尚宽、林彬等,他们不仅有高深的民法理论基础,而且有着丰富的立法、司法、执法经验,从而使得这一时期的民事立法、司法、学理在法律职业人之间形成了良好的互动。

第一节 清末民国时期关于人格权的学说之演进

从西方民法学在中国输入的源头来看,中国民法学的诞生过程就是移植西方民法学的过程。"对中国民法学来说,古罗马法和近代西方民法学就像两座巨大的雪山,丰富的水源从那里源源不断地输送过来。"[1]在这一

---

[1] 俞江:《近代中国民法学中的私权理论》,北京大学出版社2003年版,第13页。

进程中，中国逐渐接受了西方近代民法的词汇、概念及由它们编织起来的法律体系，形成了与传统民法不同的法学理论，并向社会民众及法律实践部门不断渗透。从法律移植的主体来看，清末民初的法律移植包含了中国几代法学工作者的创造性劳动，并不仅仅是一个被动的过程。在他们的努力下，中国民法学经历了从无到有，从简单地照搬到选择、吸收和与本民族法律融合的过程。这些法律家不仅是西方法律思想的传播者，中国民法学的开创者和发展者，近代民法思想在中国的实践者，同时又是近代化法律的制定者和解释者。他们的作用在人格权制度之理论和立法、司法实践中也有体现。

人格权制度不同于其他民事制度，其在中国传统上不仅无类似制度，而且与传统的身份差等的价值理念背道而驰，因而仓促引进的人格权制度在学说上存在盲目西化、难以本土化的特点。清末民国时期的人格权学说与立法相伴而行，随着《大清民律草案》、民国《民律草案》、《中华民国民法典》的制定而不断发展，既有继承又有很大创新。从法律继受角度而言是通过日本法间接继受德国法，从传播日本法学说到综合借鉴进而独立发展的过程。从发展阶段看，主要有两个重要特征：

其一，清末民初，主要是单纯译介日本的人格权理论。

这一特征是由于清末民初的民事立法主要是对日本法的继受。清末国内近代法的启蒙得益于日本法学家的启蒙，日本法学者冈田朝太郎、松冈义正、志田钾太郎、小河滋次郎"在京师法律学堂的讲台以及各种讲座的场合，讲授了他们自己才消化过不久的整套的西方部门法知识，而如此系统专门地讲授在中国法律史上还是第一次"[①]。

《大清民律草案》人格权条款的起草者松冈义正在京师法律学堂把其研究心得集中展现为《京师法律学堂笔记·民法总则》。松冈义正从近代民法法理出发，在介绍人格权理论时以通行的民法法理为基础，又兼顾中

---

① 王健编：《西法东渐——外国人与中国法的近代变革》，中国政法大学出版社

国传统社会的特殊国情。其阐释了关于其对人格权界定、男女平等的认识。在权利能力问题上，其认为"权利之享有，各人全其生存上所必要之事项。故在近世国家，作为原则，付予权利能力于各人，使得享有一切之私权，不问其男女身分之区别"[①]。关于男女私权上的平等，松冈义正论述"古代视女子为一种财产，可以随意处分。故有买卖妻女之事。至文明日进，使尊重女子之权利，更倡为男女平权之说。但平权有公权私权之分，女子私权，可与男子平等，公权则不如男子远甚……近时中国，亦有人提倡男女平权之说，盖权利思想，日益发达，女子亦争权利，必然之势也。但女子得享有公权与否，当视其教育何如"[②]。这一对人格平等的宣示，打破了传统法上的身份差等的理念。关于男女私权平等的态度，对女性人格权保护更具现实意义。但其价值理念明显反映了20世纪初的社会思潮，男女民事权利可以平等，但女子的公权力则受教育程度的制约。民初学者关于人格权的界定以学者余棨昌为代表，认为其"于权利人自身上所存之权利也"。[③]其在价值理念上亦受日本民法的影响。

其二，民国民法典颁行后，学者对人格权的研究理论开始在承受日本民法的基础上兼采德、法、瑞士等欧陆国家民法，并结合本国国情尝试构建本土的人格权学说体系。

该时期涉及人格权学说理论的探讨越来越丰富，除了在展现在民法教科书外，更多地体现在民国时期的法律期刊上。这一时期对人格权的关注伴随着人格权的保护实践，越来越具体化。对人格权的讨论，民国时期的学者则多从具体人格权和人格权保护方面论证人格权，其对具体人格权的关注集中在姓名权、名誉权等方面。代表性成果有李景禧《论近代法之姓名权》与《论姓名权》、陈忠诚《姓名权论》、胡长清《名誉权之本质》、

---

① 松冈义正：《民法总论》（下），第18—19页，《民法总则》（下）【日】松冈义正口述，熊元凯、熊元襄编，陈融、罗云锋点校，上海人民出版社2013年版。
② 松冈义正：《民法总论》（下），第19页，《民法总则》（下）【日】松冈义正口述，熊元凯、熊元襄编，陈融、罗云锋点校，上海人民出版社2013年版。
③ 余棨昌：《民法总则》，朝阳大学1920年版，第84页。

瑞云《由"十五个吴国桢"说到姓名权的保护问题》等；系统谈论人格权的文章有曾志时《人格权之保护论》、彭时《人格权之研究》等。民国时期人格权研究集大成者当属龙显铭先生的《人格权法》。

总体上来说，民国时期民法学者对于人格权的研究，鉴于人格权在国外立法也处于初步确立阶段，加之我国人格权法律实践的相对匮乏，在这一时期基本上以法条注释为主，围绕着不同时期的民律进行法律解读。在解读过程中，国内的民法学者显示了较高的学术素养，从域外法角度对人格权文本比较的同时，对人格权发展也做出了一定的预判。

1. 专著类

1949年1月龙显铭先生出版的《私法上人格权之保护》是民国时期唯一一本专门论述人格权保护的专著，能较好地反映民国时期人格权研究水平。该书篇章结构上，分为绪论、人格权分论、人格权受侵害之救济手段三篇，体例结构上展示了当时学界对人格权保护模式的通说。总论、分论相结合，辅之以人格权受侵权后的法律救济。在章节结构上，绪论内容包括人格权概说、侵权行为该说、国家之损害赔偿责任三部分，显示作者认为人格权主要通过侵权行为法进行保护。人格权分论意味着具体人格权的内容，该书对生命权、身体权及健康权、名誉权、自由权、姓名权、肖像权等具体人格权分别论述。在人格权受侵害之救济手段一章中，重点讨论了正当防卫、紧急避险、不作为请求权、损害赔偿请求权等权利保护手段，从其性质上讲这属于民事权利行使保护方面的内容。

针对当时学界热议的民法社会化思潮，其也主张人格权的社会化，指出："私权之行使违反公益者，不认其行使为正当。此种趋向，称为权利之社会化。就人格权而言，亦有此趋向……其他如身体权、自由权、名誉权，凡一切人的利益之主张，在公共利益之前，莫不应大受限制。盖人格权无非系十九世纪利己主义所生小资产阶级的个人意识，其趋于社会化，恰如所有权之社会化，乃出于不得不尔。"①

在其自序中，首先强调了人格权保护对于近代中国的意义，指出："随时代之推移，今虽个人主义之地位渐为团体主义所代替，但在团体主义的私法秩序之下，人格权仍不失为个人之基本权利。何则？民主政治已成天经地义，而人格之保护乃民主政治之真谛，诚如法国《人权宣言》所昭示，保护生命身体自由名誉等人格的利益，为一切政治结合之目的故也。在事实上，欧美诸民主国家，因法治昌明，无论个人或国家不法侵害他人之人格权，除有刑事上制裁及公法上之损害赔偿外，被害人在私法上亦类能得相当之救济。惟反视我国，则生灵涂炭为时已久，个人之人格的利益，随时随地皆有遭受不法侵害之事，以言救济，而法院办理此类损害赔偿诉讼，大抵任意命加害人赔偿少许金钱，乃至于动辄将诉讼驳回。"②

2. 期刊文章等反映的人格权

民国民法典颁行后，对人格权学说的研究形成小高潮。代表学者有彭时、曾志时、李景禧、陈忠诚、胡长清等。其对人格权的研究或者从人格权整体保护上论述，或者对具体人格权问题进行专门论述。

曾志时先生的《人格权之保护论》③发表于1931年，其在文中阐述了其对生命权、身体权、自由权、贞操权、名誉权、肖像权、姓名权等具体人格权保护的观点。在文中，其对民法典明确规定的人格权生命权、身体权、自由权、名誉权、姓名权从国外立法例渊源谈及保护，对国外法中规定而民法又未确认的人格权，其从法律解释学上进行解读。对于贞操权，其认为"我民法关于贞操权未有明文之规定，窥诸立法之意思，盖包括于自由权之内以保护之也"④。这一观点在今天仍为众多民法学者所接受，贞操权是性自主权的表现，侵害贞操，实质是对权利人自由权的侵害。关

---

① 龙显铭：《私法上的人格权之保护》，中华书局1949年初版，第15—16页。
② 龙显铭：《私法上的人格权之保护》，中华书局1949年初版，第1—2页。
③ 曾志时：《人格权之保护论》，载《朝大季刊》1931年第1卷第3期，第112—124页。
④ 曾志时：《人格权之保护论》，载《朝大季刊》1931年第1卷第3期。

于肖像权，其认为"我民法上关于此种权利之规定，虽未见诸明文，然将来苟无其他特别保护法则之规定，则判例之适用解释上，自不容忽视之也"①。德国民法在1907年才通过特别法确认肖像权，曾志时极力主张立法或判例解释引入肖像权。

学者彭时②对人格权作为私权极力推崇，专门论述近代人格权发达的原因，彭时对人格权作为一种私权有着强烈的权利意识，民国民法典制定后围绕着西方近代民法的社会化思潮问题，彭时旗帜鲜明地高举人格权权利本位的立场，指出"我民法应注重人格权之理由：近世欧美之法学者，以人格权之发展，为个人主义发达之结果……况我国立国之精神与欧美各国迥异。欧美各国立国之精神在物质，故法律保护私有财产至为周密。我国之排正国精神在道德，故疏财贱利之人，所在多有，而私人之言行，则不许有丝毫之荡检逾闲……抑予又有言者，我国向来民风醇厚，道德高尚，关于非财产部分之人格权，本无任意侵犯之事。只以欧风东渐，人欲横流，因自我之扩张，遂致侵害他人之权益，吾人假救济之权于法律者，亦不得已而思其次也"③。其敏锐地看到了人格权与财产权属性的区别，并在考虑我国立法精神的基础上，提出了人格权不能顺应社会化思潮而应积极弘扬，在当时理论界独树一帜的主张，彰显出其强烈的人文关怀情怀。反思西方二战中对人格尊严的摧残及二战后人格权的飞速发展，不能不感慨其对人格权发展趋势的预测。

对姓名权的研究是当时学者热议的焦点。姓名权在民国立法体例中与人格保护的一般条款并列，在侵权条款中并未列入与生命权、健康权等并列的侵权对象上，如何看待姓名权的权利属性，如何看待立法技术的处理，在当时的学者间有很大争议。学者李景禧认为："我国自来姓名权本无保障，惟考试服官必用一定名称，而习惯上则名之外有号有字，尤以关

---

① 曾志时：《人格权之保护论》，载《朝大季刊》1931年第1卷第3期。
② 彭时：《人格权之研究》，载《法律评论》第六百一十四期。
③ 彭时：《人格权之研究》，载《法律评论》第六百一十四期。

涉财产权益之时。往往避用本名，而以堂名或记名为标识，其结果法律上承认所有权，而所有权之主体常苦不明，保障姓名权，而姓名之本身常成问题，是不特于立法之主旨不合，是因权利主体暧昧不明之故，使法律行为易生纠葛、诉讼牵涉、举证为难。更就公法上言之，最易成为问题者，如财产契约等事，虽有证明，难期明确。尤以他日实行所得税与遗产税之时，一切财产，若仍许用堂名记名，则隐瞒漏报之弊。直无防止之法矣。"①建议姓名权在实践中通过立法修正。

第二节　清末民国时期人格权学说评析

清末民国时期，人格权学说伴随着民法学说而传入中国。在中国伴随着民事立法的进程而不断发展变化，伴随着《大清民律草案》、民国《民律草案》、民国民法的起草而逐渐成熟。清末民国法学家根据西方的民法法理，对人格权进行了多种解读。对人格权的解读伴随民法的立法进程体现了较强的差异性。这一时期的很多民法学者，由于其本身是最高民事裁判机构的法官，在司法实践中深化了对学理的理解。学说在民法学家的参与下与司法实践产生了良好的社会互动。这一时期的人格权学说发展呈现出下列特性。

一、以译介西方理论为主

人格权学说是西方19世纪兴起的民法理论，清末民国时期的学者在研究中通过译介，积极介绍西方的人格权理论。在学说上，以注释西方人格权理论为主，当时学者陈瑾昆、彭时等在论述人格权理论时都是运用西方的人格权理论诠释问题，动辄以法国、德国、瑞士等国立法、学说、判

---

① 李景禧：《近代法之姓名权》，载《法学杂志》

例为解释依据。即使当时唯一的一部人格权专著《私法上的人格权之保护》全篇论述也是以译介、整理西方人格权学说为主体。

当时的法律期刊及时把西方关于人格权的理论译介到中国，以期为中国的人格权理论、立法、司法提供借鉴。译介人格权的著作以黄敬发表的《著作者人格权之国际的责任》与黄宗缉发表的《著作者人格权之国际的承认及意义》为代表，其论述人格权在著作权法领域的发展，较好地跟踪了国外最新的研究成果。《著作者人格权之国际的承任》系日本法学博士水野东太郎参加罗马会议时的记录，黄敬将其摘录翻译后发表在《社会科学论丛》1930年第二卷第1期。黄宗缉撰写的《著作者人格权国际承认及其意义》，发表在《励笃季刊》1929年第2期，其在文中明称："依据巴黎万国著作权协会关于罗马会议报告书并参酌日本代表的报告，将该会议经过，略述于左，以供著作权法学者之参考……著作权有着二重权利，一是'著作者享有著作物发行利益的财产的权利'；一是'著作者维持著作物中思想的人格的权利'。这种主张，差不多为各国立法例和学说相一致。""然而去年在罗马举行的著作权保护万国会议，不但将此人格权问题列为重要的议题，而且终于定为一种著作权保护同盟条约。这等事实，在著作权保护的进展上，却是最值得我们注意的。"则表明了著作人格权最新立法进展。

二、缺乏本土化意识

民国时期的人格权法研究学者在学术上仍以继受西方法为主，没有从本土资源上研究人格权在中国的落实问题；

其一，学者没有分析人格权在民国时期的发展境况及原因，更没有从传统文化转型角度论述人格权得失。清末民国时期人格权学理研究给人以直观印象，就是近代民法学者谈人格权完全缺乏本土化的视角，法律继受中单纯的为继受而继受，学术水平整体上处于幼稚阶段。

其二，在研究中较少地从本土人格权实践中的问题出发研究人格权内容发展。举例而言，民国时期离婚案件频发，其中涉及众多名誉权纠纷，纷繁的名誉权纠纷本为学理上名誉的认定等问题提供充足的研究资料，但众多学者在分析名誉权问题时，对名誉内涵的解读始终以西方的学说引用为主，缺乏结合国情对名誉的实证化思考，因而无从对民国司法实践产生积极的指导意义。

三、融合两大法系理论

清末民国时期人格权学说研究，与民法研究相比有一些自己特点。传统的民法伴随着法律改革以大陆法系成文法为主，在学说重点上关注大陆法。人格权作为西方19世纪兴起的民法理论，学者的研究也以解读法国、瑞士、德国、日本、奥地利民法中的人格权理论为主，进行注释工作。龙显铭在《私法上人格权之保护》一书中谈及具体人格权保护常先介绍法、德、瑞士民法学理及立法规定。

但国内学者在人格权领域较好的关注到具体人格权的发展趋势。不同于大陆法系国家，英美国家通过判例在司法实践中发展一些具体人格权，学者们因而从侵权法角度注意到这一新趋势。黄公觉在《损害赔偿法概论》[1]第十七章介绍了关于诽谤之损害赔偿，实质上属于英美法中名誉侵害；第十八章比较了英美法与德国法在诱奸损害赔偿上的差异。戚维新在《侵权行为责任论》一书中常引用大量英美法判例，学术视野较为宏观。又如，英文原著《英国侵权法纲要》[2]一书的引入，可见当时的侵权法理论研究已达到相当高的水平。

四、学说与司法、立法之间的良性互动

民国时期学者对人格权研究有高度的热情，学者间争鸣激烈。人格权

---

[1] 黄公觉：《损害赔偿法概论》，商务印书馆出版，1936年
[2] ［英］弗拉斯耳（Fraster）著《英国侵权法纲要》，林振镛译述，上海：正中书局，1947年出版。

的具体内容，学者们有很大的分歧。但其有共通之处，即都主张扩大人格权的内涵，积极把西方已经规定、而民国民法并未落实的人格权通过法律解释或特别法的形式转化成现实的权利，如学者对贞操权、肖像权的解读都展示出了这一倾向。

律学家与人格权立法的互动在清末民国这一时期频繁发生。清末《大清民律草案》人格权部分是清政府聘请日本法学家松冈义正主持编订的，其关于人格权的立法思想后来集中体现在《京师法律学堂笔记·民法总则》。民法学者余棨昌于1920年出版的《民法总则》阐述了其人格权思想，其后起草了民国《民律草案》人格权部分，其学术思想在立法中得以延伸。律学家与司法实践的互动也是这一时期人格权发展的显著特点。北洋政府时期，大理院通过一系列关于人格权的民事裁判，确认了人格权法律规则的适用。巧合的是，当时担任大理院推事裁判人格权案件的法官余棨昌也是民国《民律草案》人格权部分的起草者。其主导了人格关系与生命权确认（七年私诉上字第二六号）、名誉权确认（五年上字第九六〇号）、身体权确认（三年私诉上字第四四八号判例）等一系列涉及人格权规则的裁判。同期，法学家陈瑾昆作为大理院的裁判官则确认了人格权受侵害时慰抚金（八年私诉上字第七七号）的裁判。但是，关于民国民法典制定过程中法学家的角色，张生教授认为"对法律家而言，是否得以进入核心的立法层面，并不依赖于法律家团体的认同和民众的肯定，政府的青睐是最终的决定因素；再有，从以上参与立法的法律家来看，法律家所掌握的法学理论是脱离本土文化的"。[①]

[①] 张生、李彤：《民国民法典的编订：政府与法律家的合作》，载《中国社会科学院研究生院学报》2006年第一期。

第五章
人格权近代化的社会动力与制约因素

在鸦片战争爆发以前,清王朝的专制统治虽已出现裂痕,但依靠传统经济、政治、思想的支持尚能维持其统治。经济上,以小农经济为主的自然经济保证了国民经济中自给自足的程度非常高,闭关锁国的政策进一步维护了经济的超然,长期处于贸易顺差状态。思想上,具有绝对权威的儒家思想排斥了西方政治理念的冲击,稳固了社会以身份差等为基础的伦理秩序。政治上,清王朝的专制统治压制了国内异己力量的反抗,王朝统治的重心是其赖以取得生计的农村社会秩序。"幅员广大、自给自足、统治阶级的麻木不仁和漠不关心,所有这一切使清帝国在与西方国家接触时毫无应变的准备。更确切地说,当这种接触在近代成为事实时,导致中国衰落的一个原因恰恰就是中国文明在近代以前已经取得的成就本身,要理解中国的衰落,就必须懂得中国早先取得的成就,因为这种成就之大使得中国的领袖人物对于灾难的降临毫无准备。"[①]正因为过于迷恋传统的自然经济结构、儒家伦理、君主专制的统治,近代中国大门被外敌入侵打开之后,我们在很长一段时间仍津津乐道于"中学为体、西学为用"。在经历维新派的改良运动、立宪派的立宪运动后,孙中山领导的辛亥革命爆发,

---

① [美]费正清主编:《剑桥中华民国史》(1912—1949年)(上卷),中国社会科学出版社1994年版,第6页。

彻底推翻了封建的君主专制政体，建立了民主共和政体。自此，近代缓慢发展的资本主义商品经济辅之以西方思潮对儒家伦理的冲击，终于"临门一脚"，改变了传统社会的治理模式。在基层农村社会秩序中，士绅的力量由于科举的废除和城镇化的发展，其或向城市知识分子转型，或在农村走向衰微。而在传统法中，其曾经是基层地方官吏和官府统治的基础。民初，中国社会逐步走向民主共和，在这转型期中，近代政治、经济、文化的变迁，既是推动人格权进步的力量，也是制约人格权近代化的力量。

一、社会经济的发展与人格权近代化

法律是对现实经济生活的反映。作为民法组成部分的人格权，更是随着社会经济的发展而变化。罗马法中人格制度虽不是近代意义上的人格制度，但其有所萌芽与古罗马简单商品经济的发展不无关系。正是因为罗马帝国后期军事、商业的不断扩张，罗马人才会逐步减少家长权的束缚迈向人格独立。

近代意义上的人格权制度在欧陆民法中逐渐确立，与欧洲近代资本主义经济的发展密不可分。近代工业革命使得传统的家庭作坊式生产解体，进入工厂化时代。新的近代工厂需要大量的劳动力，使得个人从家庭的束缚中摆脱出来，旧的家庭架构解体，由大家庭走向小家庭，从而为个人人格摆脱家长权束缚提供了客观的经济支持。在法律上，为保障工厂的用工自由，需要确认雇工独立人格从而为自由签订劳动契约提供法律保障。这一时期的人格权，分别代表着近代资本主义经济发展不同阶段的需求。1804年《法国民法典》代表着自由资本主义经济的发展诉求，其人格是当时自由经济形态的反映，重视财产上的人格独立，其人格平等更多的是一种抽象意义上的形式上的人格平等。与这一时期经济自由发展相适应，其人格偏重财产价值，故当时有"无财产则无人格"一说，其人格平等意义更多地在于强调摆脱封建等级束缚、社会身份差别，故《法国民法典》并没有人格权之规定。1896年制定、1900年实施的《德国民法典》则代表着经济由自由资本主义向垄断资本主义过渡的客观需求,被学者拉德布鲁赫评价为"与其说是 20 世纪的序曲,毋宁说其是 19 世纪的尾声"。这一时期的人格观由原来抽象意义的人格开始向具体意义上的人格转变。19 世纪末 20 世纪初,德国社会的劳资矛盾越来越尖锐,工人运动此起彼伏,为缓和社会矛盾,当时民事立法开始关注社会人格的现实差别,承认社会中弱者群体的客观存在并对其进行法律的特别保护从而实现具体意义上的人格平等。在此背景下,故有劳动者之特殊保护、租赁合同中"买卖不破租赁"之规定。在人格权立法中,德国民法实现了对姓名权、名誉、自由、生命、身体等人格利益的保护,并在立法中规定了"权利行使的限制"条款。1912 年的《瑞士民法典》则反映了垄断资本主义阶段经济社会化,民法的社会化在法典中已有较充分的体现。这一时期人格权发展越来越成熟,已有对人格关系的概括性保护条款之规定。

清末民国时期人格权的近代化与近代中国社会经济的变迁不可分离。传统中国经济结构以自然经济为主体,商品经济不发达。自鸦片战争以来,闭关锁国局面被打破,一系列通商口岸相继建立。到第一次世界大战开始时,中国已有 92 个城市正式对外开放。"从 19 世纪中叶起,外国势力在中国的存在固定下来后,中国城市除了继续传统时代的作用外,开始增加了现代经济、政治和文化方面的作用。"[①]城市带动的近代城镇经济的发展,产生了新的民事方面的社会需求,为近代民法带来了较大的适用空间。伴随近代工业的兴起,新兴的资产阶级要求打破封建的等级束缚,取得更高的社会地位。而原先的农民、手工业者由于贫困破产等原因进入商品经济大潮后也要求获得平等民事主体的地位。近代工业冲击下的社会阶级结构的变化要求人格观的改变。这一时期,外国人居住较多的通商口岸中新闻出版业、教育文化产业的兴起,为新思想的传播创造了必要的物质条件。通商口岸中"西方人的出现以及中国同外界的接触都推动着许多新

[①] [美]费正清主编:《剑桥中华民国史》(1912—1949 年)(上卷),中国社会科学出版社 1994 年版,第 36 页。

的活动,改变了某些固有的职能,同时使得一批现代的商人和实业家、军阀、大地主和城市知识分子新兴起来,同时传统的士绅文人阶层则处在瓦解和变化之中"①。近代的人格观念在这些阶层中产生了激烈的碰撞。

"社会经济的发展为民法近代化提供动力的同时,也设定了发展变化的限度。"②近代中国以通商口岸为中心城镇经济在高速发展,但直到1949年,农村地区和通商口岸的经济联系仍十分松散。"1949年以前的中国经济,可以看成是有两部分所组成:一个是很大的农业部分(或者是农村部分),包括大75%的人口;一个很小的非农业部分(或者是城市部分),以半现代的通商口岸城市为主要基地……农业部门主要是由6000万至7000万个家庭农户组成,其中大概有1/2的农户是自耕农,1/4是半自耕农,向地主租种若干土地,其余1/4是佃农。所有这些农户都生活在几十万个农村里,这些村庄遍布在中国境内绝大部分适于农耕的地区。"③传统的农村社会,继续保持未受城市变革破坏的社会风气,宗法伦理下的男尊女卑、家长权仍有很大的市场。占主导的小农经济结构使得个体很难获得独立的经济来源,对家长的依附关系依然存在,很难实现人格独立。社会75%的人口是农业、农村人口,其生活方式仍是传统的小农经济,建立在近代工业、城市文明基础上的近代民事法制度,其实施的效果可以想象。对于近代人格观来讲,其与传统的宗法伦理水火不容,其要改变在中国农村中统治数千年的儒家人伦观无疑是非常艰难的。即使在近代城市中,人格观的改变也是缓慢的进程。

如同蔡枢衡所言,近代法律是建立在西方殖民经济基础之上,其基础应是西方的近代经济文明。自《大清民律草案》开始,民国《民律草案》、

---

① [美]费正清、刘广京:《剑桥中国晚清史》(1800—1911年)(下卷),中国社会科学出版社1985年版,第576页。

② 张生:《民国初期民法的近代化——以固有法与继受法的整合为中心》,中国政法大学出版社2002年版,第17页。

③ [美]费正清主编:《剑桥中华民国史》(1912—1949年)(上卷),中国社会科学出版社1994年版,第32页。

《中华民国民法典》均继受自西方近代民法，但当时中国社会的经济发展水平却没有达到西方近代资本主义经济的水平。对于民国民法典立法的社会经济基础与政治理念，学者黄宗智把其与清法典比较后指出，民国民法典继受德国民法，在经济基础上与过往的法典有根本性差异，"清法典视父系家庭为基本的社会单元，国民党民法典以男女个人为中心。前者的基本经济逻辑是围绕家庭农场组织的、以生存为目的的小农经济；后者的经济逻辑是围绕合同签订者组织的资本主义经济"[1]。但考察中华民国时期的社会经济结构，一直到民国民法典实施几年后的1933年，中国社会人口结构仍以农业为主体。"在1933年，全国就业人口为2.5921亿人，其中2.0491亿人，即70%从事农业；5430万人（包括一定比例从事双重职业的人口），即21%在非农业部门就业。总人口中，有73%生活在以农业为主的家庭里，27%为非农业家庭成员。在20世纪的中国，虽然条约口岸的工业有一些增长，矿业和铁路运输也有所发展，但从事这些职业的人甚至到1933年仍然很少。这说明自清末以来，中国人口的职业区分总体上变化很小。"[2]民国民法典实施后，仍面临以农业人口为主体的社会结构，围绕近代资本主义经济而制定的新的国民党民法典，自然要面临很大的"水土不服"。农村人口的社会需求主要的是物质方面的需求，精神层面的人格尊严的需求要受到残酷的物质条件的制约。在近代中国的社会经济主体结构发生改变之前，民国民法的理念自与其存在很大的鸿沟，这也就不难解释为何人格权在近代中国实施存在很大的现实困境了。

近代中国长期处于军阀混战状态，"军阀混战给广大中国人民带来了极大的恐怖与掠夺，严重破坏了中国经济。军阀混战酿成了连年饥荒，20世纪20年代中期和晚期几次毁灭性的饥荒，毫无疑问是军阀治理不善造

---

[1] 黄宗智：《清代以来民事法律的表达与实践》，上海出版社2003年版，第2页。
[2] ［美］费正清：《剑桥中华民国史》（1912—1949年）（上卷），中国社会科学出版社1994年版，第39页。

成的。"①1931年九一八事变爆发后，中国又处于长期的对日作战状态，战争、自然灾害等原因使得中国的贫困人口长期占据很大比重。社会不稳定、经济贫困，使得人口买卖成为屡禁不止的社会现实。社会的贫困，使得某些人"自愿卖身""自甘为妾"，对于这种人格自我贬低的行为，法律上人格制度的规定仅具有象征意义。近代中国生存权成为最高的价值选择，生命权、身体权是民众的第一选择，虽然健康权与之同为物质性人格权，但健康权在温饱尚未能完全解决的时代很难被占人口多数的贫困人口所关注，因而《中华民国民法典》人格权立法中的健康权在现实中更多的是一种象征意义的存在。即使在抗战胜利后国内短暂的和平期，民众的生存状况无论在城市还是在农村都不乐观，正如学者所称"（当时）我国久负着'东亚病夫'的雅号，病弱侵蚀着多数人民，我们有着千分之三十的巨大的死亡率，每年有六百余万逾格死亡的垂死鬼。各项急慢性传染病，终年流行，寄生虫地方蔓延广泛，妇婴死亡巨大，环境卫生不良，医药设施集中都市，医药费用大多数人无力负担，以致广大的农业人口终身从未接触过医药，尤其是近代科学医药，比比皆是。即如北平南京等大城市战前统计，患病至死从未接受任何医药治疗者，尚达百分之四十以上，其他各地，更可想见"②。如此差的医疗条件下，如此高的死亡率下，民众对生命权、健康权的需求是最大的选择，生存权是民众的第一要务。姓名权、名誉权、自由权这些精神性人格权与人的尊严紧密相关，人的尊严感的提升、精神需求的增加离不开社会物质生活条件的改善。民国时期，精神性人格权中姓名权维权案件主要以法人为主体，实践中又与商号权直接相关，其涉及的实质上是法人名称权。自然人姓名权纠纷极为罕见，偶尔有之也如同上海市长吴士桢重名案般，涉及姓名权等级制度问题。名誉权纠纷多发生在名人身上，普通人的名誉保护主要围绕着离婚诉讼中的名誉

---

① ［美］费正清：《剑桥中华民国史》（1912—1949年）（上卷），中国社会科学出版社1994年版，第311页。

② 刘冠生：《人民的健康权：宪法中急应增列的一项》，载《红十字月刊》1946年第7期。

精神利益展开。简而言之,清末民国时期近代商品经济的发展为人格权的发展提供了推动力,但在社会经济结构仍以小农经济为主体的模式下,人格权条文未能转化成人格保护的现实。

二、民主政治的确立与人格权近代化

自辛亥革命建立到南京临时政府成立,虽有袁世凯称帝、张勋复辟两次倒行逆施的行为,但民主共和政体得以在整个近代中国形式上保留下来。民主共和政体与君主专制政体有很大区别。其一,民主共和政体奉行三权分立原则,立法权、行政权、司法权分开,行政权不得肆意干涉司法。民初,虽社会动荡,但作为司法独立典范的大理院法官坚持司法操守,在民主共和理念下对《大清现行刑律》进行律文的重新诠释,引导人格平等的实践。大理院能超然于民初政府更迭频繁,得益于共和政体下的分权;其二,民主政治下坚持法治原则,法治的前提是有法可依,从而为民法中人格权条款的制定提供立法需求;法治要求处理好与习惯法的关系,从而为排斥不符合人格平等原则的习惯法的适用提供法律依据;其三,民主政体下,私法与公法有着较为明晰的划分,私法为调整市民社会的规范,公法为规范政治国家的法律规范。作为私法的民法,其价值导向与作为公法的刑事规范有根本的区别。作为人格权制度基础的人格平等的价值理念唯有在民主共和政体下才能产生发展。虽然封建专制政体下对生命、身体等权益也有保护,但其是通过刑法制裁手段打击犯罪,维护社会的公共秩序,其一切制度安排建立在身份差等的基础之上,目的是维护等级森严的社会秩序。而民主共和政体下,宪法作为母法是民法的基础,民事权利获得了法律独立的保护而不再依附于公法的调整手段;其四,人民主权原则确定主权属于国民全体,民国人民在法律上一律平等。其规定的基本人权,诸如身体自由权、著作出版自由等权利条款成为人格权的基础。根据宪法原则,公民的民事权利能力平等、自由不得抛弃、生命权、身体权应得到法律的保护。

从国外人格权立法史发展看，宪法构成了人格保护的先导。法国的宪法性文件《人权宣言》是近代民法中人格保护的先导。其确立了行政、立法、司法三权分立体制，确立了法律面前人人平等原则，宣布自由、财产、安全与反抗压迫是天赋的不可剥夺的权利，从而为人格权保护奠定了法律基础。由此可见，民主政治的建立，前提是有成熟的宪法规范。

自中华民国建立以来，从1912年南京临时政府颁布《中华民国临时约法》始，先后有1914年的《中华民国约法》、1923年《中华民国宪法》、1931年《中华民国训政时期约法》、1946年《中华民国宪法》等宪法性文件，这些文件都确立了人民主权、三权分立、法治、最基本人权原则。这些原则的确立与权利条款的落实，成为近代民法发展的动力，更是近代人格权发展的一大助力。宪法性文件对公民基本权利条款的规制，成为人格权发展的基石。

但近代以来的民主政治有时也成为形式上的民主政治，民主政治的基础国会与宪法多次不正常更迭。民国时期《临时约法》无端被废除，"贿选宪法"的出现，国会的频繁更迭都展示出民主政治的不成熟，这在客观上阻碍了人格权的实践。北洋政府时期国会更迭频繁导致民国《民律草案》未能施行。宪法中规定的最基本人权原则，在现实中由于各种阻力未能完全在民法中落实，南京临时政府的男女平权成为空文便是一明证。

三、收回领事裁判权与人格权近代化

自清末以来的近代法律变革是在内忧外患的环境下产生，其具有很强的政治功利性，收回外国人在华领事裁判权是法律变革的重要推动力。第一次鸦片战争结束后，英国人通过1843年签订的《中英五口通商附粘善后条款》和《中英五口通商章程》，取得了在华领事领事裁判权。此后相继有十七个国家通过不平等条约取得了在华领事裁判权、破坏中国的司法主权。

自清末至民国时期，中国历届政府深感治外法权是国家主权之耻辱，

第五章 人格权近代化的社会动力与制约因素

都致力于通过各种手段收回外国人在华领事裁判权。光绪二十八年八月，宣盛怀等与英国商约大臣马凯在续议的通商行船条约中规定："中国深欲整顿本国律例，以期与各西国律例改同一律，英国允愿尽力协助以成此举。一俟查悉中国律例情形及其审断办法，及一切相关事宜皆臻妥善，英国即先弃其治外法权。"[①]列强的允诺，刺激了以沈家本为代表的修律大臣希望通过修律，制定"参酌各国法律，务期中外通行"的法律，从而收回领事裁判权，体现近代民法特质的《大清民律草案》便在这一背景下产生。虽然当时的有识之士如张之洞看到了收回领事裁判权更多地要依靠国力的强大，但当时朝野上下仍是尽可能通过制定新律、修律完成西方所要求的法律目标，从而让西方放弃领事裁判权。孙中山领导的南京临时政府成立后也以收回领事裁判权为重要使命。临时政府短暂存在后，即被民国北京政府取代。在1916—1928年的大部分时间内，是根据1912年的《临时约法》成立的北京政府在运作，其在外交上尽一切努力想收回领事裁判权。一战作为战胜国的北洋政府在巴黎和会上正式提出废除领事裁判权的要求，未得到列强的回应。1922年春华盛顿会议上，北洋政府希望通过外交努力寻求主权独立，"中国代表施肇基致力于废除不平等条约体系，他保证各条约国在中国工商业机会均等的门户开放，但要求所有有关中国的协定必须公布，签约时必须有中国参加，有指定的期限，并作出有利于授予者的严格解释"[②]。在外交努力下，关于中国问题，西方列强最终同意单独召开一个目的在于废除领事裁判权的会议。华盛顿"大会议决由各国派员来华调查司法，政府即责成司法部对于司法上应行改良各事，赶速进行，并饬修订法律馆积极编纂民刑各法典"[③]。可见，1925年至1926年民国《民律草案》的仓促出台，有着极强的政治功利性。1926年外国考察团

---

① 《光绪朝东华录》，第4919页。
② [美]费正清、费维恺：《剑桥中华民国史》（1912—1949年）（下卷），中国社会科学出版社1994年版，第106—107页。
③ 谢振民：《中华民国立法史》（下册），中国政法大学出版社2000年版，第747页。

来华调查我国司法状况后认为："我国司法缺点，有四大端：一、法典不完备；二，新式法院监所太少；三，司法经费无保障；四，军人干涉司法。"①调查结果刺激了随后成立的南京国民政府，其也把编纂法典、改良司法作为政府的重要使命。北洋政府寻求废除治外法权的外交努力，在南京国民政府成立后仍在延续。"1928年7月7日，国民政府外交部长王正廷宣布，已经满期或即将满期的一切条约，将另订新约代替；所有其他条约将被废除，重新进行谈判。在此过渡时期，所有在华外国侨民及其财产将受到中国法律的保护。但此等侨民亦必须受中国法律约束，接受中国法庭的裁判，必须向中国政府纳税和交纳常规关税。"②受外国考察团调查结果之影响，在国民党主持下中国进行了大规模的民商事立法活动，民国民法典等相继颁布实施。成熟的立法与较为进步的司法改革，客观上适应了近代司法文明的发展要求。太平洋战争爆发后，中国成为世界反法西斯联盟的重要成员，国际国内形势的变化客观上推动了国民政府收回领事裁判权的外交努力。废除领事裁判权的历史使命最终在1943年得以完成。

收回领事裁判权的政治目标客观上推动了民法的近代化。清末收回领事裁判权的政治功利性客观上促成了中国第一部民法典《大清民律草案》的制定；而华盛顿会议来华考察司法则促成了民国《民律草案》的完成。但政治目标上的功利性也导致民法仓促制定，过于迎合西方，过于注重"通行之法理"，对本国国情缺乏理性的思考。仓促制定的民法在人格权部分，过于迎合当时最新的社会本位的立法思潮，过早地对私权的行使施加限制条款，对人格权的近代化产生了不利的影响。

---

① 汪楫宝：《民国司法志》，商务印书馆2013年版，第20页。
② ［美］费正清：《剑桥中华民国史》（1912—1949年）（上卷），中国社会科学出版社1994年版，第707页。

四、社会文化与社会本位立法思潮的冲击

(一) 多元社会文化冲击

西方欧陆国家人格权的发展与西方成熟的民法文化紧密关联。启蒙运动、文艺复兴、宗教改革促进了西方人格的解放,促成了理性人格的形成,从而为近代人格权的发展提供深厚的思想土壤。

反观中国,古代以"忠孝"为基础的人伦,长期在社会中占主流地位。清末民国时期,社会文化处于传统与现代、进步与落后激烈的碰撞期。自维新变法至五四运动,传统的宗法伦理文化受到维新派、革命派强烈冲击,旧有的文化体系逐渐趋于解体。"在中国思想史上,1898年和1919年,通常被认为是与儒家文化价值观决裂的两个分水岭。1898年的改良运动,是在天子门前的文化人士,企图变革政治制度的一次尝试。这场运动,开始是作为对1895年甲午战争战败的反映,但却以摈弃了传统的中国中心世界观,大量吸收西方'新学'而告结束。其对晚清的现代化新政趋势,对1911年帝国体制的崩溃,都产生了积极的影响……1898年改革的锐利锋芒,直指历代传统的政治制度。"[1]维新派人士对封建纲常伦理的批判,启迪了社会对"三纲五常"的反省,对君臣、夫妻、父子关系的反省,为人格解放奠定了思想基础。在政治法律制度上,维新派最早提出制定民商事律,是民商事立法思想的开拓者。但维新派"托古改制"的思想,使其对旧制度的价值理念虽存在强烈质疑,但并未完全否定。而"1919年的五四运动,标志着彻底的'新文化'思想运动,也被视为是对传统道德和社会秩序的冲击。五四运动的领导者,除了反对帝国主义外,目的在于涤荡中国过去封建制度留下的污泥浊水,建立科学的与民主的新文化。新一代的知识分子,已明显从对传统价值观核心之点的怀疑,转向

---

[1] [美]费正清:《剑桥中华民国史》(1912—1949年)(上卷),中国社会科学出版社1994年版,第315页。

对传统价值观彻底的否定"①。五四运动的领导者试图彻底否定旧道德，用西方的科学、民主重建价值理念。陈独秀倡导新的人格，认为人格中的蓬勃活力能使个人意识自我觉醒，人格独立要求解除所有彼此纠结的社会关系。相反，这样会更适于自由选择婚姻配偶为核心的家庭，也适于经济独立的欧洲模式的家庭制度，人格独立与婚姻自由便有了密切的关联。其进而认为人格独立能促进经济的发展，"现代生活以经济为命脉，而个人独立主义，乃经济学生产之大则……故现代伦理上之个人人格独立，与经济学上之个人财产独立，相互证明，其说遂至不可动摇，而社会风纪，物质文明，因此大进"②。新的人格观，有助于民众思想的解放，有助于人格独立、人格尊严意识的觉醒，从而推动人格权实践。但这一时期，儒家伦理通过各种形式重新登上历史舞台，继续在社会生活中发挥重要道德教化作用。民国初年，一批康有为改良思想的追随者积极游说在宪法中加入"宗教"条款，试图将儒教定为国教。1912年，陈焕章等人在上海发起成立孔教会。1916年，曾进行祀孔祭天活动，将民初对儒家的尊崇推向新高潮。儒家思想在民初虽有强烈反弹，但也遭到受过教育的新式青年、知识分子的强烈抨击。在这种思想的激烈碰撞中，官方层面为笼络人心，也宣称政府虽举行祭孔纪念活动，但无意把儒教定为国教。

这一时期旧的文化在体系上解体，但其又以新的形式在社会上到处流行。以民国社会新时期的"妾"为例，妾本身是传统文化中对女性人格的蔑视，其多由于家庭贫困被迫卖身为妾。妾与女性缠足、剥夺受教育机会同被列为传统伦理蔑视女性人格的表现。但新时期很多受过教育的女性，因对所谓自由恋爱的向往，竟主动委身做妾。恋爱自由、婚姻自由是传自西方的近代新思潮，在民国这个特殊转型期竟与传统文化的妾制度相融合，不能不谓一怪现象。这一时期，新文化运动提倡的民主、科学并未完

---

① [美]费正清：《剑桥中华民国史》（1912—1949年）（上卷），中国社会科学出版社1994年版，第315页。

② 陈独秀：《孔子之道与现代生活》，载《新青年》1916年第2卷第4期。

全渗入国民意识。

民国初期，中国文化处于一种混合体状态，西方文化的精髓民众并未真正接受，传统文化体系虽表面解体但以新的形态存在。对民初立法中的社会化思潮而言，"民国初期作为固有民法与继受民法整合的价值基础——民法社会化，体现的正是西方法文化的表层影响和传统法文化的深层影响"[①]。民法社会化的思潮不仅影响了民国《民律草案》的起草，而且在南京国民政府的民国民法典中得以贯彻，从而影响了人格权立法与实践。

（二）民法社会化思潮

近代欧陆民法以个人权利本位为基础，以人格平等、所有权绝对、过错责任为基本原则，既与自由资本主义经济发展相适应又促进了经济的发展。19世纪末20世纪初，资本主义经济由自由资本主义过渡到垄断资本主义阶段。社会的经济结构、阶级结构发生改变，无产阶级力量壮大，社会劳资矛盾日趋尖锐，从而使个人本位为基础的民法遭受了经济、社会生活等各方面的挑战，有了所有权的限制、契约自由的限制、无过错责任原则的出现，被称为民法的社会化。从其演变基础看，社会本位的前提是个人主义、自由主义发展到极致后出现了新的问题之后的必要修正，其民法的基础仍是自由主义基础上的个人权利本位。自由主义曾为思想解放提供重要推动力，但其过度发展演变成自由的滥用。"自由主义，既系胚胎于自由思想之变种的现象。而自由思想，由国民及个人在解放不道德之桎梏之点观之，本有高度之道德的价值，自身无可非难者，不过在自由目的达到后，自由思想，便失其内面的根据，而自由遂为自己目的变成外部的自由之支配者，不认共同生存之关系，惟个性是逞是赖，其结果惟重视权利而轻忽义务，由根于内面的自由，人格之自制，而演成外面的行动自由，任意恣行，不知一个人之自由行动。要以他之个人行动自由所所不欢为限

[①] 张生：《民国初期民法的近代化——以固有法与继受法的整合为中心》，中国政法大学出版社2002年版，第198页。

界，于是平等自由，成为厄难之归结。"①民法上契约自由不受任何限制，导致公用企业领域合同自由之滥用，损害作为弱者的消费者利益；所有权行使完全不受任何限制导致他人利益受到不合理侵犯、公共利益受损。

民法社会化思潮客观上与西方社会发展到垄断资本主义阶段后，为缓和社会矛盾，注重社会公共利益的诉求相关联。《德国民法典》中规定的"租赁权的物权化"、无过错责任原则在工厂事故中的适用都是围绕缓和劳资矛盾产生。这一思潮在德国的发展与德国一战后国家政策调整紧密关联，如同当时日本学者森山五市郎论述："现今民法思潮，有两大潮流存在，一为罗马思潮，一为日耳曼思潮，此二潮流，在民法各领域中表现种种之形态，而罗马思潮，为个人本位权利本位之思潮，日耳曼思潮，有团体本位义务本位之倾向……罗马思潮，与法律进化有重大之影响，其功绩称为不可没者，但自世界大战以来，日耳曼思潮，急激抬头，亦为不可掩之事实，在法律方面 除于宪法、刑法之领域实行重大之改正外，于民法之领域亦正进行改革。"②

民法社会化思潮中注重社会公共利益的思想被我国简单化为"社会政策之立法"，从而与本国的传统相结合，成为民法制定的指导思想。南京国民政府立法院的《民法总则起草说明书》论及："自个人主义之说兴，自由解放之潮流，奔腾澎湃，一日千里，立法政策，自不能不受其影响。驯至放任过甚，人自为谋，置社会公益于不顾，其为弊害，日益显著。且我国人民本已自由过度，散漫不堪，尤须及早防范，藉障狂澜。本党既以谋全民幸福为目的，对于社会公益，自应特加注重，力图社会之安全。此编之所规定，辄孜孜致意于此点……"③如同这一时期的新旧文化交融一样，我们从骨子里并不愿接受西方的个人主义思想，抑或我们接受的个人

---

① ［日］森山武市郎著，淡平译：《社会本位义务本位之民法观》，载《译丛》第五百三十四期。

② ［日］森山武市郎著，淡平译：《社会本位义务本位之民法观》，载《译丛》第五百三十四期。

③ 谢振民编著：《中华民国立法史》（下册），中国政法大学出版社2000年版，第756页。

主义思想并非近代个人主义思想的真谛。民国南京政府立法中对个人主义的某种偏见，一定程度上受到了语言交流中翻译不当的影响。西方近代人格权的基础为个人主义与自由。个人主义本意在于强调摆脱封建的等级压迫，使人格从团体束缚中摆脱出来，以积极进取的心态去维护正当权利。自由更是为反抗压迫，追求独立而生。但"西方自由主义的'自由'（freedom）和'个人主义'（individualism）两个神圣概念，当年日本人翻译时，保留了任性和不负责任的含义，随即成了人都为己的处世信条；正统的儒家信仰者对此都为之惊恐不已。于是西方个人主义的美德，变成了无责任感的自私与纵欲"[1]。对个人主义与自由话语的不当理解，使得我们认为若民众自由泛滥，人将争相为个人私欲争斗从而损害社会公益，故应实行社会政策之立法重建社会公共秩序。

蔡枢衡先生曾对近代中国的法律从形式和内容上进行考察，"把第三立场或第三阶段应有的世界观、法律观和方法论作出发点，关于三十年来的中国法之现象的把握，在形式观上可以举出：民初约法、曹锟宪法、训政时期的约法和历次宪法草案中关于确认人民各种权利，非依法律不得剥夺之规定……内容方面可以举出……民法中权利之行使，诚实信用之原则，无过失责任和家的规定……具有这种形式和内容的法制，大体说来，属于把个人主义当做基础的团体主义，把个人本位当做基础的社会本位，把自由主义当做基础的干涉主义，把产业资本主义当做基础的金融资本主义的法制之类型"[2]。从近代中国的法律形式上看，建立在个人主义基础的人民之人权已经全面规定，从法律内容上看民法的社会化已经有所体现。但审视中国现实的社会结构、经济结构、政治结构，又发现"三十年来的中国法制现象虽然应该是高度发达的工商业社会秩序和工商业的政治

---

[1] ［美］费正清：《剑桥中华民国史》（1912—1949年）（上卷），中国社会科学出版社1994年版，第5页。

[2] 蔡枢衡：《中国法律之批判》，山西出版传媒集团．山西人民出版社2014年版，第26页。

政策之结合或目的结合的表现，但是，中国国民迄今还没有自传统的社会束缚中解放出来。传统的官权至高原则也还没有彻底推翻……民族工商业还幼稚得难以形容；产业革命离完成的时候还很远。换句话说，中国历史上还不曾有过普遍彻底推行自由主义和个人主义和产业资本主义的事实；宪政或法治迄今还是当作运动目标的理想"[1]。法律所构建的理想主义模式和残酷的现实之间存在的巨大鸿沟，昭显社会本位的法律是西方工业社会的反映，是中国次殖民地的反映。在中国社会的经济结构未发生根本转型之前，在民众个人主义、自由主义的意识充分觉醒之前，仓促确立民法的社会化对私法的发展是一大缺憾。王伯琦先生亦指出"我们的现行法是以社会为本位的，社会本位的法制究其实不过是权利与义务的混合体制。在西洋是在压抑过于扩张的权利观念或个人观念，来调剂社会的利益，从而获得个体与总体间的平衡。至于吾国，义务观念从来就极浓厚，倘要获得个体与总体间同一之平衡，须要使权利观念或个人观念抬些头"[2]。

时光荏苒，反思民国时期民事立法的社会化思潮，大家都认为民法的社会化应辩证地看、全面地看。民法在物权、合同法领域的社会化思潮有着极大的合理性，物权、契约领域的过度自由竞争会导致私权的滥用，损害他人和社会利益。况且，经济领域的社会化思潮，能为国家介入私权提供合理的契机从而重新调整社会分配结构，关注具体人格的差异，保护作为弱者的特殊群体的利益。但对于作为私权的人格权来讲，其过早谈社会化可能不合时宜。对于人格权制度而言，这种认识尤有历史的启迪。

（三）人格权社会化思潮

西方近代的人格权制度同西法近代民法一样，建立在个人本位权利基础之上，民法的社会化是否应在人格权立法中体现，民国学者间有重大分

---

[1] 蔡枢衡：《中国法律之批判》，山西出版传媒集团．山西人民出版社2014年版，第27页。

[2] 王伯琦：《超前立法的出路》，载于《近代法律思潮与中国固有文化》，清华大学出版社2004年版，第77页。

歧。赞成人格权社会化的以学者龙显铭为代表，其指出："晚近民法已由个人主义进于团体主义。个人主义的民法着重于维护个人之私益，认私权为神圣不可侵犯。反之，团体主义的民法则着重拥护社会之公益，于不妨害公益之限度内，始认私权之行使为正当，究其言之。法律承认私权，全基于社会公益上之必要，故违反公益之私权，不认其存在。私权之行使违反公益者，不认其行使为正当。此种趋向，称为权利之社会化。就人格权而言，亦有此趋向……其他如身体权、自由权、名誉权，凡一切人的利益之主张，在公共利益之前，莫不应大受限制。盖个人为社会之构成分子，为谋社会之维持及发展，不能不抑制自我之主张。此应抑制之程度，可称为'国民生活上之容忍界限'，超越容忍界限之人格权侵害，始为侵权行为，而容忍界限以内之小侵害，不足为请求损害赔偿或慰抚金之理由……随都市生活之密集化，而国民之容忍义务逐渐加重，得主张人格权之范围，逐渐缩小。人格权无非系十九世纪利己主义所生小资产阶级的个人意识，其趋于社会化，恰如所有权之社会化，乃出于不得不尔。"[1]龙显铭认为人格权产生于19世纪小资产阶级的个人意识，人格权的社会化与所有权的社会化一样是社会经济生活发展的必然要求。人格权社会化的法律表现是人格权权利行使的限制，对轻微损害的容忍。

反对人格权社会化的学者以彭时为代表，在民法社会化思潮高涨时，其对西方人格权缘起与社会化之原因保持客观的、清醒的认识。其指出：

> 我民法应注重人格权之理由：近世欧美之法学者，以人格权之发展，为个人主义发达之结果，换言之，即由第十九世纪利己主义所产生之小市民个人的意识。方今所有权日倾于社会化，则人格权，遂亦不得不倾于社会化以救济之。所谓社会化者，即抑制自我，而保持社会共同生活是已。纵有人超越容忍界限，而损

---

[1] 龙显铭：《私法上的人格权之保护》，中华书局1949年初版，第15—16页。

失甚小。亦不许任意请求损害赔偿。例如在电车中足被人践踏，以及邻人喧嚣妨碍其安眠，均不许任意请求慰抚金之类是也。然予意以为人格权与财产权不同。财产因个人主义发达之结果，以致贫富悬殊。故有主张社会化之必要。而人格权则不问人之贫富贵贱智愚贤不肖，为一般人所同具。人人有人格，即人人应守一定之界限。如逾越其应守之界限，即构成一般侵权行为焉，被害人即有对侵权人请求损害赔偿之权，其内容根本即甚公平；若必欲仿效财产权而加以社会化，未免张冠李戴，形似而神非也。①

民事权利中人格权与财产权属性有别，财产权的社会化有合理价值，但人格权不应盲目跟随社会化思潮。财产权的社会化，有助于民法人格由抽象向具体的过渡，保护具体的人格弱者，维护社会的公共利益。财产权的社会化是20世纪初社会经济发展的必然需求。当时经济生活中高空、地下作业的出现，使得传统的所有权不可侵犯、权利行使绝对自由不受限制的理论必须做出调整，传统的所有权范围"上达天空、下达地底"不适应现代工业的发展要求。但人格权作为人的固有的、基本的、与人身不可分离的权利，无论是生命、身体、健康等物质性人格权，抑或姓名、肖像、名誉等精神性人格权，其不仅不应受社会化之限制反而应继续弘扬人格独立、人格尊严指精神，加大对人格权的保护力度。从近代欧洲历史看，一战结束后社会化思潮高涨，在社会经济、法律生活中动辄以公共利益为名进行国家的公权介入。二战期间，欧洲大陆对人格尊严的摧残、对人性的蔑视使得民众人格权受到沉重打击。二战结束之后，人格权全面崛起，由此不能不感慨彭时对人格权属性、人格权发展趋势预测之准确。

我国社会立国精神与西方社会有很大差异，民族心理的差异决定了我们不能轻言人格权的社会化。我国社会长期有"重义轻利"的传统，对伦

---

① 彭时：《人格权之研究》，载《法律评论（北京）》第六百一十四期。

理的尊重高于西方国家。

> 况我国立国之精神与欧美各国迥异。欧美各国立国之精神在物质，故法律保护私有财产至为周密。我国之排正国精神在道德，故疏财贱利之人，所在多有，而私人之言行，则不许有丝毫之荡检逾闲。如轻言人格权之社会化。则因贞操权之贱视，而增长淫行；因名誉权之贱视，而谤非横兴。因肖像权之贱视，致使他人得以任意侮辱。其他生命、身体及姓名诸权，更无论矣。似此倚强凌弱，智欺愚，人我之界限既破，斯社会之秩序崩溃，殊无保持我国固有之良风美俗也。抑予又有言者，我国向来民风醇厚，道德高尚，关于非财产部分之人格权，本无任意侵犯之事。只以欧风东渐，人欲横流，因自我之扩张，遂致侵害他人之权益，吾人假救济之权于法律者，亦不得已而思其次也。①

彭时从人格权社会化后可能在我国引发的负面结果反对社会化，其预测"轻言人格权之社会化，会导致因贞操权被贱视而增长淫行，因名誉权之贱视，而谤非横兴。因肖像权之贱视，致使他人得以任意侮辱。其他生命、身体及姓名诸权，更无论矣"。换言之，人格权社会化，会导致社会中侵害人格权现象泛滥，破坏我国社会秩序中之良风美俗。人格权社会化，对人格权行使的限制，可能会导致人格权地位降低，当事人假借公共利益之名，肆意侵害权利而不受惩罚。因而在考虑我国立法精神的基础上，提出了人格权不但不能顺应民法社会化思潮进行调整反而应积极加强人格权之保护。

从民国《民律草案》开始，近代民法的社会化思潮为我国立法所采纳。民法的社会化在我国民事立法中呈现出多个特点。其一，引导民事立

---

① 彭时：《人格权之研究》，载《法律评论（北京）》第六百一十四期。

法中的人格观从抽象人格向具体人格转变，关注自然人人格的具体差异。在维护公共利益目标的指引下，特殊弱者的人格利益开始得到法律的重点保护，这从价值目标上讲有利于人格平等的贯彻。民法亲属编立法中，对妇女、未成年人具体人格的平等保护推动了人格保护的进程。司法实践中，法院加强了对妾、孀妇等特殊主体的人格保护。其二，民法的社会化，在民事立法中体现为"权利行使的限制"规则。权利行使的限制要考虑权利的法律属性，财产权限制的必要性远远大于人格权。在近代中国，由于长期受宗法人伦观念影响，普通民众的人格独立、人格尊严意识受到极大的压制。这种民众主流心理下引入西方的人格权制度，本可启迪民众心智，促进民众人格意识之觉醒。然过早引入权利行使限制规则后，民众心理中天然的对公权的敬畏、服从意识在社会本位公共利益名义下得到强化，个人独立之人格更容易受到压制，不利于民众的人格权保护。

结　论

清末民国时期人格权制度通过法律继受进入中国后，立法呈现一定程度上的激进性、不成熟性，司法实践呈现层次性和渐进性。出现这一特征的原因绝非偶然，是由这一时期的经济、政治、文化等诸多因素综合作用的结果。

"以法律移植为主要手段的中国民法近代化，在被移植对象处于变动、调整的情况下，其近代化步伐产生了一定的混乱、不协调。"[①]人格权的近代化更是如此。对于人格权制度而言，其在近代西方的发展也是极不成熟的。不成熟的制度仓促移植到了中国，加剧了人格权近代化进程中的渐进性。反思清末民国时期人格权的立法继受、考察这一时期的人格权实践，对于当下《中华人民共和国民法典》颁行后的人格权司法实践具有现实的意义。

一、人格权立法之反思

清末民国时期的人格权立法呈现出一定程度上的激进性、不成熟性特征。这种立法的激进性与不成熟性在立法路径、立法原则和立法模式中都有体现。《大清民律草案》中的人格权立法是激进的，在当时的特殊形势下仓促引入人格权保护的各项条款，从某种意义上讲与国情不符。但不容

[①] 朱勇：《私法原则与中国民法近代化》，载《法学研究》2005年第6期。

否认的是，如同立法理由中关于人格保护一节的说明，其宣示意义大于实际意义。过于激进的立法，在大理院的司法实践中得到部分修正。大理院在实践中对人格权的保护是一渐进的过程。南京国民政府时期的民事立法和司法相对清末民初来讲，整体上是渐进的过程。但民法社会化在人格权立法中的体现，未尝不带有一丝"激进性"。

（一）人格权立法路径

清末民国时期人格权立法首先从翻译国外民法典开始，历经民初大理院时期的司法实践，在总结司法实践经验的基础上进行制度的规范与调整。

人格权立法首先是翻译的立法。人格的概念源自日本，人格权是我国传统法中所没有的制度。人格权制度自清末进入中国，从某种意义上讲属于法律制度的"无中生有"。清末民国时期人格权立法，首先是翻译的立法，翻译的水平客观上影响了我们对制度的理解。清末的很多民法法律文本，我们是通过日文版本间接翻译。人格权的法律继受中，我们多采纳日本民法的间接经验。就立法技术储备而言，国内民法学者缺乏对《法国民法典》《德国民法典》《瑞士民法典》《苏俄民法典》的专门直接研究。对法律继受中母国法律制度研究的欠缺，直接影响了法律制度继受的质量，导致人格权制度继受中出现了"杂糅"的现象。每个国家的人格权制度有其自己的逻辑体系，但在吸收最新最先进立法理念的指引下，我们却热衷于将其仓促糅到一起，法国法、瑞士法、德国法、日本法的人格权制度就这样进入到我们的法典之中，不失为近代人格权法律继受之缺憾。近代人格权立法离不开对司法实践经验的总结。民国《民律草案》人格权立法，吸收了民初大理院人格权裁判的部分成果，在立法与司法间形成了较好的互动。这一时期的人格权实践在精神性人格权领域的实践是渐进性的过程，在某种程度上实现了对激进立法的修正。南京国民政府立法的激进性有所改善，但立法中的"健康权"在司法实践中缺乏足够的表达也从侧面反映出立法与社会现实间的不协调。

(二) 立法原则

自民国《民律草案》开始，西方民法的社会化思潮就开始影响我们的人格权立法。到《中华民国民法》制定时，民法的社会化成为立法指导原则，进而影响人格权立法。殊不知，人格权建立在个人主义、自由主义高度发达的基础之上，西方国家是因为权利行使的滥用而基于公共利益对权利行使施加必要的限制。我国在私权意识不发达、人格意识尚未觉醒的时代，仓促适应民法社会化思潮，在立法上是相对激进的。

(三) 人格权立法模式

自清末制定《大清民律草案》开始，历经民国《民律草案》《中华民国民法》，人格权的立法模式都是采取总则编和债权编相结合的模式，总则编正面规定人格权保护的一般条款，债权编通过侵权损害赔偿之债的形式反面规定对侵害人格权的法律救济。民法总则中对具体人格权的规定仅有姓名权和自由权。债权编则规定了对生命、身体、名誉、自由等人格权益受到侵害时的法律救济。这一立法模式总体上科学，但也呈现出一定程度上的激进性和不成熟性。民法总则中对人格保护条款的概括性规定是最新的立法，但在司法实践中法官直接运用这一条款断案却极为罕见。这一条款后来在我国台湾地区法律中也进行重大的调整，以适应人格保护的客观要求。立法中对具体人格权规定的缺失显示出立法的不成熟性，客观上影响了民众的维权与法官的裁判。

民国时期人格权规定未实现类型化，具体人格权权利内容缺乏法律明确规定，仅采用人格权（或人格关系或人格）概括，导致法律适用的困难，不利于民众人格权利意识的觉醒。整个民国时期，人格权纠纷案例较少，与具体人格权内容缺乏法律明确规定，移植过来的人格权概念很难为民众所知晓有很大关系。以自由权为例，虽然立法及立法理由说明中都有明确规定，但其内涵很难被广泛认可。梳理近代自由权保护实践，严格运用自由权条款判案的仅有一例。这一点也为民国民法学者所反思："人格权为全民尽有之权利，较财产权更觉重要，余意以为应就生命、身体、名誉、贞操、精神生活、肖像、秘密等项之重要人格权,分别规定,不当用人格权之概括名辞,代表一切。"①

二、人格权近代化的渐进性与多层次性

清末民国时期,人格权立法的表达与司法的现实之间存在较大的差距。司法实践中人格权保护呈现出渐进性与多层次性,这一特征在清末民初司法裁判中最为明显。南京国民政府时期,立法的激进性相对减弱,立法与司法都呈现出渐进性。但在人格权保护上,任何一个时期,物质性人格权和精神性人格权保护都展现出较大的层次差异。

(一) 渐进性

从清末民初、南京国民政府时期的人格权实践看,相对于民法中财产权的近代化,人格权的近代化是更为缓慢推进的过程。这一时期的经济、政治、文化等多种因素塑造了人格权近代化的渐进性。

人格权制度以人格平等、人格独立为基础,其与人权保障有着天然的联系。从人格权在西方发展历史看,民主政治的确立是人格权发展的基础前提。清末民国时期民主政治的反复性、不彻底性影响了人格权的保护实践。以清末民初为例,与南京临时政府时期相比,北洋政府时期在民主政治道路上的某种退却,客观上阻碍了男女平等的人格权实践。从民国时期经济发展看,商品经济虽有发展,但社会的经济结构仍以小农经济为主体。这一经济模式下,意味着在广大的农村地区,个体要摆脱家庭、宗族对人格独立的现实束缚是一缓慢的进程。从文化思潮看,这一时期进步文化与保守守旧的思潮并存。传统伦理观长期在社会民众中占据主流意识,男尊女卑的意识仍有很大的市场。近代人格平等、人格独立的人格观的形成是一渐进的过程,在一定程度上制约了人格权的近代化。从人格权制度本身看,人格权作为近代民法的产物,其发展在同时期的西方也是不成熟

---

① 李祖荫:《民法概要》,国立湖南大学法律系1944年版,第115—116页。

的。这种不成熟不仅体现在理论储备的不足，而且表现为近代西方对人格权也缺乏完全的尊重。民法的社会化思潮对于西方人格权的发展也未必是恰当的，二战中对人格权的肆意侵凌及战后对人格保护的反思，反面证明强化人格权保护的重要性，而不是过早地对人格权的行使进行限制。从人格权制度内涵看，近代具体人格权的立法也是不成熟的。相对于财产权的理论储备，当时我国民法学者对人格权理论的解读更为幼稚，客观上制约人格权制度近代化的进程。

（二）层次性

1. 人格保护法源的多层次性

人格权是裁判性规范，近代人格权的发展乃是对侵害人格权各种不法行为在法律上回应的过程。对侵害的回应使得近代的人格权呈现法律形式多元化特点，制定法、判例、政党纲领等互相配合构建人格权保护体系。

近代人格权制度以人格平等、人格尊严为基础，其与传统的以宗法伦理为基础的旧律存在截然的区别，近代的法律变革便是从用近代的法律人格观逐步取代传统伦理意义人格为开端。自清末变法修律开始，《钦定宪法大纲》开启了人格保护的宪法先河。其后，南京临时政府的《临时约法》作为宪法性文件用法律的形式进一步确认了人格保护。

从权利属性上看人格权是民事权利，其制度构建首要的法律基础是民事法律。但清末首次规定人格权制度的《大清民律草案》未及颁行，清廷便已覆亡。北京政府时期基于收回治外法权的目的，仓促拟定的民国《民律草案》也未能正式颁行。民国南京政府成立后颁布的《中华民国民法》才有了真正有效的人格权民事规范；从人格权实施的社会效果看，自清末变法修律以来人格权保护的司法实践从未中断过。特别是北洋政府时期，作为最高审判机关的大理院通过一系列的民事判例、解释例发挥"造法"功能，创制出一系列符合时代要求的人格权规范，在客观上指导了各级审判厅对人格权纠纷案件的审理。

在清末民国这一特殊时期，政党纲领性文件对人格权的发展起了重要推动作用。民国时期,国民党党纲适应社会需求,在人格保护上不断变化。其通过的《妇女运动决议案》等纲领性文件在法院裁判实践、司法院解释法律争议时都以法律的形式出现,极大地推动了男女人格平等、结婚自由方面的人格保护实践。

这一时期的人格保护,在法源形式上体现多层次性,宪法、民事法律、政党纲领、刑律等互相配合,共同构建人格保护体系。其一,考察近代人格权制度构建过程中,可以看出宪法性文件起了导向作用,宪法性文件对自然人人身权的保护条款是民事法律中人格权规范的宪法基础。其二,近代刑法规范对人格保护发挥的作用不可忽视。在名誉利益的法律保护上,刑法的作用不容小觑。清末民国时期对人口买卖的禁止,离不开对刑律的诠释。

2. 物质性人格权与精神性人格权实践的层次性

物质性人格权包括生命权、身体权、健康权等,其是人之为人的最基本、最重要的人格权。自民主共和政体确立了全体人民不分种族、宗教、性别一律平等以来,物质性人格权平等保护实践便较快发展。从法理上讲,打破了身份差等之下的法律,对于民事主体的生命、身体权益都应平等的救济在民众意识、法官裁判中成为普遍的共识。从法的社会需求看,物质性人格权是人的最基本的人格权,在清末民国这一战乱不断、物质生活极度匮乏的时代,人的生存的诉求永远是第一位的,以生命权为核心的生存权是国人最大的价值选择。

精神性人格权包括姓名权、名誉权、自由权等,与人的精神利益紧密关联,是对人格尊严利益的保护。清末民初大理院关于精神性人格权的实践主要围绕名誉权展开,名誉纠纷主要是婚约与离婚中的名誉利益纷争。虽然《大清民律草案》对姓名权的规定最为周详,但大理院司法实践中无一例姓名权审判。南京国民政府时期,精神性人格权保护纠纷有所增加。但姓名权主要围绕法人展开,自然人的姓名权纠纷仍为罕见。名誉权的纠纷,突破了民初的婚约、离婚中的名誉纠葛,但仍多发生在社会上层人士之间，普通民众除婚姻纠纷外仍较少涉及。自由权作为具体人格权，清末民国时期法院在裁判中严格运用自由权法条断案的仅有三十二年度上字第三二九号一例判决。但到了南京国民政府后期，法院在裁判中明确了对精神利益的人格保护（1944年上字第六三三五号判决）。

物质性人格权与精神性人格权司法实践中的层次性充分反映了人格权近代化过程的曲折性。精神性人格权中包括的精神利益：诸如自由、婚姻感情生活、名誉利益等，其表现的是近代人格观中的人格尊严、人格自由，其与传统的宗法人伦存在根本的冲突。但传统法中的人伦观的改变却是异常缓慢的，绝非仅靠法律变革就能一蹴而就。以自由权内涵中的结婚自由为例，民间习惯与固有法中婚约、主婚权制度严重阻碍了结婚自由的实现。从伦理人格观上讲，男尊女卑传统下要求女性从一而终，保守贞操是女性最大的义务，这一道德观对孀妇结婚自由的实现是一阻碍。人格权实践中，既要逐渐消除传统人伦中对人格权发展的阻碍因素，又不能回避传统人伦观对人格权实践的现实影响。以婚姻中的女性名誉为例，散播某女不守贞操是否属于侵害名誉权，要考虑到传统伦理中要求女性守贞的影响仍不可避免地存在的影响。

清末民国时期人格权立法的激进性、不成熟性，司法实践的渐进性与层次性，立法与司法的不同步性，是人格权近代化的主线，恰恰反映了这一时期法律继受的复杂性。解决这一问题，使立法表达更好地成为司法裁判的现实，除了立法、司法本身的变革外，尚需要社会政治、经济、文化等多方面的变革。

3.《中华人民共和国民法典》颁行后的人格权实践

党的十九大和十九届二中全会明确提出，保护人民人身权、财产权、人格权。我国宪法明确规定，要尊重和保护公民的人身自由和人格尊严。在这一大背景下，《中华人民共和国民法典》正式宣告了人格权独立成编。这是世界民法发展史上重大的理论创新。从立法进程看，人格权独立成编顺应了宪法的要求，是在宪法原则下的民事法调整，这也与近代人格权发展过程中与宪法性规范文件的互动有历史的同样的逻辑。

梳理清末民国时期的人格权规则，可以看出其主要通过侵权责任救济民事主体的人格权，缺乏对具体人格权内涵的规定，这也是立法技术层面影响人格权实践效果的重要原因。反思近代人格权司法实践，人格权立法既需要法定化、明确化，人格权的法定化，又有助于权利的宣示，有助于彰显人格权的重要性，更好地让人格权利意识深入到民众心理之中。这一点对于中国的文化传统和民众的民法意识来说具有特殊的意义。从文化传统考虑，人格权制度建立在理性人格基础之上，以人格平等、人格尊严为基础。传统中国以宗法等级制为社会基础，虽然近代以来传统的文化在逐步解体，但身份差等、男尊女卑思想仍在广大民众心理有极大的残余，会影响人格权实践效果。我国民法典人格权独立成编，有效地回应了社会关切，有助于对人民人格权益进行保护。

参考文献

一、基础史料类

[1] 《拿破仑法典》，李浩培等译，商务印书馆 1979 年版。

[2] 《礼记》。

[3] 《孟子》。

[4] 《光绪朝东华录》。

[5] 《政治官报》。

[6] 《清末筹备立宪档案史料》。

[7] 《大清法规大全》。

[8] 修订法律馆：《调查民事习惯问题》。

[9] 《辛亥革命资料》，中华书局 1961 年版。

[10] 沈家本：《寄簃文存》，商务印书馆 2015 年版。

[11] 《万国公报》。

[12] 《临时政府公报》。

[13] 黄源盛：《晚清民国民法史料辑注》（一），梨斋社 2014 年版。

[14] 黄源盛：《大理院民事判例辑存（1912—1928）·债权编》（四），元照出版有限公司 2012 年版。

[15] 黄源盛：《大理院民事判例辑存（1912—1928）·总则编》，元照出版

[16]《大清律例》,田涛、郑秦点校,法律出版社1998年版。

[17] 郭卫编著:《民国大理院解释例全文》,吴宏耀、郭恒点校,中国政法大学出版社2014年版。

[18] 郭卫:《大理院判决例全书》,上海会文堂书局1932年7月版。

[19] 黄源盛:《大理院民事判例辑存(1912—1928)·亲属编》,元照出版有限公司2012年6月版。

[20] 黄源盛:《大理院民事判例辑存(1912—1928)·债权编》(二),元照出版有限公司2012年版。

[21]《庆元条法事类》。

[22]《大明律》。

[23](唐)长孙无忌等:《唐律疏议》。

[24]《大理院判决例全文》。

[25] 汪庆祺著:《各省审判厅判牍》,李启成点校,北京大学出版社2007年版。

[26]《法曹杂志》。

[27] 康有为:《大同书》,古籍出版社1956年版。

[28]《民国丛书·大同书》,中华书局1935年版。

[29]《谭嗣同全集》(增订本下册),中华书局1981年版。

[30]《东方杂志》。

[31] 黄源盛:《晚清民国民法史料辑注》(四),梨斋社2014年版。

[32]《最高法院民事判例汇览》。

[33]《浙江杭鄞金永律师公会报告录》。

[34]《司法公报》。

[35] 郭卫编辑:《司法院解释例全文》,上海法学编译社1946年版。

[36]《最高法院判例要旨》(全一册 第一辑)(民国十六年至二十年),大东书局印行。

[37]《中华法令旬刊》。

[38]《实业公报》。

[39]《最高法院判例要旨汇刊》（民国二十一年到第二十九年）。

[40] 郭卫：《最高法院判例汇编（第二十四集）》，会文堂新记书局 1933 年 5 月版。

[41]《江苏省政府公报》。

[42]《浙江民政月刊》。

[43]《山东民政公报》。

[44] 江苏省高级人民法院、江苏省档案局（馆）、南京师范大学法学院编：《民国时期江苏高等法院（审判厅）裁判文书实录》（民事卷、刑事卷），法律出版社 2013 年版。

[45] 直隶高等审判厅编：《华洋诉讼判决录》，中国政法大学出版社 1997 年版。

二、著作类

[1] 张晋藩：《中华法制文明的演进》，法律出版社 2010 年版。

[2] 张晋藩：《中国法律的传统与近代转型》，法律出版社 2009 年版。

[3] 朱勇：《中国民法近代化研究》，中国政法大学出版社 2006 年版。

[4] 张生：《民国初期民法的近代化——以固有法与继受法的整合为中心》，中国政法大学出版社 2002 年版。

[5] 张生：《中国近代民法法典化研究》，中国政法大学出版社 2004 年版。

[6] 张生主编：《中国法律近代化论集》（总第二卷），中国政法大学出版社 2009 年版。

[7] 王泽鉴：《人格权法：法释义学、比较法、案例研究》，北京大学出版社 2013 年版。

[8]［日］高桥芳郎：《宋至清代身份法研究》，李冰逆译，上海古籍出版社 2015 年版。

[9] 瞿同祖：《中国法律与中国社会》，商务印书馆 2010 年版。

[10] 张民安：《法国人格权法》，清华大学出版社 2016 年版。

[11] 王伯琦：《近代法律思潮与中国固有文化》，清华大学出版社 2005 年版。

[12] 马俊驹：《人格和人格权理论讲稿》，法律出版社 2008 年版。

[13] 周枏：《罗马法原论》（上），商务印书馆 1994 年版。

[14] 曹险峰：《人格、人格权与中国民法典》，科学出版社 2009 年版。

[15] [日] 五十岚清：《人格权法》，铃木贤、葛敏译，北京大学出版社 2009 年版。

[16] 任丹丽、陈道英：《宪法与民法的沟通机制研究——以人格权的法律保护为视角》，法律出版社 2013 年版。

[17] 龙显铭：《私法上人格权之保护》，中华书局 1948 年版。

[18] [德] K. 茨威格特、H. 克茨：《比较法总论》，潘汉典等译，法律出版社 2003 年版。

[19] [德] 马克西米利安·福克斯：《侵权行为法》，齐晓琨译，法律出版社 2006 年版。

[20] 王泽鉴：《民法学说与判例研究》（第 8 册），中国政法大学出版社 1998 年版。

[21] [美] 费正清、刘广京：《剑桥中国晚清史》（1800—1911 年）（上卷），中国社会科学出版社 1985 年版。

[22] 张润泉：《人类生活史》，河南人民出版社 2016 年版。

[23] 陈新宇、陈煜、江照信：《中国近代法律史讲义》，九州出版社 2016 年版。

[24] 王伯琦：《近代法律思潮与中国固有文化》，清华大学出版社 2004 年版。

[25] 梁治平：《法辩：中国法的过去、现在与未来》，中国政法大学出版社 2002 年版。

[26] 黄源盛：《中国传统法制与思想》，五南出版社1998年版。

[27] 陈晓枫：《中国法律文化研究》，河南人民出版社1993年版。

[28] 梁治平：《寻求自然秩序中的和谐——中国传统法律文化研究》，商务印书馆2013年版。

[29] 杨立新：《人格权法》，法律出版社2011年版。

[30] 俞江：《近代中国民法学中的私权理论》，北京大学出版社2003年版。

[31] 曲炜：《人格之谜》，中国人民大学出版社1991年版。

[32] ［日］松冈义正：《民法总则》（下），熊元凯、熊元襄编，陈融、罗云锋点校，上海人民出版社2013年版。

[33] 邱远猷、张希坡：《中华民国开国法制史》，首都师范大学出版社1997年版。

[34] 谢振民编著：《中华民国立法史》（下册），中国政法大学出版社2000年版。

[35] 王泽鉴：《人格权法》，北京大学出版社2013年版。

[36] ［日］松冈义正：《民法总论》（上），熊元凯、熊元襄编，陈融、罗云锋点校，上海人民出版社2013年版。

[37] 王泽鉴：《民法概要》，中国政法大学出版社2003年版。

[38] 黄静嘉：《中国法制史论述丛稿》，清华大学出版社2005年版。

[39] ［日］我妻荣：《债法在近代法中的优越地位》，王书江、张雷译，中国大百科全书出版社1999年版。

[40] 史尚宽：《亲属法论》，中国政法大学出版社2000年版。

[41] 蔚乾：《离婚法》，天津益世报馆，中华民国21年版。

[42] 胡长清：《中国民法亲属论》，商务印书馆民国25年版。

[43] 徐静莉：《民初女性权利变化研究——以大理院婚姻、继承司法判解为中心》，法律出版社2010年版。

[44] 梅仲协：《民法要义》，中国政法大学出版社1998年版。

[45]［日］滋贺秀三：《中国家族法原理》，张建国、李力译，法律出版社2003年版。

[46] 程郁：《清至民国蓄妾习俗之变迁》，上海世纪出版股份有限公司2006年版。

[47] 张中秋：《唐代经济民事法律论纲》，法律出版社2002年版。

[48] 梁漱溟：《东西文化及其哲学》，商务印书馆2010年版。

[49] 金一著，陈燕编校：《女界钟》，上海古籍出版社2003年版。

[50] 中国妇联，五四时期妇女问题文选，三联书店出版社1981年版。

[51] 汪楫宝：《民国司法志》，商务印书馆2013年版。

[52] 史尚宽：《民法总论》，中国政法大学出版社2000年版。

[53] 胡长清：《中国民法总论》，中国政法大学出版社1997年第1版。

[54] 胡长清：《中国民法债编总论》，商务印书馆1935年第2版。

[55] 史尚宽：《民法原论总则》，大东书局1946年版。

[56] 姚瑞光：《民法总则论》，中国政法大学出版社2011年版。

[57] 王新宇：《民国时期婚姻法近代化研究》，中国法制出版社2006年版。

[58] 吕芳上主编《近代中国的妇女与国家》（1600——1950），中央研究院近代史研究所2003年版。

[59]［美］费正清主编：《剑桥中华民国史》（1912——1949年）（上卷），中国社会科学出版社1994年版。

[60] 黄宗智：《清代与民国的比较：法典、习俗与司法实践》，上海出版社2003年版。

[61] 欧家路：《传统与变革：私权的话语与制度》，法律出版社2014年版。

[62] 蔡枢衡：《中国法律之批判》，山西出版传媒集团，山西人民出版社2014年版。

[63] 李祖荫：《民法概要》，国立湖南大学法律系1944年版。

[64] 余棨昌口述：《朝阳法科讲义》（第四卷），上海人民出版社 2014 年版。

[65] ［美］费正清、费维恺编：《剑桥中华民国史》（1912—1949 年）（下卷），中国社会科学出版社 1994 年版。

[66] 黄右昌：《罗马法》，商务印书馆 1918 年版。

[67] 殷生根、王燕译：《瑞士民法典》，中国政法大学出版社 1999 年版。

[68] 杨适等：《中西人论及其比较》，东方出版社 1993 年版。

[69] 吴经熊：《法律哲学研究》，清华大学出版社 2005 年版。

[70] 黄宗智：《清代以来民事法律的表达与实践》，法律出版社 2014 年版。

[71] 何勤华、李秀清：《外国法与中国法——20 世纪中国移植外国法反思》，中国政法大学出版社 2003 年版。

[72] ［美］H.W. 埃尔曼著：《比较法律文化》，贺卫方、高鸿钧译，清华大学出版社 2002 年版。

[73] 余棨昌：《民法总则》，朝阳大学 1920 年版。

[74] 陈顾远：《中国文化与中华法系——陈顾远法律史论集》，中国政法大学出版社 2006 年版。

[75] 曾宪义、马小红主编：《礼与法：中国传统法律文化总论》，中国人民大学出版社 2012 年版。

[76] 戴建国：《唐宋变革时期的法律与社会》，上海古籍出版社 2010 年版。

[77] 何勤华、魏琼主编：《董康法学文集》，中国政法大学出版社 2005 年版。

[78] 刘广安：《中国古代法律体系新论》，高等教育出版社 2012 年版。

[79] 王立民主编：《中国法律与社会》，北京大学出版社 2006 年版。

[80] ［日］松冈义正：《京师法律学堂笔记.民法总则》，宣统三年六月。

[81] 王健编：《西法东渐——外国人与中国法的近代变革》，中国政法大

[82] 刘创楚、杨庆堃：《中国社会：从不变到巨变》，香港中文大学出版社 2001 版。

[83] 里赞、刘昕杰等：《民国基层社会纠纷及其裁断——以新繁档案为依据》，四川大学出版社 2009 年版。

[84] 梁治平：《礼教与法律》，上海书店出版社 2013 年版。

[85] 郭成伟主编：《社会控制：以礼主导的综合治理》，中国政法大学出版社 2008 年版。

[86] 梁治平：《清代习惯法：社会与国家》，中国政法大学出版社 1996 年版。

[87] 梁漱溟：《中国文化要义》，上海世纪出版集团 2005 年版。

[88] 赵震江：《法律社会学》，北京大学出版社 1998 年版。

[89] 陈寅恪：《陈寅恪史学论文选集》，上海古籍出版社 1992 年版。

[90] 苏亦工：《明清律典与条例》，中国政法大学出版社 2000 年版。

[91] 李志敏：《中国古代民法》，法律出版社 1988 年版。

[92] 眭鸿明：《清末民初民商事习惯调查之研究》，法律出版社 2005 年版。

[93] 李贵连：《近代中国法制与法学》，北京大学出版社 2002 年版。

[94] 侯外庐：《中国封建社会史论》，人民出版社 1979 年版。

[95] 俞江：《近代中国的法律与学术》，北京大学出版社 2008 年版。

[96] 潘维和：《中国近代民法史》（下），台湾汉林出版社 1982 年版。

[97] 马汉宝：《法律与中国社会之变迁》，中国台湾翰芦图书出版有限公司 1999 年版。

[98] 黄源盛：《民初法律变迁与裁判》（1912—1928），中国台湾"国立政治大学" 2000 年版。

[99] 张晋藩：《清代民法综论》，中国政法大学出版社 1998 年版。

[100] 黄公觉：《损害赔偿法概论》，商务印书馆出版 1936 年版。

[101] [日]滋贺秀三：《中国民商事习惯调查报告录》，载于滋贺秀三编著：《中国法制史——基本资料的研究》，东京大学出版会 1993 年版。

[102] [日]滋贺秀三等：《明清时期的民事审判和民间契约》，王亚新等译，法律出版社 1998 年版。

[103] [日]寺田浩明主编：《中国法制史考证》丙编第四卷，中国社会科学出版社 2003 年版。

[104] [日]岛田正郎博士颂寿纪念论集刊行委员会：《东洋法史的研究——岛田正郎博士颂寿纪念论集》，汲古书院 1987 年版。

[105] [日]仁井田升：《唐令拾遗》所复原之条文，长春出版社 1989 年。

[106] [英]弗拉斯耳（Fraster）：《英国侵权法纲要》，林振镛译述，正中书局，1947 年版。

[107] 杨一凡、刘笃才：《历代例考》，社会科学文献出版社 2012 年版。

[108] 黄右昌：《民法诠解·总则编》，商务印书馆 1947 年 3 月第 3 版。

三、论文类

[1] 张生：《清末民事习惯调查与〈大清民律草案〉的编纂》，载《法学研究》2007 年第 1 期。

[2] 张生：《〈大清民律草案〉撼遗》，载于《法学研究》，2004 年第 3 期。

[3] 张生：《民国初期的大理院—最高司法机关进行民事立法职能》，载于《政法论坛》，1998 年第 6 期。

[4] 张生：《民初大理院审判独立的制度与实践》，载《政法论坛》2002 年第 4 期。

[5] 朱勇：《私法原则与中国民法近代化》，载于《法学研究》2005 年第 6 期。

[6] 俞江：《近代中国民法学中的人格理论》，载于《私法》2002 年第二

辑第二卷。

[7] 易继明：《人格权立法之历史评析》，载于《法学研究》2013年第1期。

[8] 高可：《传统中国人格权制度内生要素与现代立法选择——比较法律文化角》，载于《理论与改革》2016年第1期。

[9] 陈涛、高在敏：《中国古代侵权行为法例论要》，载于《法学研究》1995年第2期。

[10] 汪洋：《罗马法上的人格保护及其现代传承——以"侵辱之诉"为研究中心》，载于《法商研究》2014年第3期。

[11] 肖俊：《人格权保护的罗马法传统：侵辱之诉研究》，载于《比较法研究》2013年第1期。

[12] 徐国栋：《人格权制度历史沿革考》，载于《法制与社会发展》2008年第1期。

[13] 周云涛：《德国人格权发展阶段的历史考察》，载于《社会科学》2010年第11期。

[14] 陈景良：《法与人——中西法文化人格差异的解读》，载于《河南政法管理干部学院学报》2003年第6期。

[15] 柴荣：《近代中西人格平等思想之比较》，载于《历史教学》2013年第24期。

[16] 杜钢建：《论沈家本"人格主义"的人权法思想》，载于《中国法学》1991年第1期。

[17] 曾志时：《人格权之保护论》，载《朝大季刊》1931年第1卷第3期。

[18] 张中秋：《西方个人本位法变迁述论》，载《江苏警官学院学报》2005年第3期。

[19] 余慧阳、郁琳：《文艺复兴与近代民法理念的蕴育》，载《中南大学学报（社会科学版）》2006年第12卷第4期。

[20] [日]星野英一:《私法中的人——以民法财产法为中心》,王闯译,载梁慧星主编:《民商法论丛》(第8卷),法律出版社1997年版,第159页。

[21] 王利明:《试论人格权的新发展》,载《法商研究》2006年第5期。

[22] 彭时:《人格权之研究》,载《法律评论(北京)》。

[23] 王兴国:《中国古代人格观念初探》,载《云南社会科学》1996年第3期。

[24] 张岱年:《中国古代关于人格尊严的思想》,载《国际儒学研究》1996年第2辑。

[25] 柳华文:《论禁止人口贩运的基础》,载《江海学刊》2016年第2期。

[26] 苏建新、陶敏编选:《宣统元年禁革人口买卖史料》,载《历史档案》1995年第1期。

[27] 谢光第:《死后之人格》,载《法律评论(北京)》1928年第246期。

[28] 孙宪忠:《中国民法继受潘德克顿法学:引进、衰落和复兴》,载《中国社会科学》2008年第2期。

[29] 傅圣严:《"判例商榷"(夫犯奸与离婚)》,载《法律评论(北京)》第197期。

[30] 张静:《法律转型期司法引导社会变革的限度——以民国初年大理院判解中的人格平等为重心》,载《河南工业大学学报》2016年第12卷第3期。

[31] 余荣昌:《民国以来新司法制度》,载《法律评论(北京)》第5卷第36期。

[32] 胡长清:《名誉权之本质》,载于《法律评论(北京)》1929年第6卷第14期。

[33] 郁嶷:《妾制之研究》,载《法律评论(北京)》,1928年第259期。

[34] 黄源盛：《民初大理院民事审判法源问题再探》，载于李贵连：《近代法研究》2007年第一辑。

[35] 李启成：《清末民初刑法变革之历史考察——以人口买卖为中心的分析》，载《北大法律评论》2011年第12卷第一辑。

[36] 周伯峰：《"买卖"从可能变成不可能》，载李贵连：《近代法研究》2007年第一辑。

[37] 《言论自由与名誉保护》，载于《法律评论（北京）》1948年第16卷第10期。

[38] 候欣一：《一元钱的名誉官司》，载《深圳特区报》2012年5月15日。

[39] 黄欢：《孔子名誉权官司》，载于《时代教育（先锋国家历史）》，2007年第20期。

[40] 玄玄：《名誉论》，载《民国》1914年第1卷第1期。

[41] 陆茂清：《民国时期轰动全国的侮辱大总统案》，载《档案春秋》2006年第8期。

[42] 陈独秀：《一九一六年》，载《新青年》第1卷第5号。

[43] 冉宗柴：《中国民法与德瑞民法之比较观》，载《震旦法律经济杂志》1947年第3卷第9期。

[44] 蔡晓荣：《中国近代侵权行为法学的理论谱系：知识立场的回顾与梳理》，载《法制与社会发展》2013年第1期。

[45] 马存坤：《买卖人口之刑法观》，载《法律评论（北京）》，1932年第10卷第2期。

[46] 刘冠生：《人民的"健康权"：宪法中急应增列的一项》，载《红十字月刊》1946年第7期。

[47] 陈忠诚：《姓名权论》，载《新法学》第2卷第1期。

[48] 陈独秀：《孔子之道与现代生活》，载《新青年》1916年第2卷第4期。

[49] 陈年冰:《物质性人格权精神损害赔偿中的几个问题》,载《法学》2005年第6期。

[50] [瑞]贝蒂娜·许莉蔓-高朴、狄安娜·奥斯瓦尔德,金可可译:《瑞士民法上的人格权保护》,载于《东方法学》2013年第3期。

[51] 王利明:《试论人格权的新发展》,载《法商研究》2006年第5期。

[52] 俞江:《近代中国民法学中的"私权"及其研究》,载于《北大法律评论》,2001年第4卷第2辑。

[53] 李景禧:《近代法之姓名权》,载《法学杂志》1937年第10卷第2期。

[54] 黄源盛:《民初大理院》(1912—1928),载《政大法学评论》1998年第60期。

[55] 汪雄涛:《民初法律冲突中的妾制—以大理院解释例为素材的考察》,载《云南社会科学》2013年第2期。

[56] 余荣昌:《民国以来新司法制度施行之状况及其利弊》,载《法律评论(北京)》1928年第24期。

[57] 汉胄:《对于一个男女结合宣布式的谈话》,载《觉悟》1921年。

[58] 张生、李彤:《民国民法典的编订:政府与法律家的合作》,载《中国社会科学院研究生院学报》2006年第1期。

[59] 郑天锡:《大理院判例之研究》,载于《法律评论(北京)》,第36期。

[60] 沈家诒:《对于民法典权规定之商榷》,载于《中华法学杂志》,1935年6月。

[61] 黄源盛:《民初大理院司法档案的整理与研究》,载于《政大法律评论》,(台北)第59期。

[62] 王杨:《南京国民政府对西方社会本位民事立法思想的继承与改造》,载于《中外法学》,1992年第2期。

[63] 李贵连:《话说"权利"》,载于《北大法律评论》,第1卷第1期。

[64] 江平、苏号朋：《民法文化初探》，载于《天津社会科学》，1996年第2期。

[65] 李卫东：《民国初期民法的新旧冲突与调试——以制定法为中心》，载于《江汉大学学报》，2010年第1期。

[66] ［日］森山武市郎著，淡平译：《社会本位义务本位之民法观》，载《译丛》第五百三十四期。

[67] 阮致远、赵晓耕：《近代中国"行政行为"概念的继受》，载于《河北学刊》，2022年第4期。

[68] 侯欣一：《司法统一：困境与出路——以民国时期的司法实践为例》，载于《法学评论》，2022年第6期。

[69] 刘昕杰：《成文法背景下的判例实践——近代中国最高审判机构判例汇编与实效》，载于《法学研究》，2021年第6期。

[70] 赖骏楠：《融民情于国法：民初法政人对本土地权习惯的继承与改造》，载于《近代史研究》，2022年第2期。

[71] 邸莹：《民法体系中"习惯"适用的历史经验与现实转化》，载于《法律适用》，2021年第12期。

[72] 陈颐：《在变革社会中赓续传统："〈现行律〉民事有效部分"考实》，载于《政法论坛》，2021年第5期。

[73] 张一民：《民国初期的"杀尊亲属罪"考察》，载于《清华法学》，2021年第4期。

[74] 黄源盛：《民初大理院公序良俗原则的构建及其法理》，载于《法学》，2021年第5期。

[75] 黄阿明：《新法制与旧礼法：民国十一年吴湖帆继嗣身份确认案研究》，载于《上海交通大学学报（哲学社会科学版）》，2020年第6期。

[76] 娜鹤雅、黄骏庚：《近代"亲属会议"制度移植》，载于《历史研究》，2020年第6期。

[77] 金潇：《离婚判决理由的法律续造》，载于《中国政法大学学报》，2020 年第 3 期。

[78] 韩策：《派系分合与民初司法界的改造》，载于《历史研究》，2020 年第 1 期。

[79] 白雪峰：《论交易习惯、条理在民初民事代理事实认定中的作用——以大理院民国三年上字第 182 号货款纠纷案为例》，载于《法律适用》，2019 年第 14 期。

[80] 胡祥雨：《清末新政与京师司法官员的满汉比例（1901—1912）——基于〈缙绅录〉数据库的分析》，载于《清史研究》，2018 年第 4 期。

[81] 朱明哲：《从民国时期判例造法之争看法典化时代的法律场》，载于《政治与法律》，2018 年第 11 期。

[82] 聂鑫：《民初选举诉讼中的"法官造法"》，载于《中外法学》，2018 年第 3 期。

[83] 郑显文：《公序良俗原则在中国近代民法转型中的价值》，载于《法学》，2017 年第 11 期。

[84] 陈新宇：《〈大清新刑律〉编纂过程中的立法权之争》，载于《法学研究》，2017 年第 12 期。

[85] 郑全红：《民初女子财产继承权的变迁——以大理院判例为中心的考察》，载于《社会科学辑刊》，2017 年第 1 期。

[86] 杨晓辉、郭辉：《中国近代司法行政机构的设置及其权限厘定》，载于《河北法学》，2016 年第 8 期。

[87] 韩涛：《乾坤挪移玄机深 晚清官制改革中的"改寺为院"》，载于《中外法学》，2016 年第 1 期。

[88] 李在全：《民国初年司法官群体的分流与重组——兼论辛亥鼎革后的人事嬗变》，载于《近代史研究》，2016 年第 5 期。

[89] 公丕祥：《国家与区域：晚清司法改革的路线图》，载于《法制与社

会发展》，2016年第4期。

[90] 赵美玲：《民国初期大理院对意思自治与交往安全之平衡——以对意思表示瑕疵的言说》，载于《东方法学》，2015年第4期。

[91] 乔惠全、范忠信：《从大理院判例到案例指导制度：法律传统的制度性转化》，载于《法学杂志》，2015年第5期。

[92] 王亚敏：《近代中国侵权行为用语考略》，载于《交大法学》，2021年第3期。

[93] 王有粮；刘子璇：《民法制度转型时期的冲突格局与适用困境：以民国川省大佃纠纷为例》，载于《四川师范大学学报（社会科学版）》，2021年第3期。

[94] 蔡晓荣；马传科：《中国固有法中的水相邻关系及其近代衍变》，载于《厦门大学学报（哲学社会科学版）》，2020第6期。

[95] 王立民：《中国百年民法典编纂历程与启示》，载于《法学》，2020年第10期。

[96] 王跃生：《清末以来中国家庭、家户组织的制度考察》，载于《社会科学》，2020年第10期。

[97] 殷树林；尹若男：《立法语言中的"的"——兼论我国立法中"的"使用的技术规范》，载于《语言文字应用》，2020年第3期。

[98] 温世扬；朱海荣：《中国民法典对潘德克顿体系的扬弃》，载于《苏州大学学报（哲学社会科学版）》，2020年第4期。

[99] 刘舟祺：《"知新—温故"：董康后期立法改革思想新论》，载于《近代史研究》，2020年第4期。

[100] 何勤华；周小凡：《我国民法典编纂与德国法律文明的借鉴——中国继受1900年〈德国民法典〉120年考略》，载于《法学》，2020年第5期。

[101] 陈云朝：《民法典编纂视野下的民事习惯——以民国歙县的"一田两主"习惯为中心》，载于《华中科技大学学报（社会科学版）》，

2018 年第 5 期。

[102] 孙慧娟：《南京国民政府时期已婚妇女冠姓问题之争的群体画像——以〈中华民国民法·亲属〉为中心》，载于《浙江档案》，2018 年第 8 期。

[103] 刘盈皎：《从礼教束缚到自由平等——中国传统婚姻制度的近代化变革（1911—1930）》，载于《政法论坛》，2018 年第 4 期。

[104] 陈霓珊：《民国民事立法中的"保守"与"激进"——基于爱斯嘉拉本土化立法方案的考察》，载于《近代史研究》，2018 年第 3 期。

[105] 姚澍：《民事习惯在民国司法实践中的运用及其启示——以风水习惯为例》，载于《北京理工大学学报（社会科学版）》，2018 年第 3 期。

[106] 陈范宏：《清末民国民法总则编立法探赜及启示》，载于《中国政法大学学报》，2017 年第 6 期。

[107] 谢开键；施晴：《习惯与国法的角力——以龙映姜、杨翠桃争产案为中心》，载于《原生态民族文化学刊》，2017 年第 3 期。

[108] 杨立新：《〈民法总则〉规定的隐藏行为的法律适用规则》，载于《比较法研究》，2017 年第 4 期。

[109] 胡雪莲：《"自由"的边界：民国民法颁行初年广州的"自由女"报道》，载于《新闻与传播研究》，2017 年第 5 期。

[110] 蔡晓荣：《中国近代民法法典化的理论论争——兼论对中国当下编纂民法典之启示》，载于《政法论坛》，2017 年第 3 期。

[111] 杨敏：《1931—1937 年民国四川基层女性研究——以民国荣县档案为例》，载于《兰州学刊》，2017 年第 3 期。

[112] 谢开键：《国家法与习惯法的扞格：以〈天柱文书〉中的侗族离婚诉讼案为例》，载于《安徽史学》，2017 年第 2 期。

[113] 陈和平：《民国法律与佃俗中欠租与撤佃关系之辩》，载于《中国农史》，2015 年第 4 期。

［114］张婧：《民国时期男女平权立法之研究——以夫妻财产制为视角》，载于《法学评论》，2015 年第 4 期。

［115］刘颖：《中国民法中的"层累现象"初论——兼议民法典编纂问题》，载于《东方法学》，2015 年第 2 期。

［116］夏新华，丁广宇：《近代湖南民商事习惯调查疏论》，载于《湖南师范大学社会科学学报》，2022 年第 1 期。

［117］孟勤国：《论中国民法典的现代化与中国化》，载于《东方法学》，2020 年第 4 期。

［118］姜战军：《历史视野中民法的"多彩人像"》，载于《法律科学（西北政法大学学报）》，2020 年第 1 期。

［119］吴飞飞：《论中国民法典的公共精神向度》，载于《法商研究》，2018 年第 4 期。

［120］向勇：《中国民法典编纂：个人主义私法观的取舍》，载于《河北法学》2017 年第 3 期。

［121］张生：《〈中华民国民法〉"第一条"的源流与功能》，载于《政法论坛》，2022 年第 3 期。

［122］张生：《中国近代民法编纂的历史反思：以传统法的体系化改造为中心》，载于《社会科学家》2020 年第 8 期。

［123］张生；周玉林：《传统法：民法典的社会文化根基——中国社会科学院法学研究所张生研究员访谈》，载于《社会科学家》，2020 年第 8 期。

［124］张生：《中国律例统编的传统与现代民法体系中的指导性案例》，载于《中国法学》，2020 年第 3 期。

［125］张生：《民国时期民法体系中的判例：形式与功能的变化》，载于《学术研究》，2019 年第 1 期。

［126］段晓彦：《民初大理院民事裁判中的"条理"》，载于《西北政法大学学报》，2022 年第 6 期。

[127] 段晓彦:《名称、内容和性质——"现行律民事有效部分"的三点辨正》,载于《法制与社会发展》,2018年第1期。

后 记

　　1998年步入西北政法大学，我开始了漫长的法学求学生涯。本、硕、博的法学教育，历经经济法专业、民商法专业、法律史专业的专业训练。学科交叉为我的法学学习带来挑战的同时，也带来极大的乐趣。本书的创作，也得益于这样的学术教育，即尝试从法律史的角度研究人格权法在近代中国本土化的嬗变。

　　感谢我的家人。感谢我的家人对我硕、博求学生涯的理解、支持。

　　感谢我求学生涯时遇到的各位师友。求学过程中，遇到的各位恩师以其学术和人格魅力，鼓励我前行。感谢各位同门，同窗之情，自应珍惜。

　　感谢陕西人民出版社管中洣编辑、杨舒雯编辑，感谢你们的敬业和严谨。

2022年11月10日凌晨

项目资助

本书受到河北省社会科学基金项目（HB18FX019）的资助。